薪火相传 西迁精神再起航

——西安交大“双一流”与创新港建设笔谈

西安交通大学党委宣传部 编

西安交通大学出版社
XI'AN JIAOTONG UNIVERSITY PRESS

图书在版编目（CIP）数据

薪火相传 西迁精神再起航：西安交大“双一流”与创新港建设笔谈 / 西安交通大学党委宣传部编. —西安：西安交通大学出版社，2018.4

ISBN 978-7-5693-0460-2

Ⅰ. ①薪… Ⅱ. ①西… Ⅲ. ①高等学校—教学研究—西安—文集 Ⅳ. ①G642.0-53

中国版本图书馆CIP数据核字（2018）第037711号

书　　名	薪火相传 西迁精神再起航——西安交大“双一流”与创新港建设笔谈
编　　者	西安交通大学党委宣传部
责任编辑	柳　晨
出版发行	西安交通大学出版社 （西安市兴庆南路10号　邮政编码710049）
网　　址	http://www.xjtupress.com
电　　话	（029）82668357　82667874（发行中心） （029）82668315（总编办）
传　　真	（029）82668280
印　　刷	中煤地西安地图制印有限公司
开　　本	787 mm×1092 mm　1/16　**印张**　18.75　**字数**　233千字
版次印次	2018年4月第1版　2018年4月第1次印刷
书　　号	ISBN 978-7-5693-0460-2
定　　价	98.00元

读者购书、书店添货、如发现印装质量问题，请与本社发行中心联系、调换。
订购热线：（029）82665248　82665249
投稿热线：（029）82668526
读者信箱：xjtu_hotreading@sina. com

编 委 会

序言

迈入新一甲子的西安交通大学，走过了精神丰碑熠熠生辉、改革发展硕果盈枝的璀璨历程。2017年12月，习近平总书记对西安交大的“西迁精神”做出重要指示，后通过新年贺词再次予以充分肯定。所有西安交大人为之振奋，誓要高扬旗帜、接续奋斗，创造能够留下历史印记的新贡献。

作为中国共产党精神谱系的重要组成部分，西迁精神不仅是西安交通大学的宝贵精神财富，更是新中国广大知识分子爱国奋斗、无怨无悔高尚情操的光辉写照。大树西迁、根深叶茂，六十余载以来，交大西迁为大西北贡献了国家重点大学和一大批新兴学科，培养了近25万优秀人才，创造了近3万项重要科研成果，为西部发展、国家振兴提供了重要的人才和科技保障。

“幸福是奋斗出来的”，总书记的寄语激励着新时代的西安交大人，在继承发扬“西迁精神”的道路上步履铿锵。2017年，西安交大入选全国36所“双一流”大学A类建设高校名单，8个学科入选建设学科名单。这是中国建设高等教育强国的发令枪，声犹在耳，马自奋蹄。西安交大在建设“双一流”的征程中将坚持立德树人的根本任务，着力打造一流师资、培养一流人才、建设一流科研、熔铸一流文化、做出一流贡献，大力推进高等教育内涵式发展。

建设中国特色世界一流大学是全体交大人为之奋进的“交

大梦”，中国西部科技创新港正是承载这个梦想的载体平台。2015年，由教育部、陕西省、西安交大共建的中国西部科技创新港正式启动，全力打造中国特色世界一流大学的“交大样板”、科技协同创新的“陕西典范”、国家区域经济发展的“智慧引擎”。两年来，西安交大人勠力同心，以有高度的格局视野、有宽度的开放姿态、有厚度的实力底蕴、有融度的创新融合、有制度的组织保障、有亮度的卓越成效，推动创新港以令人称奇的“交大速度”拔地而起。

众人齐心，其利断金。拼搏的声音、睿智的思想，涓滴之流必将汇聚为改革发展的千钧力量。2017年，学术领军人才、青年拔尖人才等一线科研人员积极撰写“双一流”建设和创新港内涵建设的思考文章，在校内引发了为推动改革凝聚智慧、贡献思想的舆论热潮，这些闪光的思想正如星星之火，必将点亮西安交大改革发展的灼灼苍穹。

2018年是全面贯彻党的十九大精神开局之年，是深入推动“双一流”建设的关键之年，是加快推进创新港内涵建设的攻坚之年。西安交大人将坚定地以习近平新时代中国特色社会主义思想为指导，高擎“西迁精神”的光辉旗帜，以永不懈怠的精神状态和一往无前的奋斗姿态，在实现“中国梦”的生动实践中放飞“交大梦”，在建设教育强国的不懈奋斗中书写交大华章。

2018年3月

目 录 CONTENTS

瞄准国家重大战略需求
推动一流学科建设

卢秉恒

卢秉恒，中国工程院院士，机械制造与自动化领域专家。主要研究领域：增材制造、微纳制造、生物制造、高速切削机床等先进制造技术。他在国内倡导并开拓了增材制造技术及纳米压印技术的研究；在个性化匹配人工骨及生物活性人工骨的研究上取得重要突破，并已进入临床实验。荣获国家科技进步二等奖、国家技术发明二等奖等多项奖励。兼任2011高端制造装备协同创新中心主任及国家增材制造创新中心主任。

* 本文刊载于2017年10月9日交大新闻网。

国家实施高校"双一流"建设，为中国大学走向世界一流指明了发展方向，提供了实施路径，翻开了大学建设发展的崭新篇章。国家计划需要以各个高校不断地建设来推进和落实。近日，"双一流"建设名单出炉，我校入选国家一流大学A类建设高校名单，全体交大人倍感振奋。我认为，一所大学要想成为世界一流大学，首先要有一流的学科作支撑。西安交通大学如何抓住"双一流"建设机遇，发挥好传统学科优势，早日建成中国特色世界一流大学？结合我所在的机械工程学科，我想说说我的思考。

第一，一流学科建设要聚焦国家重大战略需求，真正为国家工程建设发展发挥作用，贡献力量。

2015年5月8日，《中国制造2025》正式发布，描绘了我国制造强国建设的宏伟蓝图。中国要从制造大国走向制造强国，机械工程学科必然要瞄准国家重大战略需求。中国用了30年的时间，从制造弱国走向制造大国，这个过程中依靠的是人力、资源及政策的优势。而要从制造大国走向制造强国，我们要依靠的则是"创新驱动"。《中国制造2025》中提出的"创新驱动、质量为先、绿色发展、结构优化、人才为本"的基本方针，其中的"创新驱动"和"人才为本"，我认为与学科建设密切相关。创新驱动，要求学科建设要瞄准国家重大战略需求；人才为本，要求大学承担起责任使命，培养优秀人才。从这个角度来说，现在机械工程学科发展既有机遇，又有责任，我相信我们的学科一定能发展好。

既然有着这样的责任和使命，西安交大机械工程学科在建设发展中应如何推进落实？在创新港的规划布局中要注意什么？过去我校机械工程学科发展得还不错，但依然存在不少问题。由于受到学科评估指标的影响，近年来我们在学科建设中偏重于"查小分"，即过于关注眼前的局部利益，比如每个人每年发表了多少篇文章，拿了多少个项目，却没有树立远大的目标，没有真正考虑过我们到底有哪些重大的创新成果，真正为国家工程建设发展发挥了什么作用。而要建设世界一流学科，要建成中国特色世界一流大学，首先应该转变思想观念，将学校的发展、学科的建设与国家建设发展结合起来，聚焦国家重大战略需求，真正为国家工程建设发展提供助力。

第二，聚合力量组织科研大平台，将研究成果真正应用到工程实践中。

中国西部科技创新港是西安交大“双一流”建设的重要依托平台，为学科建设发展提供了非常好的物质条件。在创新港的学科建设布局中，我认为要充分考虑国家战略、学科发展、技术转化、企业需求等各个要素，充分发挥各要素的积极作用，只有这样才能争取更多的大项目，与企业强强联合，将科研成果快速转移到实际应用中。以装备制造为例，过去由于空间、经费等条件限制，我们装备制造的实验室分布在曲江、阎良、渭南等不同的地方，因为太过分散，各个实验室不仅没能形成聚合之力，甚至连自身的作用也没有得到充分的发挥，让资源白白浪费。因此在创新港学科规划中，我们一定要充分考虑，合理布局，形成合力，发挥力量。同时，还要深入思考产业化的要求，在前期布局中预留出与企业合作的空间。

空间有了是不是就能建好学科了？当然不是，观念还要革新。做工程制造的一定要记住一点，就是要在工程实践中发现课题，研究成果要能在工程实践中发挥作用，这就要求我们要与企业密切合作。德国弗朗霍夫研究院就是与企业密切合作的典范。弗朗霍夫研究院建在学校旁边，师生随时可以到工厂中做实验。研究院的领导者都是有工程实践经验的大学教授，几个人带领四五百人的队伍作研究，效果非常好，德国工业上的很多革新技术都是由弗朗霍夫研究院供给的。我认为创新港在布局建设中可以借鉴这个思路。而要想做到这一点，我们的观念首先应该转变，体制机制应该革新，要积极从企业中引进有工程实践经验的学术带头人。但以往学校的考核体制有诸多限制，无法吸引留住相关人才。所以应该结合实际，制定与之相适应的考核标准，从而吸引在企业中有丰富实践经验的优秀人才到学校任教。

第三，一流的学科建设要有一流的育人体系作支撑。

我认为，未来社会一半以上的创新，将由创客和极客完成。当今社会的创新多数是有组织的创新，要真正建设成创新型社会，就要在全社会形成自发创新的氛围，充满创新的活力。未来中国社会经济建设发展，需要一大批创客。这需要大学发挥作用，建设一流的育人体系，为创客的培养和成长提供良好的环境。记得之前我参观了大疆科技董事长李泽湘教授创办的深圳智能机器人研究院。吃过晚饭到实验室，发现实验室里都是学生，大家忙忙碌碌，做实验、搞设计，饿了就吃口面包、三明治。到底是什么这么吸引他们如此投入？是兴趣。他们以兴趣为驱动，激发学生的创新活力，这是一个非常好的培养模式。为什么现在我们的学生不愿意上课？那是因为我们目前的教学方式都是“填鸭式”的，已经不符合当今时代发展的需求了。在互联网时代，我们的课堂应该是互动式的，教师应该是学生的引导者，要尊重学生的创新思维，引导学生思考，带领学生探索。试想一下，如果我们的学生在大学期间就完成了“一个创意产品”的设计、制造，写出了商业计划书，和投资机构成功进行了对接，他们还会愁找工作的问题吗？因此在一流大学建设中，我们要给学生提供创新环境，营造创新氛围，激发学生的创新活力。世界一流大学培养出的人才，当面对不确定的社会时，应该是不惧怕、不胆怯，能够主动探索，发现问题、提出问题并解决问题，这才是我们大学建设的最终目的。

【高端制造装备协同创新中心简介】

高端制造装备协同创新中心由西安交通大学牵头，联合浙江大学、沈阳机床、秦川机床及大连理工大学、华中科技大学、洛阳轴研科技、大连机床、昆明机床、北京工研精机、华中数控等单位共同组建，是面向行业产业类的协同创新中心，核心是解决面向行业产业经济发展的核心共性问题，为产业结构调整、行业技术进步提供持续的支撑和引领，成为国家技术创新的重要阵地。2014年入选“2011计划”。

【国家增材制造创新中心简介】

由增材制造领域13家企业及清华大学、北京航空航天大学、西北工业大学、华中科技大学和西安交通大学共同组建，得到了工信部、陕西省、西安市的大力支持。主要任务是为行业提供增材制造的先进共性技术，提高我国制造业创新能力。

“双一流”建设要回应广大教师的最根本关切

徐宗本

徐宗本，中国科学院院士，数学家、信号与信息处理专家。西安交通大学教授。1955年1月生于陕西省柞水县，籍贯安徽岳西。1976年毕业于西北大学数学系，1982年和1987年分别于西安交通大学获理学硕士和博士学位。主要从事智能信息处理、机器学习、数据建模基础理论研究。提出了稀疏信息处理的L(1/2) 正则化理论，为稀疏微波成像提供了重要基础。发现并证明机器学习的“徐-罗奇”定理，解决了神经网络与模拟演化计算中的一些困难问题，为非欧氏框架下机器学习与非线性分析提供了普遍的数量推演准则；提出了基于视觉认知的数据建模新原理与新方法，形成了聚类分析、判别分析、隐变量分析等系列数据挖掘核心算法，并广泛应用于科学与工程领域。曾获国家自然科学二等奖、国家科技进步二等奖、中国CSIAM苏步青应用数学奖，并在世界数学家大会（2010，印度）上作45分钟特邀报告。

* 本文刊载于2017年10月15日交大新闻网。

国家“双一流”的号角奏响了中国建设世界一流大学和学科的“冲锋号”。“双一流”建设，最重要的是紧扣国家目标及民族复兴对高等教育的总需求。国家推进“双一流”建设计划，目的在于实现中华腾飞、民族崛起背景之下的大学建设。这就要求我们必须紧紧围绕建设世界一流大学的目标不放松，这就是我们应有的定位。

就像地球的存在离不开自转和公转一样，一所大学推进“双一流”建设，离不开融入社会发挥大学的引领支撑作用，更离不开大学自身的内涵建设。学校要按照世界一流大学通用模式，结合中国的国情，建设有中国特色的世界一流大学，就要切实理解世界一流大学的内涵。这些内涵可以简略归纳为以下五个方面：

明确学科方向。一流大学要有一流的学科建设，并且要有一系列高水平的学科，既能体现世界学科发展前沿，又能满足国家重大需求。西安交大很多学科都有着深厚积淀和光荣历史，但是面临新的需求，在新一轮竞争之中，在服务于国家建设之中，学校学科建设矛盾很突出、任务很繁重。我们要集中精力、重点突出地发展，要着力于促进传统学科转化为新的学科，促进学科结构调整，提高综合竞争力。同时要切实处理好平衡和择优发展的关系，“双一流”学科建设的目标不能变成了平均分配，没有重点就没有政策，不要害怕得罪学科，要敢于解决矛盾，勇于促进矛盾转化。

建设一流队伍。队伍是学校“双一流”建设的重中之重，核心之核心。“双一流”建设离不开队伍建设，队伍建设既要抓年轻人的培养，更要抓领军人才的引进，真正做到“厚待重用现有人才、坚定引进急需人才、着力培养未来人才”。世界一流学科到底需要什么样的队伍结构？要有几个带头人，有几个方向？这些问题都要结合各个学科的需求，通过一院一策、一学科一方案的方式制订灵活的计划。人力配备是最基本的配备，要借助“双一流”建设的机遇，切实把每一个学科的队伍建设扎扎实实做好。

重视科学研究。要用高水平的成果来贡献社会、服务国家建设。教师们的责任在于教书育人、科学研究，学校不能简单地把争取办学资源的压力传导给教师。促进科学研究和提高办学水平，最有效的方式就是切实把教师的时间还给教师，让他们教好书育好人；把科研人员的时间还给科研人员，让他们多出成果，出大成果；把行政管理人员的时间还给行政管理人员，让他们做好管理，做好服务。

着力培养创新型人才。大学首要的任务是为社会培养精英人才。国与国的竞争，归根结底就是人才的竞争，是创新能力和科研水平的竞争。而大学的责任，就是为国家富强和经济发展，培养出符合需要的创新者、劳动者和推动者。创新人才的培养要做到特色化。我建议一要打造交大特色的“重基础”课程体系，二要在通识教育上开设“大学语文”“写作与交流”等特色课程，三要重视专业课程的内容更新与教材更新。一定要将西安交大“起点高、基础厚、要求严、重实践”的办学特色在新时代予以新的诠释，赋予其具体的可操作的内涵。

打造现代大学管理体系。建设世界知名高水平大学，从管理的角度，就是要营造一个民主科学的氛围，让大家感到心平气顺、激情高涨。学校的决策要经过科学论证，要广泛听取群众意见，要给大家畅所欲言的机会。一定要为广大教师和科研人员营造充满正能量的“微环境”，充分解放教师和科研人员的生产力，让大家的活力得到激发，把精力投入教学、科研之中，做出更多成果。

这是我认为“双一流”内涵建设的五个基本问题。这五个基本问题解决好了，学校的建设水平就能够提高一个层次，我们的排名就会前进一步，这才是广大老师最根本的关切，也是全校教职员工的最根本利益。学校的“双一流”建设要回应教师们的这一关切。

【西安数学与数学技术研究院简介】

研究院聚焦科学技术与社会发展的若干重要领域，深入开展应用驱动型数学研究，推动跨学科交叉创新，解决其中关键的科学技术问题，形成以数学为主导的应用领域技术，促进数学科学发展。

研究院创始院长为徐宗本院士。研究院下设华为-西安交大数学与信息技术联合中心、数学与地球勘探技术中心、统计学与大数据技术中心、数学与医学成像技术中心、数学与生命科学交叉研究中心、核心数学研究所、大数据算法与分析技术国家工程实验室等研究实体。现有专职研究人员55人，兼职研究人员15人，其中一大批为国际国内著名学者、相关领域的著名科学家与工程技术人员。研究院承担多项国家重大研究任务，其中，国家重点基础研究计划（973）项目2项，国家自然科学基金重大项目2项、重点项目4项。

【大数据算法与分析技术国家工程实验室简介】

大数据算法与分析技术国家工程实验室是国家围绕大数据战略重大需求所部署建设的国家级重大科技创新平台。该实验室主要针对我国大数据分析与处理基础算法薄弱、大数据核心算法缺乏和大数据应用产品开发效率低等实际需求，开展异构数据预处理、大数据基本计算方法、大数据分析与处理核心算法、大数据算法测评等技术的研发和工程化，为大数据算法与分析技术的进步和产业发展提供技术支撑。

实验室的主要研究人员由3位院士、2位杰青、2位长江、3位千人及他们所带领的团队组成。徐宗本院士担任实验室主任。近年来，在国家“973”项目和自然基金项目的支持下，实验室取得了一批代表国内外水平的科研成果，获得国家自然科学二等奖“基于认知与非欧氏框架的数据建模基础理论”、国家科学技术进步二等奖“基于异构信息融合的非线性动态系统估计技术及应用”和“网络教育关键技术及示范工程”、教育部高校科研成果一等奖“国家税务大数据计算与服务关键技术及其应用”等。

依托创新港培养拔尖创新人才

王金华

王金华，教授，博士生导师，教育部"长江学者奖励计划"青年项目入选者。研究方向为发动机燃烧室湍流燃烧基础研究及清洁高效燃烧技术。先后获国家自然科学二等奖、教育部自然科学一等奖、中国内燃机学会史绍熙人才奖、陕西青年科技奖及青年科技标兵、陕西省青年科技新星、全国百篇优博提名奖、JSPS日本学术振兴会特别研究员等荣誉奖励。

* 本文刊载于2017年10月10日交大新闻网。

创建世界一流大学和一流学科是中华民族伟大复兴的迫切要求。当今世界科技正在发生深刻快速的变化，动力机械及工程学科和产业正在发生前所未有的快速变革，时代和行业发展对大学的人才培养与科学研究都提出了全新的挑战和要求，也提供了巨大的发展机遇。

动力机械及工程学科以内燃机、燃气轮机、汽轮机和正在发展中的其他新型动力机械及系统为对象，研究如何把燃料的化学能和流体动能安全、高效、低污染地转换成动力的基本规律和过程，研究转换过程中的系统和设备，以及与此相关的控制技术。涉及能源、环境、交通、电力、航空航天、农业等与国民经济、社会发展及国防工业密切相关的领域。

我国电站锅炉、汽轮机技术及产量已经居世界前列，内燃机和汽车产销量世界第一，产品研发从引进模仿进入原始创新阶段。同时，产品正在从国内走向国际，积极主动参与国际市场竞争。随着节能减排和低碳能源的发展要求，动力机械及工程学科正在向能源材料、新能源、燃料多元化、超低排放、智能化发展，对创新型、复合型工科人才需求迫切。

国家适时提出了卓越工程师培养计划，动力学科人才培养要面向动力机械原始创新，培养具有国际视野，掌握机械、控制、电子、材料、化学、流动、环境等多学科知识的复合型人才。坚持基础研究在人才培养中的主导地位，坚持基础研究，探索自然规律，获取新知识、新原理、新方法。通过国际前沿的创新性基础研究，培养学生分析工程实际问题里存在的共性基础问题，由于这些问题是国际上广泛关注而仍未解决的问题，因此，其深入研究有助于培养学生探索精神和创新能力。工科基础研究要注意面向工程实际问题，从工程实际问题中提炼共性科学问题，不能为了研究而研究，为了论文而研究。工科基础研究要能产生新的知识、新的原理、新的方法，从而推动学科发展和工程问题的解决。

动力机械及工程学科中电力生产向新能源、可再生能源、分布式能源、储能等方向发展。动力机械向先进发动机、电驱动、电动汽车方向发展。航空发动机和燃气轮机两机重大专项已经启动，为学科和行业的发展带来了巨大机遇，将成为新的学科增长点和研究热点。

汽车是国民经济支柱产业，电动汽车已经被列为国家优先发展战略，将是我国实现汽车工业跨越式发展的契机。传统内燃机在汽车、商用车、工程机械、船用、通用动力机械领域仍将长期占据重要地位。

燃烧是能源利用的主要方式，燃烧提供了全球85%和我国90%以上的一次能源需求，是现代社会高速运转和快速发展的重要保障。其中，发动机燃烧的重要性体现在以下两个方面。在能源方面，发动机燃烧占我国能源消耗量的20%以上和石油消耗量的近70%，与之紧密相关的交通运输行业对我国GDP的直接贡献已达到5%以上。而在欧美发达国家，发动机燃烧占能源消耗总量的30%以上，交通运输行业对GDP的直接贡献近10%。可以预见的是，随着我国国民经济的发展，发动机燃烧在我国能源转化中所占的比重将持续增长。

在国防方面，发动机燃烧是战机、舰艇、坦克、导弹、航天器的动力来源。我国国防安全形势历来都比较严峻，国民经济发展和国家和平崛起均需要装备先进发动机的各类战机、舰艇、坦克、导弹、航天器保驾护航。在动力机械方面，电气化是重要的发展趋势，但是，核心问题是低碳，电力生产仍然离不开燃烧，燃烧的低碳减排是关键。从煤、石油向天然气、页岩气、醇类燃料、醚类燃料、生物燃料等低碳燃料发展也将是重要趋势，低碳燃料在电力生产和动力装置燃烧中都将占据重要地位。动力机械将出现传统动力主导，多种新型动力快速发展的局面。学科知识从工程热物理的传热学、工程热力学、流体力学、燃烧学向能源材料、能源化学、电气、控制拓展，学科发展将呈现多学科深度交叉融合的趋势。

中国西部科技创新港致力于提升科学研究水平，培养拔尖创新人才。动力机械及工程学科面向学科国际前沿、国家重大需求和国民经济主战场，开展新能源动力、航空航天动力、电力生产及交通运输动力领域基础研究和产学研工作。成立发动机及先进动力研究所，面向先进内燃机、燃气轮机和航空发动机基础问题，开展基础燃烧、电子控制、排放后处理、替代燃料、数值模拟、特种发动机等方向基础研究和技术开发，培养复合型创新人才。

以发动机清洁高效燃烧技术、电子控制技术和低碳燃料燃烧基础理论研究为导向，结合发动机节能减排和发展清洁替代燃料国家重大需求，着重解决本领域中的重大基础科学问题和关键技术问题，为先进发动机和替代燃料发展提供创新性成果与技术储备。建成国内一流，国际知名的发动机燃料燃烧评价研究以及清洁燃料发动机研发中心。

【能动学院动力工程多相流国家重点实验室燃烧基础研究团队简介】

燃烧基础研究团队由长江学者、国家杰出青年基金获得者黄佐华教授担任团队负责人。团队拥有PLIF（平面激光诱导荧光）大型激光诊断设备、热线测速仪、PIV流场测量设备、高速摄影仪等大型实验设备。建立了燃烧激光诊断、激波管、快速压缩装置、高压燃烧、高压预混层流/湍流定容燃烧实验装置、喷雾与液滴实验台等燃烧基础研究先进实验平台。系统开展了清洁替代燃料着火、火焰传播、化学反应动力学、喷雾、湍流燃烧基础研究。在燃烧学顶级期刊*Proc Combust Inst*，*Combust Flame*，*Combust Sci Technol*上发表了多篇高水平论文，10篇论文入选ESI高被引论文，获得2013年教育部自然科学一等奖、2015年国家自然科学二等奖，黄佐华教授担任能源领域权威国际期刊*Fuel*主编，在国内外形成了一定的影响力。

一流大学的“软硬兼施”

喻丰

喻丰，清华大学与加州大学伯克利分校联合培养社会心理学博士，现为西安交通大学人文社会科学学院社会心理学研究所教授、副所长、博士生导师。研究方向为道德心理学、积极心理学。2016年以西安交通大学青年拔尖人才计划（A类）引进，进入西安交通大学人文学院，同时人文学院成立社会心理学研究所，发展社会心理学学科。作为学科带头人，喻丰教授建立了道德心理学实验室进行相关科研工作，在交大开设的“社会心理学”通识类核心课广受欢迎，超千人选课。现主持国家自然科学基金等科研项目10项，参与国家“973”计划课题、国家自然科学基金等基金12项；在《中国社会科学》等国内外学术刊物发表SCI/SSCI/CSSCI等同行评议论文40余篇，获第七届教育部高等学校科学研究（人文社会科学）优秀成果二等奖。

* 本文刊载于2017年10月10日交大新闻网。

习近平总书记在“致中国人民大学建校80周年的贺信”中说：当前，党和国家事业正处在一个关键时期，我们对高等教育的需要比以往任何时候都更加迫切，对科学知识和卓越人才的渴求比以往任何时候都更加强烈。西安交通大学的“双一流”建设和创新港建设正好处于这一历史潮头。应该说，西安交通大学长久以来均以一种“硬”科学技术的工科强校形象示人，但这不应成为一所世界一流大学的长久标签。

首先，转印象之“硬”为全面的“软硬并举”。西安交通大学的“硬”科技印象是时代的需要，而当前时代已然变化。从南洋公学建设伊始，学堂便是以西学（尤其是能应用的技术）中用的实业兴邦为导向，这当然是以在西方列强的船坚炮利下，去面对一个岌岌可危同时自尊接近坍塌的国家为背景。中华人民共和国成立以来，交大西迁，却仍以工科为甚，且不仅交大，理工科至上之思想随着国家从无到有的建设在大学中无论重视抑或支持均外显或内隐地表达于世。这并无问题，因百废待兴之际物质世界的建设当然先于其他。但现今是千年未有之大变局，经过全党和人民的砥砺奋进，这已经是决胜全面小康社会、实现中华民族伟大复兴中国梦的关键时期。它意味着依靠“硬”的物质世界的丰盈来获取安定、团结、和谐、幸福已然困难，“软”的人心、人性、人情、人欲才真正主导国民的获得感与幸福感。学校的吸引力不应由“硬”科技而“祛魅”，对民众而言，大学魅力来自科技之美，更来自人文之光。因此，特别希望西安交通大学在“双一流”建设过程中能夯实原有“硬”科学的印象，且更着重矫正其不够人文、不够艺术、不够唯美、不够浪漫，即不够“软”的刻板印象。

其次，转学科之“硬”为科学的“软硬齐全”。经学科细致分野以来，随着各学科肇始基本问题的解决，科学问题归途日近，而学科融合之趋势渐成，跨学科合作日浓，学科交叉愈深。与其刻意寻求交叉莫不如从学科设置着手，从2000年来的各种文献看，可发现共有7类学科成为支柱学科支撑所有学科群，即数学、物理、化学、地球科学、医学、社会科学和心理学。窃以为，建设世界一流大学可突出其中数门，但断不可以缺其中一门。以心理学为例，这门支柱性学科在其中算最“软”，但在当世物质丰盈之背景下断不可少。甚至在未来，它可能会超越语言学、社会学、人类学等学科的研究问题而更显重要。交大校友钱学森曾在晚年划分了科学技术体系，提出自己的分类：自然科学、社会科学、数学科学、系统科学、思维科学、行为科学、人体科学、地理科学、军事科学、建筑科学与文艺理论。钱老的分类中至少思维科学、行为科学，乃至部分社会科学，其基础学科便是心理学。即使印象中世界一流的理工科大学，如MIT，也不乏强大的心理学学科。因此，特别希望西安交通大学在建设“双一流”的过程中应重点关注尚在萌芽状态的支柱性学科。

第三，转学生之“硬”为价值的“软硬兼备”。世界一流大学培养一流的学生，中国的世界一流大学还应培养合格的社会主义建设者和接班人。基于此，西安交通大学的学生不应以技术精湛的工匠示人，大学毕业生不应追求成为某一领域的“专家”，而应有意打造自己的精神层面与生存和繁盛于世的基础知识和一般能力。但研究生必须在自身领域精益求精，求得对某一科学问题的严格突破。这使得大学毕业生能在毕业后胜任大多数普通而基本的岗位，许多学科甚至可以考虑放置于研究生阶段让学生有一定支柱学科的知识积累与社会经验后再去学习（如法或商等）；而研究生则能够在毕业后具有勇敢独立探索科学技术问题的能力。但求职与求新知且不说能力，大量本科生与研究生甚至并无此勇气。再者，大学不应千篇一律，不同大学应有自己的精气神，而这些“软”的气质务求烙印在学生与教师身上。无论是“行胜于言”还是“刚毅坚卓”抑或是“为世界之光”，世界一流大学务求对其学子带来一世之影响，而这影响不止于“硬”的知识。因此，特别希望西安交通大学在建设“双一流”的过程中能同等重视本科生“软”的气质、修养、精神、风貌，一如重视他们“硬”的知识、技能一般；而在研究生培养上则应首先培养其自信而敢立科学潮头的勇气、尊重而不唯瞻权威马首的志向。

第四，转学者之“硬”为真实的“软硬结合”。清华前校长梅贻琦曾说，大学者非大楼之谓，乃大师之谓。学校不可能均为“大师”，但世界一流大学从不论资排辈，也从不眷留“闲”人，这从国外名校的频繁教员变动与不久前清华大学的人事制度改革中便可窥见。建设“双一流”，必须要找准核心教员、要瞄准未来人才、要辨别真的学者；建设“双一流”，便不可能让学术稀疏者浑水摸鱼、不可能让安闲度日者涣散军心、不可能让混隐固位者掣肘奋进。因此，在学术上必须坚持一条“硬”标准。当然，这条“硬”标准不应是对“灌水”数量的单纯统计，而应是对学科贡献的实际考量。其实，无须担心真学者的教学能力，真的学者都是教学研究皆“硬”者，因为有思考者必能以理服人、以洞见打动人，唯一需要做的是调动其为学生授课动机这种“软”的部分。不过，在“硬”学术标准之上，应该创新对“大师”的评价体系，给予其相对自由的学术环境、生活环境，尤其是“软”的社会与心理环境，让其除了追逐学术并无一事可忧，养之以自娱并激发其最大的创造力。因此，特别希望西安交通大学在建设“双一流”的过程中用“硬”的最低标准去约束学者，而用“软”的最暖态度去对待学者。

第五，转运行之“硬”为切身的“软硬转换”。社会变革的一大特征是服务业相对工、农业的大面积发展以及民众对于心理满意与心情愉悦的大规模重视。世界一流大学是学生、教师与行政教辅人员共同锻造的，辅助人员与行政机制应该从“硬”的“做好事情”向“软”的“做好服务”发展。这种转向要求学校从上到下统一思想，用我之心度他人之心、以我之情暖他人之情。诉求可解，无须以规定而压之；规定合理，无须因一事而改之。人心不易得却易变，往往一点点细微的外部环境刺激便能强有力地影响人的情绪、判断与行为，而这些细微的外部环境变量又时常发生于校园的最不起眼处。通常高级别的行政教辅人员待人接物甚有艺术，而进行具体细微工作者则偶有粗糙。世界一流大学，无论是统辖一校的书记、校长，还是每日迎人的门卫、保安，都一定是严于己任，但又温暖、细致、有同理心、能共情。因此，特别希望西安交通大学在建设"双一流"的过程中保持完成最"硬"的事情、提供最"软"的服务。

建设世界一流大学并非易事。创新港才将启程，西安交通大学需要我辈学人怀有只争朝夕的昂扬动力、奋发图强的不懈斗志、破旧迎新的决绝勇气，去审慎严肃地科学谋划、一往无前地坚持实践，以创新之心、创业之志，抓"硬"取"软"，开启"双一流"建设的新旅程。

【西安交通大学道德心理学实验室简介】

西安交通大学道德心理学实验室成立于2016年7月，致力于道德心理学的科研与教学工作，研究团队负责人为喻丰教授。道德心理学实验室现有教授博士生导师1名、讲师4名、专职科研博士后1名，博士研究生4名、硕士研究生2名。实验室成员共发表SCI/SSCI/EI/CSSCI论文130余篇，现承担国家级、省部级等科研项目5项，研究方向包括人性及心智（人、非人、拟人、人工智能）与道德判断、文化（尤其是中国本土文化及其变迁）的道德后果等。

扎实推进“双一流”开启医学教育新征程

吕海侠

吕海侠，女，人体解剖与组织胚胎学专业博士，英国诺丁汉大学神经科学博士后，教授，博士研究生导师。现为西安交通大学医学部基础医学院副院长，生物医学系主任，中国神经科学学会理事，中国解剖学会神经解剖学分会委员，中国老年医学会院校教育分会常务委员，陕西省解剖学会常务理事、副秘书长。2014年获陕西省第十届青年科技奖，2017年获学校优秀班主任称号。科研方向：神经干细胞与神经损伤修复研究，发表科技论文65篇，参加国际、国内学术会议30余次，主持各级科研项目13项，参编教材3部。

* 本文刊载于2017年10月11日交大新闻网。

2017年9月21日，教育部公布世界一流大学和一流学科（简称“双一流”）建设高校及建设学科名单，西安交通大学入选国家一流大学A类建设高校名单，拥有8个一流学科，这既是对百二十年来交大人扎根西部、辛勤付出的肯定，也是对新一代交大人的激励和鞭策。作为一名交大医学人，在感到自豪和骄傲的同时，面对医学学科尚未跻身一流学科行列的现状，更是感到肩负的重大责任和强烈使命。

2017年是我留校工作的第20个年头，恰逢医学教育创建105年暨抗战迁陕80周年的重要时刻。溯源历史，先辈们胸怀民族大义，炮火中兴医办学；数代西医人坚守西北，精勤育人，救死扶伤。80年弦歌不辍，交大学子秉承着“兴医强国、艰苦奋斗、精勤育人、救死扶伤”的抗战迁陕精神，践行着“除人类之病痛，助健康之完美”的神圣诺言，为国家医疗事业奉献着自己的青春和力量。

“扎根西部、服务国家、世界一流”是新时期学校的办学定位。在学校整体的“一流大学、一流学科”建设方案中，医学学科建设选择以“一带一路”人群生命健康问题为重点，联合丝路沿线国家，共同围绕环境相关疾病展开研究，用研究成果切实促进“一带一路”人群健康水平。

一流的医学教育需要一流的师资。立德树人是大学的根本，离开对学生的培养，一流大学的建设就无从谈起。上几节课、完成若干个学时，做简单的“课本内容搬运工”，不能算是合格的老师。对大学生的培养，不是仅仅教会他们安身立命的本领，更重要的是培养他们为人类进步而努力奋斗的使命感和责任感，作为医学生，找个好工作不是目的，能阐明某个疾病的机理、找到一种新的疗法才是学习和求索的意义所在。做“好老师”要用心、用大智慧，要言传与身教相结合，做好学生的陪伴者和贴心人。给本科生和研究生上课，同时承担侯宗濂医学实验班的教学任务，虽然我对待学生比较严格，但还是拥有不少的“粉丝”，和学生交流的确会占用很多时间，但是我非常享受这个过程，既了解了学生，也启发了自己，和学生们共同成长。

一流的医学教育需要一流的科学研究。坚持“三个面向”，做一流的科学研究，是科研人员的坚守所在。我曾经是一名临床医生，后来做“神经生物学”的研究工作，可以说我自己就是“医学-理学”学科交叉的受益者。因此，当看到学校将“医学交叉强质”作为双一流建设的战略思想，我深受触动，“脑科学与类脑研究”作为国家重大发展计划之一在2017年全面启动，这标志着我国的脑科学研究将进入跨越式发展阶段。我们学校“神经科学与行为科学”是进入ESI前1%的学科之一，我自己从事的“神经干细胞与神经损伤修复”研究，属于中国脑计划“一体（认知脑）两翼（保护脑和模拟脑）”中的“保护脑”范畴，我们希望对神经系统前体细胞的生物学行为进行研究，探索利用“神经干细胞移植治疗脑损伤”的策略和方法，最终希望能够为“除人类之病痛、助健康之完美”贡献自己的力量。

我所在的神经生物学研究所是由我的导师刘勇教授在2006年牵头成立的，多年来在脑血管疾病的发病机理和治疗方面做了大量的工作，刘老师培养的30余位博士中有十多位留校工作，每一位学生都在自己的岗位上拼搏，作为其中一员，我期待能够携手更多学科的交大人，走好属于西安交大医学教育的“交叉强质”之路。

一流的医学教育肩负使命担当与家国情怀。传承好“胸怀大局，无私奉献，弘扬传统，艰苦创业”的西迁精神是每一位交大人的责任；将“兴医强国、艰苦奋斗、精勤育人、救死扶伤”的抗战迁陕精神发扬光大也是时代赋予每一位交大医学人的使命。记得王校长和张书记多次讲到，交大人要胸怀天下，交大人要有交大精神、要有交大人的担当。在这次的“双一流”建设方案中，将国际合作的新模式定为“以提升学校国际影响力、竞争力为本体，以推进与一流大学合作和建设丝绸之路大学联盟为两翼”，促进西安交大的国际化发展，提升西安交大在世界高等教育领域的话语权和影响力。这样的建设理念体现了交大人在发展自己的同时，与丝路沿线国家的高校不分彼此、不分强弱、不分大小，共同发展的博大胸怀。交大医学更是在来华留学生培养方面以实际行动践行着这一举措。

现今，学校积极响应国家号召，以创新港为载体，探索“校区-社区-园区”三位一体的大学新形态，塑造立德树人新构架；积极加强学科交叉及科教融合；在国际合作方面逐步形成“一体两翼”的发展战略，与世界一流大学合作的同时，不忘携手丝路沿线国家共同推进高等教育发展。以上这些构想和学科发展布局，既体现了交大人的智慧，也展现了交大人的胸怀。我相信中国西部科技创新港的建设发展必将成为西安交大向中国高校、世界高校发展提供的“交大智慧”和“交大模式”。传承、创新、服务、一流的交大医学教育将以“双一流”及创新港建设为契机，牢记使命，砥砺奋进，开启医学发展的新征程。

【西安交通大学神经生物研究所简介】

西安交通大学神经生物学研究所于2006年10月19日经西安交通大学批准（西交科[2006]54号）正式成立，是“环境与疾病相关基因”教育部重点实验室的神经生物学研究团队。主要研究方向为：脑损伤与修复、神经干细胞基础及应用。现有教职工6名，其中教授2名，副教授2名，新讲师博士后2名。近5年获得国家自然科学基金面上项目5项，国家“十一五”重大专项子课题1项，陕西省重点研究计划项目1项，陕西省自然科学基金和发展基金项目多项。围绕“脑发育、神经系统损伤和修复”研究已发表科研论文150余篇，其中SCI收录论文80余篇。

抢抓国家战略机遇
推进核能一流学科建设

田文喜

田文喜，教授，博士生导师。国家优秀青年基金获得者、教育部新世纪优秀人才、陕西青年科技奖获得者。研究方向为先进核动力系统热工水力设计及安全关键技术。曾获教育部技术发明一等奖、陕西省科学技术一等奖等，担任*Annals of Nuclear Energy*等三个国际期刊编委、全国核反应堆热工流体青年工作委员会副主任、新堆与研究堆专委会委员、船用核动力专委会委员等。

* 本文刊载于2017年10月12日交大新闻网。

近年来，在我国政府新的顶层设计的指导下，"一带一路倡议""创新驱动发展战略""军民融合发展战略"等一系列国家战略陆续发布和实施。这些多重叠加的国家战略也为我国高校的"双一流"建设指明了方向、提供了机遇。中国西部科技创新港作为我校落实国家创新驱动发展的具体举措，将是推进我校"双一流"建设的有力平台。

我校核科学与技术学科的前身是成立于1958年交通大学（西安分部）的工程物理系，是我国最早成立的核专业之一，其中核反应堆工程专业（代号810）一直延续至今。学科曾获批全国首批硕士和博士学位授予权，一级学科"核科学与技术"全国排名第四（2012年学科评估），二级学科"核能科学与工程"是继清华大学后获批的第二个国家重点学科，全国排名第二。学科本科专业为教育部第二类特色专业、国防特色学科专业和陕西省名牌专业。

作为一个高技术、高风险、高社会敏感性、行业背景强和受政策影响大的学科，在新的历史形势下，如何抢抓目前多重国家战略叠加的历史机遇，如何利用好中国西部创新港这一新平台、新载体，如何快速适应争创"双一流"建设的新环境、新机制，以推进我校核学科实现跨越发展，是值得我们深入思考的课题。

依托"一带一路"大力加强国际化核能人才培养

核电与高铁是我国高技术出口的国家品牌。核电作为一种清洁、高效、安全的能源，在"一带一路"沿线及周边国家备受青睐。据预测，"一带一路"及周边60多个国家已经或正在计划发展核电，到2030年新建机组将达到200多台，是我国国内核电市场的数十倍。每出口一台核电机组，可创造约15万个就业机会，单台机组投资约300亿元，考虑到全产业链的贡献，单台机组全寿期直接带动约1000亿元。庞大的海外市场激发了"一带一路"国家对国际化核能人才培养的巨大需求。我校核科学与技术学科在人才培养领域贡献卓越，曾培养了我国先进主流堆型（华龙一号、CAP1400、中国实验快堆等）的总设计师、国内多个核能研究设计院（所）长、核电厂总经理、国内高校核学院院长及学科带头人、世界核能协会理事等领军人才，以及一大批工作在我国核科学与技术领域第一线的业务骨干。

面对“一带一路”国家对国际化核能人才培养的巨大需求，我们应该积极发挥人才培养的优势，与教育部、能源局等国家部门积极沟通，建立国际核电高层次人才培养合作机制，同中核集团、中国广核集团及国家电投集团等国家大型核电企业密切合作，瞄准各大核电集团的海外市场需求，签署国际核电人才联合培养协议，启动国际人才培养项目，培养一批具备优秀工程素养和专业特长、认同我国核电技术与能力的国际化复合型领军人才和技术骨干人才。

依托“军民融合发展”全面提升学科服务国防及国民经济水平

核科学与技术本身就是一个军民深入交叉融合的学科，核工业也是一个典型的军民融合产业。核能及核技术具有军民两用特点，舰艇核动力的技术与核电反应堆技术在核燃料生产、反应堆堆芯设计、安全防护、放射性废物处理等方面具有十分相似的工艺。目前军民融合上升为国家战略，在新的形势下，国家加大了对军民两用核技术研发投入，加大了对军用核技术转民用、民用核技术转军用的支持和政策引导力度，为我国高校核学科的发展也提供了良好机遇。

作为教育部直属高校，我校核科学与技术学科曾深度参与了我国多个型号的国防军工科研。在新的国家发展战略机遇面前，我们应该瞄准先进核能技术在我国战略核威慑、远洋探测、航空航天、南海岛屿能源供应及先进闭式核燃料循环等方面的重大战略需求，积极开展特殊用途核动力系统关键技术研发，积极开展先进闭式核燃料循环关键技术研发，在中国西部科技创新港规划建设先进核能技术军民融合研究中心，与国内相关科研院所联合建设特殊用途反应堆关键共性技术研发平台，重点针对海洋核动力平台反应堆、空间核动力反应堆及小型模块式反应堆等基础科学问题和关键技术进行联合攻关。促进军民技术交叉融合，进一步提升学科服务国防建设及国民经济建设的水平。

依托“创新驱动发展”加速推进先进核能技术研发

创新是发展的灵魂。我国核工业从1955年创建以来，力求自主创新，取得了“两弹一艇”辉煌成就，20世纪80年代后逐步实现军民结合，重点转向为国民经济建设服务。通过30年的发展，我国核电产业已经初具规模，运行机组世界排名第5，但2016年核电发电量占比仅为2.4%，仍远低于15%的世界平均水平。在三代核电堆型方面，目前已经形成了以“华龙一号”及“CAP1400”为代表的自主化三代核电堆型。在未来第四代核能系统研发方面，国内科研院所和高校针对钠冷快堆、超高温气冷堆、铅冷快堆、熔盐堆、超临界水冷堆等先进堆型研发设计及实验堆建设方面开展了大量工作，取得了突出成绩，在个别研究领域处于世界领先水平。

经过30年的发展，在先进核能技术研发方面，可以说我国已经从过去单纯的“跟跑”，变成目前的“跟跑”“并跑”和个别领域“领跑”并存的局面，这对我国的核工作者提出了更高的要求，要求我们从更高的高度和向更好方向发展的角度去引领创新。国外先进核能堆型的原创概念和初步设计大都由高等院校提出，国家实验室及科研院所进行重点关键技术的攻关，核电企业主要进行工程化设计和建设运行等。相较于国外的核能技术创新和研发体系，我国科研机构在先进核能技术原始创新能力方面明显不足，这主要与我国核能产业发展起步较晚及我国核能科研队伍体量偏小有关。但新的历史时期，特别是福岛核事故后，核安全监管部门和民众对核能提出了更高的要求，需要开发更安全、更经济和更高效的先进核能技术。

作为我国高校中先进核能领域的优势学科，西安交大核科学与技术学科在先进核能技术研发中应该积极承担创新概念引领责任，除了深入挖掘非能动安全技术、一体化模块式技术、事故容错技术等核能技术自身潜力外，还应以更开阔的视野，与我校相关优势学科进行深入交叉和融合，在中国西部科技创新港建设先进核能技术创新研究中心，将大数据共享技术、云计算、人工智能技术、3D打印技术等革命性的创新技术融入创新性核能系统的设计，设计出更安全、更经济、更高效、更先进的核能系统。

核科学与技术学科是一个综合交叉性很强的工程学科，相关交叉学科包括动力工程及工程热物理、力学、材料学、机械工程等，上述学科都是我校的传统优势学科，因此，在目前我国核能大发展的新历史时期，适逢多重国家战略叠加的大好机遇，又可依托中国西部科技创新港的一流平台，相信我校核科学与技术学科将会实现跨越式发展。

【西安交大核反应堆热工水力研究团队简介】

西安交通大学核反应堆热工水力研究团队（XJTU-NuTheL）现有教授3名（秋穗正，苏光辉，田文喜），副教授3名，讲师4名，其中长江学者特聘教授1名，国家杰青1名，国家优青1名，教育部新世纪人才3名，苏光辉教授担任核工程领域国际知名期刊*PNE*主编。团队长期致力于大型先进压水堆、舰船核动力堆、钠冷快堆、熔盐堆、空间堆新型核动力系统热工设计和安全研究，在开发具有我国自主知识产权的核反应堆设计和安全分析软件等方面做出了突出贡献。近5年承担包括国家重大科技专项、国防973项目、国家自然科学基金等课题150余项，科研到款近1.1亿元，曾获教育部技术发明一等奖、国防科学技术奖一等奖、陕西省科学技术一等奖和二等奖等奖项，相关研究成果已被中国核动力研究设计院、中国原子能科学研究院、上海核工程研究设计院、广核研究院有限公司等多家研究和工程单位采用，取得良好经济效益和国防意义。

“双一流”建设开启人文社会科学发展新征程

田美

田美，外国语学院教授、硕士研究生导师，英国巴斯大学英语语言教学硕士、博士（全额奖学金资助）。2009~2011年入选西安交通大学青年骨干教师，2012~2013年在英国伦敦大学教育学院访问学习/博士后研究。主持在研教育部人文社会科学基金青年项目一项，主持完成部、省、校级课题7项。以第一/独立作者在*Teaching in Higher Education*，*Journal of Studies in International Education*，*Assessment and Evaluation in Higher Education*，*Compare a Journal of Comparative Education*等学术期刊发表论文20余篇，在国际学术会议上宣读英文论文十余篇。任*Higher Education*，*Studies in Higher Education*，*Intercultural Education*等著名期刊外审。获陕西省高校人文社会科学研究优秀成果奖三等奖一项（第一获奖人）。研究兴趣包括学生与教师视角下的世界一流大学建设、留学生与移民群体跨文化适应与认同、跨文化视阈下英语学术论文写作与国际期刊发表、质性研究方法等。

* 本文刊载于2017年10月13日交大新闻网。

2017年9月，教育部等三部委印发了《关于公布世界一流大学和一流学科建设高校及建设学科名单的通知》（简称《名单》）。《名单》在实现“211工程”“985工程”建设平稳过渡、平稳推进的基础上，对入选高校动态监测、动态调整，必将激发高校活力、推动内涵式发展。本文就“双一流”建设中，如何加快大学人文社会科学学科发展提点建议。

发展人文社会科学，引领“中国特色”世界一流大学建设

“双一流”的核心是建设有中国特色的世界一流大学、世界一流学科。中国特色表现在高校发展必须坚持以马克思主义为指导，全面贯彻党的教育方针，为人民服务、为中国共产党治国理政服务，为巩固和发展中国特色社会主义制度服务，为改革开放和社会主义现代化建设服务。作为一种公共理性和公共价值，人文社会科学学科的本质决定了其对“中国特色”世界一流大学、一流学科建设的引领作用，主要表现在以下几个方面：

第一，通过“双一流”建设实现我国从高等教育大国向高等教育强国的历史性跨越，必然会有困难，也可能会走弯路，这需要人文社会科学关注“双一流”建设过程，开展客观研究、缜密分析，不断总结经验教训，为“双一流”建设提供价值导向、智慧基础和理论保障。

第二，人文社会科学立足特定社会历史文化、反应特定社会价值体系，是高校坚持以马克思主义为指导，立足我国特殊的历史、文化、国情，扎根中国大地办世界一流大学、世界一流学科的重要基础。在批判借鉴国外学术成果的同时，发展我国人文与社会科学学科，是高校形成中国特色、中国风格、中国气派的学科体系，构建中国特色、世界一流学术和话语体系的重要保障；同时，人文社会科学是指引自然科学向实际生产力转化的思想保证和精神动力，有助于保障高校产学研紧密联系国家与地方发展的现实目标和未来方向，切实服务国家、地方需求。

第三，人文社会科学不仅仅指某一类学科、某一类知识，更是一种精神、态度、信念、价值与文化，发展人文社会科学是建设中国特色世界一流大学、一流学科，实现立德树人根本使命的要求。不可否认的，伴随着市场经济向纵深推进，学校中个人主义和拜金主义思想有所抬头，传统道德观念受到冲击，西方意识形态有所渗透。在这样的环境下，高校要体现价值引领、思想引领的功能，创造性地传承中华民族优秀传统文化，弘扬社会主义核心价值观，切实解决培养什么样的人、如何培养人以及为谁培养人的问题，有赖于人文社会科学提供支撑。建设和发展人文社会科学因此具有重要的理论价值与现实意义。

发展人文社会科学面临的问题与对策建议

伴随着“双一流”建设的开展，人文社会科学发展迎来新机遇。然而，人文社会科学学科要实现国务院公布的《统筹推进世界一流大学和一流学科建设总体方案》的建设任务，即一流科学研究、一流人才培养、一流师资队伍、一流社会服务和一流文化传承，还面临一些问题和挑战，需要采取积极的措施推进人文社会科学发展。

第一，在“取长”的同时，要积极“补短”，逐步转变我国人文社会科学发展所处的相对劣势地位。新中国建立以来，人文社会科学发展并非一帆风顺。1952年的院系调整导致了人文社会科学相对于工科的“边缘化”地位，这一状况一直延续到20世纪90年代。之后，随着高等教育改革产生了一批综合性院校，人文社会科学的发展规模与质量得到提升。进入21世纪以来，国家对人文社会科学发展愈发重视，十八届五中全会要求实施哲学社会科学创新工程，中央召开的“哲学社会科学工作座谈会”强调了哲学社会科学对建设中国特色社会主义的重要作用。随着人文社会科学重要性获得官方更广泛的认可，高校人文社会科学迎来了长足发展的春天。尽管如此，相对于自然科学，人文社会学科发展的差距依然明显，表现在相对较少的资金投入以及人文社科类学者在国际学术领域相对较低的影响力。根据科技部与国家统计局的数据，2014年我国科研经费总投入中，理工医占98%，人文社会科学仅占2%；另据统计，2011年我国高校师生发表了193733篇SCI期刊文章，列世界第二位，而1956年到2006年50年间，我国高校师生发表的SSCI和A&HCI论文合计仅9951篇。此外，与世界一流高校相比，我国高校人文社会科学的发展还缺乏严格的学术规范，学术生态环境有待进一步改善。当前，学校应紧紧把握“双一流”建设的大好机遇，明确人文社会科学发展对建设中国特色世界一流大学的战略意义，既要大力发展理工类传统优势学科，也要“补短板”，适当向人文社会科学学科倾斜，增加人文社会科学投入，健全人文社会科学体系，壮大人文社会科学研究队伍，鼓励人文社会科学学者跨校跨学科交流合作，全面提升学校人文社会科学整体实力。

第二，在“双一流”建设中，人文社会科学要在发展“中国特色”世界一流大学的价值取向、评价标准和治理模式建构上发挥积极作用。目前，国际上所谓的“世界一流”的学术标准主要反映的是美国与主要欧洲国家的价值取向、评价标准。高等教育领域国际著名学者阿特巴赫曾经使用“中心”和“边缘”的概念来描述发达国家与发展中国家学术地位的不平等。他指出，发达国家在知识产出和传播中起着主导作用，发展中国家则因资源等相对有限而处于边缘地位。我国开展“双一流”建设，体现了中国高等教育整体向国际学术“中心”迈进的结构性需求。在这个过程中，我们既要借鉴西方发达国家世界一流大学的经验，更要体现主体性，强调中国特色、强调社会需求，不仅要从科学研究的视角表征世界一流大学，还要从人才培养、社会服务、文化传承创新等方面思考世界一流大学的整体职能，与此同时，积极构建对外话语体系，提高国际话语权，讲好中国故事，传播好中国声音，阐释好中国特色，以贡献于世界多极化学术“中心”的形成。

第三，“双一流”建设离不开高水平的教师队伍，要深入实施人才强校战略，进一步完善教师绩效评价制度。在过去10年间，我国大部分“985工程”大学和部分“211工程”大学进行了“tenure-track”合同制人事聘用改革，这项改革对高校集聚优秀人才，提高学术产出产生了积极影响。但我们的一项关于“tenure-track”机制下青年教师学术工作的研究也发现，以发表国际学术期刊论文数量为核心的青年讲师考核评价机制，由于对人文社会科学与自然科学学科的差异性考量不足，事实上也对高质量与创新性学术成果的产出产生了不利影响，对教师健康及家庭关系产生了消极影响。因此，学校在“双一流”建设中强化教师队伍建设，需要充分考虑计量评价的负面影响，遵循教师职业发展规律，建立更加完善灵活的教师考核评估体系，优化教师职业发展制度环境。同时，要增强人才队伍的可持续发展能力，在强调高水平科研成果产出的同时，积极倡导良性同侪竞争、维护学术自由、学术平等与学术尊重；关心教师，特别是青年教师与女性教师身心健康，为教师提供良好的工作环境、合理的收入，增强教师的职业安全感。

第四，培养拔尖创新人才是“双一流”建设的核心和重要基础。一流大学要能够吸引、培养一流学生，在培养学生专业知识和技能的同时，着重创新能力提升与价值观的形成。在全球化的今天，还应培养学生的国际视野，使其了解中西方文化，形成包容、开放的跨文化态度，培养参与国际竞争与国际事务的能力。在服务国际化人才培养方面，大学英语教育的作用不可忽视，体现在提供英语授课的国际师资、提高大学生英语技能、辅助和提升各学科教师跨文化学术交流能力、在国际舞台发出中国声音、营造高校国际化氛围等诸多方面。

此外，随着“双一流”建设的深入，面对日益扩大的国际学生群体，学校还应积极思考和调整国际学生的教育教学方式，教职员工应努力提高跨文化敏感度，挑战各种形式的文化定势以及民族中心心态，一个“全纳”的、具有国际包容性的校园不仅表现在扩大的国际学生数量，还意味着不同文化和民族背景的教师和学生的融合、国际学生的归属感、相互理解、尊重差异和多样性。在“双一流”建设中积极发展人文社会科学，实现人文精神的大学理念、卓越的科研教学、开放包容的国际化校园，依赖身处其中各方的不懈努力。

相约西部科技创新港
铸中国经济学“交大品牌”

刘 航

刘航，2013年6月毕业于西北大学，获经济学博士学位，2013年10月进入西安交通大学应用经济学博士后流动站从事博士后研究工作，2016年1月至今在西安交通大学经济与金融学院任教，2016年6月起担任硕士研究生导师。现为理论经济学系讲师、系主任助理，是国家重点学科产业经济学下“公司战略与现代产业演进”研究团队成员。获2015年陕西省优秀博士学位论文。近年来以第一作者在《中国工业经济》《马克思主义研究》《财贸经济》《经济学家》和*China Finance and Economic Review*等国内外期刊发表学术论文20余篇，出版学术专著1部，主持国家自然科学基金、陕西省社科基金、中国博士后科学基金、陕西省软科学研究计划等科研项目多项，多次获得省级和市级优秀学术成果奖励。

* 本文刊载于2017年10月14日交大新闻网。

2017年，交通大学大树西迁后第二个甲子的开局之年，中国西部创新港开工建设，西安交大入选一流大学A类建设高校名单，全校的内涵式发展进入了全新阶段，各个学科迸发出强劲的发展动能。一桩桩的喜事、大事、非凡之事在身边发生，作为交大人，我已经忍不住开始期待渭水之滨那个崭新美丽的智慧学镇，畅想交大二次西迁后站在丝路起点勇为世界之光的豪迈与担当。

西安交大的经济学科有着悠久的办学历史，在树人育人、学术研究、社会服务等方面取得了令人起敬的成就。在中国经济学教育和学科发展的时代旋律中，总有着交大人雄浑的声音。当前，中国经济正在步入新常态，经济增速放缓、消费结构升级、产业深度融合、人口红利衰减、资源环境约束、技术追赶与产业跟随触碰到"天花板"，使得中国经济形势比以往任何时候都更复杂，全球经济发展比以往任何时候都更依赖中国，经济学科建设也比以往任何时候都更加呼唤中国特色经济学理论体系。在打造"中国经济2.0"和"中国经济学2.0"的过程中，"扎根西部、服务国家、世界一流"的西安交大，应当秉承对国家民族之"忠"，对百姓民生之"恕"，"任"建设经济学一流学科之"事"。这一任务艰巨而沉重，但又是无可逃避、当仁不让的历史使命。随着西部创新港工程建设的推进、内涵发展策略的确立，建设经济学一流学科的构想已渐渐清晰，宏伟蓝图正在一步步成为现实。

创新港将为"大学科"建设提供广阔物理空间

学术思想"交"汇，话语体系融"通"，方为交通大学。大学，要有大学问，大学问出自大师，大师空间集聚，便形成大学科。首先，经济学大学科要吸收其他学科门类的智慧思想与技术方法，形成与工学、理学、哲学、法学、管理学等学科的优势互补和研究交叉。创新港建设将改变交大经济学主要在雁塔校区办学的现状，空间距离的临近更容易使默会知识得到有效传递和溢出。其次，理论经济学作为经济学科门类下两个一级学科之一，应当与应用经济学均衡协调发展，理论为经济之“经”，应用为经济之“济”，在构建中国特色经济学理论体系的当下尤为如此。可以预见，创新港建设将有力促进交大经济学下属学科的均衡布局、渗透融合。更重要的是，有了经济学对外、对内的双向学科交叉，大金融、大贸易、大产业的学科建设构想才能落于实处，补齐了不应有的短板，传统优势学科才能焕发新的内涵。

创新港将成为高水平经济学研究者在中国西部的“人才洼地”

高校间的学科竞争，早已不是单纯的硬件比拼，而已经步入了拼“人”的时代。高起点、高质量、重内涵的西部创新港建设，将为经济学人才的集聚开启坚实的一步，画上一个加粗字体的冒号。经济学分支众多、应用广泛，出身经济学的人才就业选择余地大，在世界范围内都“要价”偏高，对工作环境和氛围也往往有苛刻的要求。尽管近年来经金学院从美国、英国、德国、日本及国内的中科院、社科院、厦门大学、上海财大等一流机构吸引了大量的优秀人才，但是有过就业意向、曾向人力主管问询，甚至通过考核又拒绝了我们offer的人远多于此。相信不远的将来，随着创新港工程的推进，以及以创新港为载体的经济学大学科建设，人才引进中的诸多难题将得到破解，越来越多“产自”世界各地的经济学一流人才愿意到西安交大来，人才洼地终将变为高峡平湖。试问：仰望南山之巍峨、细嗅渭水之稻香、沐浴西交之精神，有团队共研讨，与同道看星光，授业解惑，潜心问学，谁人不向往，何人不想来？

创新港是建设基层科研组织、提升人才培养质量不可替代的载体

由于学科特点，经济学家群体有着较高的“大器早成”的概率。例如1991年诺贝尔经济学奖得主、新制度经济学鼻祖罗纳德·科斯，在得奖时已届八旬，而其终生学术成就的最高峰——《企业的性质》一文是他在27岁时发表的，如今世人皆知的“交易成本”和“企业产权”就最早见于此文。除了科斯自身的学术天赋，如此高论出自一名“青椒”之手，自然与他的母校——伦敦政治经济学院的培养分不开。伦敦政经是世界顶级名校，其校友和教授包揽了27%的诺贝尔经济学奖。这个专注于社会科学的学校有着成熟的复合型人才培养体系和完善的科研组织（中心）。2016年可以说是西安交大基层科研组织建设的元年，2017年以来文科基层科研组织加快构建。经济与金融研究院及其下属的八个研究所的创建工作有序推进，研究生教育综合改革取得进展，科研反哺教学和人才培养的常态机制正在积极探索。与国际知名大学接轨，研究生在导师所在研究所得到垂直管理，在导师所在研究团队中得到交叉指导，教学相长，复合培养，我们才能产出更多的经济学大师，“生产者”成为大师的导师，交大也将成为大师的母校。这些努力的最终落实都将依赖于创新港提供的硬件载体，以及随之带来的管理制度升级、“学术生态”升级和人文环境优化。

创新港将为经济学走出书斋、服务国家社会插上翅膀

在我国加强顶层设计、全面深化改革的今天，经济学研究的社会服务功能亟待得到强化。无论政府部门的政策制定，还是企业的投融资决策、市场策略和治理结构方案，或是行业组织对行业内竞争和资源配置的把握，都需要凭借经济学的理论参考和决策建议。中国特色经济学理论也应走出书斋，把具有马克思主义实践品格的经济学的光芒照入需要她的人、企业、机构及其行为，用在国家振兴、社会进步的每一个角落。创新港的意义并非限于建一个新校区，而是将成为承载“创新驱动”战略、“一带一路”倡议实施和创新型省份建设的坚实平台。选址在沣西新城，体现了交大投身西咸新区、大西安、关中城市群、陕西省追赶超越和创新驱动发展的姿态。这对交大经济学走出书本、走向实践提供了难得契机。老师和研究生们将在那个没有围墙的新校园，更好地与企业对接，为政府部门提供咨询，打造一流智库，探索适合经济学的产学研合作模式，让西安交大的经济学成为经世致用之学。

从现在到创新港预期完工的2018年底，在人类社会永续发展的长河中，或许只有一瞬，但在交大经济学人的眼里，只争朝夕。创新港会给我们更好的大学科、更好的人才队伍、更好的科研组织、更好的社会声誉，但我们也应留意，先有了这些，创新港才能创新，创新港才是创新港。交大经济学的从业者能奉献给创新港的，只能是在中国经济学界铸就的一个“西交品牌”，就像西交能奉献给祖国的，只能是建设世界一流大学的起跑姿势和冲刺步伐。

【理论经济学系简介】

西安交大经金学院理论经济学系是基层教学组织改革后设立的一级学科学系，前身为经金学院经济学系。现有教师24人，其中青年拔尖人才1人，多人次享受国务院政府特殊津贴、“三秦人才”津贴，1人为陕西省政府决策咨询委员。近10年累计培养研究生100多名，校友遍布高校、科研院所、政府部门、金融业、跨国公司或知名企业。主要研究方向为经济增长理论、宏观调控与政策、企业投融资、外商直接投资、可持续发展理论等。近年来教师及研究生在《经济研究》《管理世界》《中国工业经济》《世界经济》《经济学(季刊)》《数量经济技术经济研究》等国内顶级期刊，和*Applied Economics*、*China Economic Review*、*Energy Policy*等SCI及SSCI源刊发表论文多篇，出版学术专著多部，主持国家社科基金重点项目、一般项目和国家自然科学基金面上项目、青年项目多项，多份政策报告得到省级政府采纳或领导批示。目前，以理论经济学系为依托的经济研究所正在筹建，届时将成为西北地区首个以理论经济学为主要研究对象的实体研究机构。

国际化为“双一流”建设插上腾飞的翅膀

方 宇

方宇，教授，博士生导师，哈佛医学院人口医学系/世界卫生组织药物政策合作中心博士后，从事药事管理与药物政策研究。现任西安交通大学药品安全与政策研究中心主任，药学院药事管理与临床药学系主任，药学院药学党支部书记，兼任陕西省卫生改革发展研究中心办公室主任。2015年入选西安交通大学青年拔尖人才，2017年入选医学部首批国家级后备人才。主持国际合作、国家级、省部级纵向课题21项，发表研究论文106篇，其中第一或通讯作者论文73篇，被SCI/SSCI收录21篇，其中两篇研究论文和个人观点分别发表在国际著名医学期刊《柳叶刀．全球卫生》和《英国医学杂志》，被国际学术会议收录论文20余篇。担任十余项国际和国内学术组织任职。担任卫生管理、药物政策、社会学领域27本国际期刊审稿人。荣获2015年度陕西省哲学社会科学成果三等奖和陕西高校人文社会科学研究优秀成果三等奖。

* 本文刊载于2017年10月16日交大新闻网。

西安交通大学入选国家一流大学A类建设高校名单，中国西部科技创新港拔地而起，“十三五”发展规划纲要全面落实和奋力推进，“丝绸之路大学联盟”声名远扬……学校上下以不舍昼夜、只争朝夕的责任感和使命感，齐心协力、埋头苦干，在建设世界一流大学的征程上阔步前行。

此刻，作为一名交大人，我由衷感慨和自豪，心间激荡着张迈曾书记在双甲子校庆誓师动员大会发出的激昂号角，“西安交大为国家而生、为时代而生，要在实现中国梦的道路上做出无愧于时代、无愧于民族的贡献”；脑海里回荡着王树国校长上任伊始质朴而雄壮的话语，“西安交大是所有师生员工和校友们的交大；西安交大是陕西的交大；西安交大更是中国的交大，乃至世界的交大”。

如果说“双一流”和创新港建设承载着西安交大跨越式发展的梦想，那么国际化建设将为这一梦想插上腾飞的翅膀。国际化水平是检验西安交通大学建设一流大学的硬指标，也是创新港内涵发展所追求的重要目标。加快国际化建设是一场硬仗，所谓“兵者五事，道天地将法”，必须审时度势、统筹谋划，做到全面布局、重点突破。

双一流建设之“道”：同心同德、群策群力

国际化是衡量大学办学水平的重要指标，是世界一流大学的基本特征，是西安交通大学跻身世界一流大学的必经之路和不二选择。2015年底，国家颁布《统筹推进世界一流大学和一流学科建设总体方案》，明确将“推进国际交流合作，加强与世界一流大学和学术机构的实质性合作，加强国际协同创新，切实提高我国高等教育的国际竞争力和话语权”作为五项改革任务之一。为此，西安交通大学全校师生应该同心同德，紧紧抓住培育国际核心竞争力这个牛鼻子来开展相关工作，着力在国际化师资、国际性校友或学生、国际化办学、国际化科研成果、国际化教学、国际性创新基地和国际影响力等七大核心指标上做足工夫，勇于探索，锐意创新，实现新突破！

双一流建设之“天”：勇立潮头、抢抓机遇

习近平总书记用“世界好，中国才能好；中国好，世界才更好”这样平实的语言，阐释了中国推进人类命运共同体建设的愿景；“一带一路”倡议更是拓展了中国与世界同呼吸共命运的相通空间。当前，西安交通大学国际化建设面临着千载难逢的机遇，也需面对“缓进则退、不进则亡”的残酷竞争压力，亟待营造更加有利于国际化发展的良好环境，转危为机，抢抓机遇，实现弯道超车和跨越式发展。面对危与机的新常态，西安交通大学首倡“丝绸之路大学联盟”，给出了响亮而满意的答卷，精准发力，共建教育合作平台，推进区域开放发展，推动“新丝绸之路经济带”沿线国家和地区大学之间在校际交流、人才培养、科研合作、文化沟通、政策研究、医疗服务等方面的全方位交流与合作。未来，中国将深度参与全球治理，在全球安全、生态环境、国际经济、跨国犯罪、基本人权、健康卫生等重大议题上顺势而为，迈向世界舞台中央。

在此大背景下，西安交通大学需要继续秉持舍我其谁的精神，勇立潮头、勇挑重担，用全球视野和敏锐眼光捕捉新一轮机遇，为学校国际化发展注入源源不断的动力。

双一流建设之“地”：真抓实干、踏石留印

国际化建设需要有土壤，才能实现深度积淀之后的厚积薄发。当前，西安交通大学国际化建设的土壤还不够肥沃，立足国内、面向全球的教学、科研、人才培养和社会服务平台搭建和学科布局仍然不甚理想，加快国际化土壤的培育工作显得尤为迫切。交大人需拿出“抓铁有痕，踏石留印”的劲头，真抓实干，善作善成。国际化土壤的培育，体现在国际化的合作办学、创新平台、研发基地、协同中心、联合实验室和新型智库等方方面面；国际化土壤的培育，还体现在充分发挥优势学科的龙头牵引作用，努力彰显特色学科的交大气质和中国气派，特别凸显新兴交叉学科的后发优势与巨大潜力；国际化土壤的

培育，九层之台，起于垒土，需要全校师生的精勤耕耘，也需要基层科研和学术组织的细针密缝，还需要学校层面的穿针引线和顶层设计，通过盘活国际化存量、做强国际化增量，营造学校国际化大发展的肥沃土壤。

双一流建设之“将”：智信仁勇、纪律严明

世界一流大学意味着拥有一流的教师、一流的学生和一流的产出，一流大学的竞争归根结底是一流人才的竞争！近年来，西安交通大学在高层次人才队伍建设、国际留学生教育增量提质、学生国际化素质培养等方面，密集出台政策，政策红利不断释放。狠抓教师队伍学术道德和诚信体系建设，构筑起与一流师资相匹配的信誉和声望。坚定不移地贯彻习总书记对高校教师“四有”好老师的要求，打造“有理想信念、有道德情操、有扎实知识、有仁爱之心”的教师队伍，不折不扣地培养好社会主义接班人。继续加大创新型人才培养力度，鼓励师生勇于探索、敢于创新，倡导独立思维和批判式思维，“不唯上、不唯书、只唯实”。将“严明政治纪律和严守政治规矩”推而广之，倾力打造一支纪律严明的师生队伍。有理由相信，这支“智信仁勇严”的交大梦之队，一定可以屹立于世界一流大学方阵。

双一流建设之“法”：组织保障、精准施策

一流大学国际化建设是一项系统工程，需要理顺体制机制，做好组织保障。当务之急是进一步夯实以学校为主导、院系为主体、学科为基础、师生为主角的多层级、立体化、全方位推进的国际化工作体系，优化组织架构，理顺领导体制，形成责权利相统一的制度安排。国际化建设的活力发端于基层，应继续推动管理重心下移，积极鼓励学部与院系开展基层探索，推动基层创新，提升基层活力，增强学科国际化的自觉性，激发各部门和各学部各院系的内生动力和联动合力。一流大学国际化建设是一项长远工程，应该务求精准施策，惠及广大师生。

【西安交通大学药品安全与政策研究中心简介】

西安交通大学药品安全与政策研究中心组建于2014年5月，研究团队负责人为方宇教授。中心面向“一带一路”倡议、“健康中国”建设和国家药品安全战略导向，围绕新医改重大卫生和健康需求，紧扣药品安全这一重大民生问题，在国家基本药物制度、抗生素耐药性防控、丝路国家药物政策合作等方面开展研究，产出原创成果，打造具有国际影响力的高水平智库。中心现有核心教师7人，包括教授2人，副教授2人，讲师3人，其中博导1人，硕导3人；现有在读硕博研究生59名，其中留学生8名。先后主持国家科技支撑计划重点项目、国家自然科学基金、国家社会科学基金、世界卫生组织国际合作课题、美国中华医学基金会课题等30余项，发表国内外期刊论文200余篇，与哈佛医学院、格罗宁根大学等联合主办国际会议3次，发起组建丝路大学联盟健康子联盟之药物政策合作网络。

天时　地利　人和

——西安交大药学学科发展机遇与思考

王嗣岑

王嗣岑，三级教授，博士生导师。主要从事药物分析新方法，中药物质基础分析等研究。主持国家自然科学基金3项、“十二五重大新药创制”重大专项课题2项。以第一作者或通讯作者发表SCI论文51篇，获国家发明专利授权14件。入选教育部新世纪优秀人才支持计划，获陕西省青年科技新星、陕西省中青年科技创新领军人才、陕西省青年科技标兵等荣誉称号。获国家技术发明二等奖1项，陕西省科学技术奖励一等奖2项，二等奖1项。

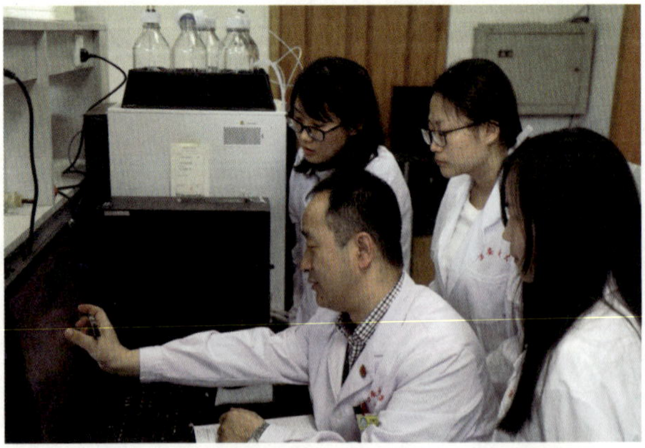

＊ 本文刊载于2017年10月17日交大新闻网。

2017年9月21日，教育部、财政部、国家发改委印发《关于公布世界一流大学和一流学科建设高校及建设学科名单的通知》。西安交大入选国家一流大学A类建设高校，全校师生为之振奋。药学学科作为学校战略必争建设学科以及建设一流医学学科群的学科之一，迎来了学科发展的崭新机遇，也为药学学科发展提出了新的要求。

强大的药学学科，离不开强大的医学、化学和生物学的支撑。从2016年3月开始，在沣河西岸、渭水之滨，中国西部科技创新港建筑正在拔地而起，生物医学楼、化工楼毗邻，为药学学科发展提供了前所未有的地理区位条件。

以上“天时、地利”条件已基本具备，创造有利“人和”的条件是药学学科发展首先要思考的改革问题，也是学校一流药学学科建设的基本路径。

建设一流的师资队伍，是一流学科建设的核心。经过3年的建设，药学院现有专职教师61人，具有博士学位教师57人；卫生部有突出贡献中青年专家1人，教育部新世纪优秀人才2人，陕西省中青年科技创新领军人才2人，陕西省青年科技标兵1人，陕西省青年科技新星2人，校级青年拔尖人才2人。虽然师资体量翻了一番，队伍结构得到了一定优化，但具有国际影响力的领军人才、国家“四青”人才依然缺乏，优秀人才的储备与国内一流药学学科之间尚有一定的差距！如何建设一支一流的师资队伍，是我校药学学科发展改革的首要任务。

首先，改变观念，统一认识。目前，学科带头人在师资引进方面还存在“小山头”和“本位意识”，在高层次人才引进对学科发展的重要性上认识不足。应该广泛动员，改变学科带头人观念，统一认识，充分发挥学科带头人在人才引进和培养方面的作用。

其次，坚持培养与引进相结合。以培养中青年学术带头人和青年骨干为重点，争取资源创造人才成长和施展才干的良好氛围。主动出击宣传吸引国内外拔尖人才来本学科工作，有计划地选送中青年学术骨干到国外著名的科研院所进行培训和学习。

第三，加快药学学科公共科研平台建设。近年来，由于药学科研平台相对薄弱，有部分人才在学院考察后选择了其他学校。针对这样的问题，学院在有限的后配给经费的条件下，着力建设药学公共研究平台，购置了LC-MS/MS、GC-MS/MS、XDR以及大型计算与数据分析系统等科研基本必备的仪器设备，为优秀人才引进和开展工作奠定了一定的基础。

抢抓宝贵机遇，实现跨越式发展。抓住"天时、地利"条件，进一步优化药学创新体系，重点进行学科内涵建设，实现学科跨越式发展。

首先，打破学科界限，促进交叉融合。药学学科各二级学科界限意识过强，学科内部研究以个人为主，研究特色不强。因此在学科内涵建设上，抓住创新港建设机遇，改革现有学科体制，从以个人为主的研究方式转变为以集体研究为主的新方式，强化"一盘棋"意识，打通药学研究链条，并积极引导与工科之间的交叉合作形成我校药学学科研究特色。

其次，发挥学科特点，产学研相结合。药学学科是应用性较强的学科，依托创新港建设加强成果的转化与应用，提高社会服务能力。加强与政府药品监督管理部门，杨森、利君、德天、步长、万隆、联邦等大型药品生产企业的合作，"产、学、研、用、管"结合，建立广泛的合作关系，联合建设科技创新与成果转化基地，努力为地方及企业解决技术难题，促成科技成果的产业化和规模效益，促进地方经济发展，实现多方共赢发展。

推进国际交流合作，创新人才培养模式。目前，学院与英国Strathclyde大学签订了"4+1+1"项目，与英国Swansea大学签订"4+2+2"（PhD）培养协议，与马来西亚理科大学签订合作协议，药学专业留学生班也开班在即。应充分利用这些国际化教育平台，并在此基础上进一步拓展与国际知名大学及研究机构的实质性科研合作及人才培养的合作交流，创新我校药学人才培养模式，以适应国家对药学人才的新需求。

总之，我校药学学科的建设与发展还任重道远，我们应立足我校药学学科现状，仔细研判，固强扶弱，走出具有特色的药学学科建设之路。

【陕西省心血管药物工程技术研究中心简介】

陕西省心血管药物工程研究中心于2007年获陕西省科学技术厅批准组建，2010年通过验收。中心以推动陕西省制药企业技术创新、技术改造和产业结构调整，促进制药产业发展为目标，瞄准国家创新药物的战略需求，开展天然药物的研究开发。中心拥有心血管药物筛选发现和分离纯化等自主创新的核心技术，具备科学研究和产业化的技术条件。现已形成多学科交叉结合、特色鲜明的集心血管药物研究、开发和推广于一体的研究机构。

世界一流为目标，创新港为平台加快脚步，不断前进

卜腊菊

卜腊菊，西安交大理学院应用化学系，副教授，博士生导师。研究方向为有机半导体。研究工作包括高效有机半导体的设计与合成、聚集态结构的制备与表征，以及光电器件的制备与测试。第一作者论文发表在*J. Am. Chem. Soc.*，*Phys. Rev. Applied*，*Adv. Mater.*，*ACS Nano*，*Adv. Electron. Mater.*，*Macromolecules*，*Polymer*等物理和化学类知名期刊上，他引400余次。主持国家自然科学基金面上项目1项、中国博士后科学基金2项，以及中央高校基本科研业务费1项。

* 本文刊载于2017年10月19日交大新闻网。

西安交通大学入选国家一流大学A类高校建设名单、西安交通大学全力建设中国西部科技创新港……这一个个重大消息，让我这个西安交通大学理学院的新教师，倍感振奋和鼓舞。一方面很庆幸自己赶上了西安交大的发展机遇，另一方面又深感肩上的任务更重了，要以建设世界一流化学学科为目标，鼓足干劲，让教学科研在质量上更上新台阶。

瞄准前沿，做独创性工作

近年来，我国科学研究发展迅猛，每年SCI论文发表总数约30万篇，已连续多年排名世界第二。众所周知，发表论文的数量并不是评价科研水平的唯一标尺。如今，化学学科已从注重论文数量转向注重论文质量和影响力，从注重“锦上添花”的工作向注重系统性研究工作的转变。目前，在有些研究领域，我国的研究水平已经达到世界领先水平，比如有机太阳电池，近几年实现了大突破，再如最高能量转换效率在世界纪录上的突破，新型高效非富勒烯受体的开发，都是由我国科学家完成的。作为青年科学工作者，要不断学习前辈，瞄准前沿，开拓新方向，做原创性和独特性的研究。

注重交叉，广泛合作

化学作为一门中心学科，历史悠久，是一门发展健全十分完整的学科。无机化学、分析化学、有机化学、物理化学、高分子化学与物理，每一门都有自己完整成熟的理论体系和实验。随着物理、生物、材料等学科的发展，化学与之形成了许多新兴交叉学科，如量子化学、生物化学、药物化学、绿色化学、材料化学、新能源化学等。一方面化学促进了新兴交叉学科的发展，另一方面，新兴学科的发展又为化学这门古老学科增添了更强的生命力。

2014年和2017年的诺贝尔化学奖分别颁给了做超分辨荧光显微技术、高分辨冷冻电子显微技术的物理学家，以表彰他们在生物检测方面的贡献。这也足以说明交叉学科的顽强生命力。作为青年科学工作者，要开拓新方向，就必须注重交叉，广泛寻求合作。

扎根西部，做实用性研究

基础研究是科学技术的根基，是“科技大厦”的基础。而科学研究的最终目的之一也是为了服务人民，提高人类生存和发展的能力。在开展研究时，找准研究方向很重要，要面向国家重大需求，面向国民经济主战场，同时，应用开发类研究也是必不可少的。作为青年科学工作者，我们将搭乘“创新港快车”开展科研工作，就要担当国家使命，扎根西部，服务陕西，将自己的知识、科研成果服务于陕西的产业发展。

培育世界一流人才

建世界一流学科，育世界一流人才。那么什么样的人才是人才呢？德才兼备，以德为先，方为人才。我们不仅要培养科研能力强、创新意识浓、实践水平好的新型人才，更要在日常的科研中，以身作则，潜移默化培养学生树立正确的价值观、世界观、人生观。一是要培养他们热爱祖国，热爱人民，树立崇高远大的理想；二是要培养他们树立社会公德意识，文明礼貌、助人为乐等；三是要培养他们良好的个人综合素质，在培养学生科学思维方法和知识的同时，培养他们的“爱国主义、集体主义、英雄主义、乐观主义”。

因材施教，鼓励创新

每个学生都有自己独特的风格，或沉稳内敛，或积极热情，也有两者兼有的。针对不同知识背景、学习能力的同学，要采取不同的培养方案。每次有新同学加入课题组时，我首先会将课题的研究背景和研究目的告诉同学，然后给同学三到六个月的自由时间，观察他们的反应和进展。

有的同学会不断有新想法，这时就可以给予充分的自由，任其自由探索，鼓励在有难度的核心科学问题上有所创新，在随后的具体实验中给予经验性的介绍。有的同学会很长一段时间不知道自己该做些什么，这时就有必要给予更具体的指导，比如一起制定具体的研究路线。有的同学本科期间很少做实验，实验技能缺乏，这时就必须亲自带着做几次实验，待其熟练后再放手。在一流人才培养上，我个人认为，一定要因材施教，鼓励为主，助力同学们在科学天空创新创意，展翅高飞。

【卜腊菊课题组简介】

课题组以开发高性能有机半导体材料、探索有机半导体结构与性能关系为目标，在新材料合成、高分子结晶、光电器件测试方面开展工作。课题组坚持学术自由、团结友爱、拼搏向上的科研氛围。与耶鲁大学Chinedum Osuji教授联合培养博士研究生。与国内外多个课题组开展实质性的合作研究。

浅谈交叉学科及人才队伍建设

陈 黎

陈黎，西安交通大学能源与动力工程学院热流科学与工程系教授、博导。获西安交通大学“十大学术新人”、青年拔尖人才A类、人社部博士后创新人才支持计划、美国Los Alamos国家实验室主任博士后、亚洲热科学工程青年科学家奖等荣誉。主要研究多孔介质中复杂输运过程及多尺度问题，背景为燃料电池、二氧化碳封存、常规/非常规能源开采等。现已在国际期刊上发表学术论文70余篇（SCI论文52篇）、技术发明专利2项，一篇论文入选2014年中国百篇最具影响力国际学术论文，4篇论文入选ESI高被引论文。论文SCI引用750余次（Google学术1200余次），个人H因子18。

* 本文刊载于2017年10月20日交大新闻网。

最近，国家公布了“双一流”建设名单，西安交通大学入选一流大学A类建设高校。我所在的学科动力工程及工程热物理学科入选一流学科建设名单。目前，中国西部科技创新港无论是基地工程还是内涵建设都在如火如荼地进行。创新港是我校争创“双一流”的重要平台。基于“双一流”及创新港建设，结合我所在的学科特点，针对多学科交叉建设以及交叉研究人才队伍建设，我谈谈个人浅见。

一、基于世界科技前沿及国家重大需求的多学科交叉研究中心建设

多学科交叉在今天的科学技术发展中起着非常重要的作用，不同的学科彼此交叉综合，能够产生科学上的重大突破，培育新的生长点，甚至促生新学科。百年诺贝尔奖，近一半的获奖者属于交叉学科。刚刚公布的2017年诺贝尔化学奖授予了三位物理学家，表彰他们在冷冻电镜方面的工作。

动力工程及工程热物理是一个注重与材料、生物、信息、环境等学科交叉的学科。该学科新的研究领域如燃料电池与新能源汽车、太阳能热利用与新型热力循环、微纳流体控制输运系统等无不是多学科交叉领域，需要不同学科背景的学者协同努力。多学科交叉融合，不仅仅是多个学科的简单堆积，不能仅靠学者个人的兴趣推动，因为其受制于资源及制度，不能达成真正交叉融合效果。

学校的“双一流”学科建设方案中提到了建设一流科研创新大平台。这个“大”，我认为不仅仅是规模资源上的大，更重要的是内涵上的广和深。多学科交叉中心是科研创新大平台的很好组织形式。在充分调研世界科学前沿和国家重要需求的基础上，选取若干个重要课题或方向，利用好创新港这一平台，建议在创新港规划时设置相应的多学科交叉研究中心。

在多学科交叉研究中心建设和使用时，重点考虑以下方面：第

一，注重多学科间的内涵式交叉融合，顶层设计中要注重选取需要跨越的学科，处理好学科交叉研究中心教师和原学院的隶属关系；第二，规划多学科交叉研究大楼，建设公用的核心设备实验室，避免不同学科重复浪费投入资源，提高资源利用效率；第三，组织相关学科教师共同制定交叉学科本科生、研究生教学和培养计划，建设多学科交叉研究人员培训基地，为多学科交叉研究储备人才；第四，建设多样化平台鼓励引导教师充分交流关于交叉学科建设的意见和建议；第五，搭建平台，组织研究者学术交流和研讨，通过不同学术观点的争鸣和学术思想的碰撞，激励创造性思维能力等。

他山之石，可以攻玉。斯坦福大学朱棣文教授倡导建立的“生物交叉学科研究计划”Bio-X及Clark大楼、斯坦福大学杨致远—山崎晶子环境与能源楼、麻省理工学院跨学科研究中心等是学科间合作和革命性科技创新的典范，值得借鉴。杨致远—山崎晶子环境与能源楼，结合能源、环境以及其他多个学科，作为斯坦福大学能源和环保研究中心，这幢大楼堪称美国目前节能和环保的标志性建筑，它比同等面积的标准建筑物能耗节省57%，水耗减少90%。总之，有必要注重基于世界科技前沿及国家重大需求的多学科交叉研究中心的建设，在人员配置、交叉中心基地建设、多学科交叉人才培养以及多学科交叉融合方面进行科学前瞻性的规划。

二、构建以特色学科、新兴学科、需求学科为支撑的交叉学科人才队伍

近五年来，西安交大科研成果喜人，以9项自然科学二等奖、7项国家技术发明二等奖、6项技术发明二等奖以及1项科技进步创新团体的成绩，位列全国高校第四。此番亮眼成绩离不开西安交大科研工作者的高水平科研能力，有序建设的人才队伍梯队。

汇聚一流科研人才，建设世界一流大学。西安交大在“双一流”建设方案中提出了人才队伍建设的两个抓手，一是建立吸引、留住、

激励、成就人才的软环境；二是健全人才引进、培养、激励、评价等的制度体系。人才的评价激励制度是队伍建设重要的一环。2017年教育部对西安交大本科教学评估的意见提到，“学校学风好，是一个能在浮躁世界中放下平静书桌的地方”，“双一流”学科建设，也要达到“学校科研氛围好，是一个能在浮躁世界中放下平静实验台的地方”的效果。

作为一所学科门类齐全的高等院校，西安交大在交叉学科研究方面有着得天独厚的优势，而交叉学科问题研究也是世界前沿科学问题的热点。我认为在“双一流”学科建设中，西安交大应力争在未来科技领域取得有影响力的成果，着力培养具有跨学科科研及思考能力的新一代科研人才队伍。创新人才评价激励体制，鼓励创新人才培养，整合不同学科人才资源，组建立体化交叉型科研团队。同时要以前人栽树、后人乘凉的长远眼光鼓励前沿基础研究，避免今天撒把米明天就要鸡下蛋的短平快考核体系。

总之，“双一流”大学的建设，不仅仅最终落实到各种衡量“双一流”的指标中，更要合理运用指挥棒，建立科学的考核机制，激励广大科研人才以时不我待的紧迫感搏击世界科技的潮头，着力多学科交叉基础理论创新、前沿技术研究攻坚克难，这样一支能够静心站在实验台前，摒弃浮躁、潜心科研、精益求精、追求卓越的跨学科科研人才队伍，是学校“双一流”建设实现三步走发展的重要保证。

【能动学院动力工程学院热流科学与工程创新团队简介】

热流科学与工程创新团队围绕能源与环境工程中的国际前沿问题，服务于我国能源战略与环境保护的重大需求，注重以传热学为核心的多学科交叉融合，在高精度数值预测体系、多尺度耦合计算体系、高效低阻强化传热技术、太阳能高效利用、节能原理与减排新技术等领域瞄准国际前沿方向进行了系统深入的前瞻性和战略性研究。团队含中国科学院院士2名（陶文铨院士、何雅玲院士）、国家级教学名师2名、国家级有突出贡献专家1名、长江学者特聘教授2名、长江学者讲座教授2名、国家杰出青年科学基金获得者4名、青年千人计划人才3名、国家优秀青年基金获得者2名、全国百篇优秀博士论文获得者3名、西安交通大学“腾飞人才计划”特聘教授6名。最近5年，团队主持国家重点研发计划两项、主持国家“973计划”项目1项；承担“973计划”课题7项、“863计划”课题5项；主持国家自然科学基金重点、国际合作重点、杰青、优青等项目60余项。2000年以来，先后获得国家自然科学二等奖2项、国家技术发明奖二等奖2项、国家科技进步奖二等奖2项、何梁何利科技进步奖2项；获国家级教学成果一等奖2项、二等奖3项。

献身交叉学科　争创世界一流

徐峰

徐峰，教授，博士生导师。先后于2001年和2004年获得西安交通大学热能与动力工程专业及工业工程专业双学士学位和热能工程专业硕士学位，2008年取得剑桥大学工程学博士学位。2008—2011年在哈佛医学院/哈佛大学-麻省理工学院健康科学与技术研究中心任博士后研究员。在课题开展中遵循“力学基础理论-生物技术研发-应用推广”的学术思路，通过理解和探索人体组织/细胞的力学行为和力学环境，将固体力学和流体力学与工程学、生物医学等领域进行交叉融合，开展了生物组织热-力-电耦合学、细胞热-力-电微环境工程、基于生物微流体力学的即时诊断技术的研究。

* 本文刊载于2017年10月22日交大新闻网。

不久前，国家公布世界一流大学和一流学科建设高校及建设学科名单，西安交大赫然在列，不仅入选一流大学A类建设高校，而且多个学科入选一流学科，我作为一名交大青年教师，深受鼓舞，倍感自豪。“国家兴亡，匹夫有责”，学校的发展和建设是我们每个交大人不可推卸的责任。下面我结合自己的一些经历，谈一谈我对“双一流”建设和中国西部科技创新港内涵建设的理解。

要重视“双一流”建设，而非“双一流”身份

纵观人类历史，高等教育存在了数千年。从1809年现代意义上的第一所大学——德国柏林大学的创立开始，大学的职能不断发生转变。现代大学已不单单是教授已有知识的场所，而是将科学研究列入其主要职能之一，成为以增扩知识和培养人才为主要任务的学堂。

西安交大成功入选“双一流”建设名单，是国家对西安交大科研和教学综合实力的认可，同时也承载着国家对西安交大建设成为世界一流大学的期盼，既是压力也是动力。我们更应该清楚认识到，西安交大与国内顶尖“双一流”大学和国际一流大学在建设的观念格局和培养思路等方面还存在不小的差距。重视“双一流”建设，而非“双一流”身份，是我们在下一步工作中需要时刻铭记于心的。

世界一流大学需要重视学生基本教育和教学工作，世界一流学科需要重视科学研究工作。所以，“双一流”建设战略直接将工作重心聚焦在教学和科研两方面。在这样的时代背景和社会大环境下，我们在教学和科研上怎样才能发挥自身的优势和特点，保持“双一流”的水平是需要一直关注的问题。

大学要培养社会需要的人才

当代大学的本质是“学术自由”和“教学与研究的统一”。一味注重知识学习而与社会需求脱节是大学发展过程中容易走入的一个误区，教育的形态和方式一定要随着社会的发展而改进，要随时与社

会沟通交互，才能更好地培养人才，服务国家的重大需求。

当今中国大学在发展中要保持自省和不断进行自我超越，要明白自身发展要和国家整体发展平衡协调，以“面向世界科技前沿、面向国家重大需求、面向国民经济主战场”为核心。西安交大作为百年名校，要发挥自身对区域和行业发展的支撑带动作用，建设一流大学和学科，靠人才驱动发展创新，为国家发展提供有力的智力支撑。

我1997年进入交大学习，研究生毕业后去剑桥读博士，随后又在哈佛医学院和麻省理工学院做博士后。2011年回国后担任生命学院的一名教师，个人的经历让我感受到了国内外教育的区别，更深刻体会到教书育人的责任，体会到“传道、授业、解惑”的内涵。学习只是学生培养的一部分，教授知识远不及教授学生方法和有效的思维方式。如何多元化培养人才，帮助学生形成正确价值观、人生观和社会观才是每一位大学教育者应该思考的事情。

当研究做到一定程度，一定要瞄准世界学术前沿，立足解决国家重大需求，用知识报效祖国，用科技改变生活。因此，一定要努力拓展自己的视野，搭建国际交流新平台，并且瞄准需求回报社会，创新突破。同时要贴近学生，做正能量的引导者，要用积极向上的经历态度影响学生保持活力，拼搏奋进。作为一位朝气蓬勃、奋勇向前的青年人，我们要坚持不服输、不退缩、不停探索，始终践行着自己的光荣职责，为教育事业和科研事业奋斗不息。

同时，学生的培养还需符合社会发展趋势，提高学生的实践能力。我所在的仿生工程与生物力学中心（BEBC），以拓宽学生发展平台为目标，积极开辟学生发展载体，重视学生创业能力的训练，并进行了实践尝试，取得了不错的成果。此外，团队一直致力于将科学动态和教育普及紧密联系在一起，注重中小学生的科普教育，经过多年发展，已在多个中小学内推广和举行了多项科普教育活动，形成了成熟的发展模式。在把前沿有趣的研究成果分享给青少年的过程中，往往在他们的提问和讨论中产生意想不到的新奇想法和创见。青少年们也能在有趣的科普活动中，感受到科学的魅力，激发他们对科学的兴趣和参与欲望。

重视交叉学科建设，实施专精化发展

“双一流”从原来“985”“211”的“以学校为中心”变成“以学科为中心”，大学教育开始以学科为本，向专精化发展，这也反映了数量不等于质量，不是好学校中的所有专业都是好专业。一流大学和一流学科内在本质的联系，更加强调对学科的重视，都是为了提高我国高等教育水平而设立的重要目标。学科规划、人才培养和科学研究的发展要放眼全球，要在全国，甚至是世界范围内有影响力，做到世界范围内的最强才能成为真正的“双一流”。

2016年底，我国的高被引论文数量已排在世界第三，国际热点论文的数量也在不断上升，论文产出已从很早以前数量比拼晋升到高质量比拼的阶段，我认为SCI论文的质量依然重要，但已经不是我们重点需要担心的问题。放眼全球，世界知名大学学科建设的共同特点就是学科交叉。例如美国加州理工学院有50多个学科交叉研究中心，每个研究中心都由6大学科部门来组成。因此回国后，我们成立了仿生工程与生物力学中心，在学科交叉方面，营造了自由、规范、科研气息浓厚的高水平研究平台，促进了学科交叉研究，形成了自身的研究特色和理论体系，取得了一系列具有原创性的科研成果，推动了工程学、生物医学等领域的基础与应用研究和科研成果的产业化。同时，我们还针对性地给本科生和研究生开设了“如何做科研”“多尺度生物传导”等极具学科交叉特色的课程，深受学生的喜爱，让学生们在课堂上感受到学科交叉的魅力和前景。

建立多元化团队，做有用的科学研究

中国西部科技创新港围绕“三个面向”的要求定位建设世界一流大学，也是高校向社会开放、向全球开放的重要探索。创新港的设计继承了西安交大悠久的历史传统和深厚的科研底蕴，不但为西安交大的发展解决了物理空间的问题，同时也是我校一个千载难逢的历史机遇。我认为，在创新港的建设过程中，如何建立多元化团队和加速促进科研成果转化，为我校创建“双一流”贡献自己的力量，是我们需要思考的问题。

多元化的队伍能够给团队带来所需要的多样化的信息、知识和资源。异质性知识的积累、创新、共享和应用，也是竞争力和先进性的保障。关于创新港的内涵建设，我们正在筹建团队，成员知识结构交叉互补，背景涵盖生物学、临床医学、力学、材料学、电化学等多学科，形成了一只以跨学科研究为特色的团队。优秀国外及企业人才的引进不仅可以强化团队在企业合作、多学科交叉等方面的优势，还能与世界名校的研究小组建立良好的合作关系，使得团队有机会输送更多的人员去国际名校交换交流，学习先进的理念和知识。正是通过不断的中西融合，团队培养出一批基础扎实、素质全面、具备独立科研与创新能力的研究队伍。

西方国家在产学研联合方面相对成熟，但主要集中于生物、医药、信息、新材料等特定行业内，而且高校参与程度有限。创新港将是一个具有开放的国际视野和发展理念、与社会交流互动的新形态。我们的团队一直致力于此，希望推动高校科研成果的有效产业化。例如，目前主要针对食品安全、重大疾病等热点问题开发了一系列的即时诊断研究，在发表高水平论文的同时，推出了很多诊断产品。这些产品具有操作简单、结果快速且其价格相对于实验室大型诊断设备较低等优点，非常适合基层医疗卫生机构使用，在满足检验服务的同时大幅度降低仪器设备资金的投入，十分符合国家分级诊疗政策的大趋势。

相信在分级诊疗持续推进下，即时诊断行业将迎来广阔的发展空间。这方面，我们要继续扎根国内，积极推进中西融合，引进来后走出去。充分发挥组织引导作用，努力探索产学研合作的科学发展机制，实现互利共赢。

【生物医学工程与生物力学研究中心简介】

西安交通大学生物医学工程与生物力学研究中心（BEBC）是卢天健教授和徐峰教授围绕“力学基础理论—生物技术研发—应用推广”学术思想，以科学研究产业化为目标组建的多学科交叉研究中心。该中心从生物力学、生物传热学、生物医学等理论体系出发，依托组织工程、细胞打印等相关前沿生物技术，着力于解决生物医学工程的基础性研究以及临床医学治疗方案的设计、优化。通过吸收优秀人才，营造自由、规范、科研气息浓厚的研究平台，促进交叉学科领域的综合性研究工作，形成自身的研究特色和理论体系，开创具有原创性的科研成果，推动生物医学工程的基础研究和应用研究的进展，培养具备跨学科能力的创新型科研人员。

建设世界一流大学的管窥之见

姜全保

姜全保，西安交通大学人口与发展研究所，教授，博士生导师。主要研究领域：生育水平与政策，性别失衡。

* 本文刊载于2017年10月23日交大新闻网。

中华民族曾对人类文明的进步和发展做出了巨大贡献，但却没有跟上西方科学技术迅猛发展的脚步。前有李约瑟难题，后有钱学森之问。当前中国的高等教育，无论是从创造知识、培养人才、服务社会方面，还是从推动科学发展和人类进步的角度，都不尽如人意。建设世界一流大学，培养世界一流人才，提升中国高等教育综合实力和国际竞争力，是人民的需要，是经济社会发展的需要，是大国崛起的需要，更是实现“两个一百年”奋斗目标和中华民族伟大复兴的需要。《统筹推进世界一流大学和一流学科建设实施办法（暂行）》和《关于公布世界一流大学和一流学科建设高校及建设学科名单的通知》的发布，显示了国家建设世界一流大学、培养世界一流人才的决心。

世界一流大学要有高水平的教师，高水平的原创性研究，培养高水平的人才，为本国社会和经济发展做出卓越贡献，赢得国际声誉。建设世界一流大学，其核心是人才、资源和管理。从人才来看，要有集中的优秀人才，包括享誉世界的大科学家、蓬勃而起的中坚力量和前途无量的青年才俊组成的可持续发展队伍和优质的生源；从资源来说，要提供优厚的待遇、优越的科研环境和优质的教学资源，让优秀人才心无旁骛专注研究、优秀青年学子成长成才；从管理来讲，要有一支一流的管理、服务队伍，以领导和支撑整个系统的良好运转。

西安交通大学入选国家一流大学A类建设高校名单，这对我们来说既是肯定，也是殷切希望，更是一种鞭策。童子何知，躬逢胜饯，管窥之见，以抛砖引玉。

要志存高远，更要脚踏实地

中国提出的建设世界一流大学，志存高远，但仅有豪情远远不够。建设世界一流大学任重道远，绝非一朝一夕之功。世界一流大学有各自的成长轨迹，可以借鉴，但不容复制，我们要选择更具有现实借鉴意义的。我认为当前的首要任务，是戒骄戒躁，客观评价优势和不足。对于树立什么样的大学精神、创立什么样的大学特色，营造什么样的学术氛围和学风，选用什么样的人才来达到目标等问题，要做到有的放矢，制定具体措施。在一个较长的时期聚人力、物力、财力之利，集天时、地利、人和之便，脚踏实地，积跬步以至千里，建设世界一流大学才有望水到渠成。

要建设世界一流的师资队伍

建设世界一流大学的关键，是世界一流的人才。我们在人才队伍建设中，我认为要注意以下几点：

摸清现状，善待人才。很多入选建设世界一流大学的高校，都有比较庞大的师资队伍，这是学校发展的基础和宝贵财富。学校在一流大学建设中要摸清各学科的人力资源情况，善待人才。对达到国际一流实力的教授，要给予优厚的待遇和优越的条件。

招贤纳士，引进人才。首先要做好规划。香港科技大学在初期的招聘目标主要是学界的华人科学家，它首先招聘了一些一流的世界级的科学家，通过这些成名的科学家又招聘了更多的人才，其中80%的教师从世界一流大学拿到学位或者曾在一流大学工作过。这些人的聚集使得香港科技大学起点很高，发展迅速。我校在人才队伍建设中可以借鉴这个思路。其次要有针对性。可以把主要目标放到世界一流的华人科学技术和一流名校毕业的有潜力的博士，成立高端的遴选和招聘委员会，主动出击招聘人才。第三要注意从事基础研究工作的队伍建设。

科学考评，助力人才。尊重人才发展和成长规律，提供助力于人才发展和成长的环境，按照一流大学的流程进行考核。对于已取得国际声望的一流科学家，提供宽松的科研环境；对于科研队伍，真正按照一流大学的标准和程序，严格淘汰制度。

提高待遇，留住人才。很多愿意回国工作的人都有深深的家国情怀。我们要给予这些情怀充分释放的空间，要尊重科学研究的客观规律，给予优秀人才好的待遇和优越的条件，提供给他们安心科研的环境。

要建设世界一流的管理服务体系

要想实现世界一流大学的建设目标，一流的管理服务体系必不可少。要建设高水平的、具有战略眼光的领导团队和一流专业的服务队伍。简化行政过程中的繁文缛节及过多的行政权力的干涉，明确队伍的服务职能。政策的出台都要充分调研，征求广大师生的意见。

要发挥教授在建设世界一流大学、培育世界一流学科、培养世界一流人才的主体地位。健全学术管理体系与组织架构，充分发挥其在学科建设、学术评价、学术发展和学风建设等方面的重要作用。还要发挥教授委员会在招聘、考核、资源分配、招生等方面的职能。

人文社科要勇于争先率先发力

我认为，人文社会经济管理学科，宜当率先发力。可请大师们建立一个指导委员会，招聘既懂中国国情又了解西方教育的一流人才，多鼓励教师出国交流访问；建立鼓励跨学科合作的机制，尤其是大人文学科与数学、统计学、工学等学科的合作；建立合理的评价体系，提高考评要求；加强对学生的科研训练，给研究生开设更多的数学、统计学以及专业工具类课程；提高博士生毕业条件，建立淘汰机制。

机不可失，时不我待，只争朝夕。我由衷地希望通过大量一流人才的加盟，通过不懈的努力，西安交通大学能够追赶超越，尽快跻身于世界一流大学的行列。

【人口与发展研究所简介】

西安交通大学人口与发展研究所成立于1984年，创始人和名誉所长是蒋正华和朱楚珠两位教授。研究所下设人口与社会政策研究中心（西安交通大学首批人文社会科学重点研究基地）、性别与发展研究中心、陕西省妇联妇女/性别研究与培训基地、老龄与健康研究中心、房地产研究所。2015年12月，作为主要成员单位之一，社会治理和社会政策协同创新研究中心正式获批陕西省哲学社会科学研究基地。目前团队以教育部“长江学者特聘教授”、国家“特支计划”（万人计划）哲学社会科学领军人才、复旦管理学杰出贡献奖获得者李树茁教授为学科带头人。有专任教师14名。团队包括长江学者特聘教授1人，长江学者讲座教授1人，4人入选教育部“新世纪人才计划”，4人入选陕西高校人文社科青年英才支持计划，4人入选西安交通大学“青年拔尖人才支持计划”。近年来，研究团队获得了国家社科基金重大项目3项，重点项目3项，国家自然科学基金和国家社会科学基金项目40余项，国际合作项目30余项。合作研究的6篇学术论文先后在国际顶级期刊美国《科学》《自然》和《美国科学院院刊》上发表。

让智能机器人研发勇立“双一流”建设潮头

胡 桥

胡桥，西安交通大学机械学院，研究员。主要研究领域：水下机器人优化设计，水下目标智能感知。

* 本文刊载于2017年10月24日交大新闻网。

2017年9月21日，国家公布了“双一流”建设名单，西安交通大学入选一流大学A类建设高校，拥有8个一流学科。10月12日，为响应《中国制造2025》号召，发挥西安交通大学在机器人技术研究与应用方面的技术研发能力，我校与西安市在经开区共建了西安交大智能机器人创新研究院并举行签约揭牌仪式。值此之际，中国西部科技创新港也正在如火如荼地进行基地和内涵建设。结合“双一流”和创新港建设的重大历史机遇，针对西安交大智能机器人创新研究院发展目标，谈几点意见。

一、校地优势互补，推进创新发展，打造机器人全产业链研发平台

针对我校“双一流”的发展目标，以创新港统筹建设为契机，按照“优势互补、资源共享、互惠互利、合作共赢”原则开展校地联合，我校与西安市共同建立了西安交大智能机器人创新研究院，以完善政产学研应用体系、打造机器人全产业链研发平台、突破机器人核心技术、培养机器人技术创新领军人才为总体定位，重点围绕智能机器人产业链上下游产品，开展前沿技术、共性关键技术、样机开发、测试验证、标准制定等方面的研究。

共建西安交大智能机器人创新研究院，既是双方抢抓战略性新产业发展机遇的重要部署，也是深化校地合作、推进产业结构调整和经济创新发展的具体实践。西安交大智能机器人创新研究院在当地政府支持下主要开展以下几项工作。

（一）完善政产学研应用体系

通过机制体制创新，发挥政府、高校及市场各自优势，完善政产学研应用体系，不断提高西安市机器人产业自主创新能力和配套水平。

（二）打造机器人全产业链研发平台

坚持“整机+零部件”的“垂直整合”发展模式，以智能机器人整机产品为重点，带动关键技术和零部件的集聚发展，打造机器人全产业链研发平台。

（三）突破机器人核心技术

聚焦前沿和共性关键技术领域及研发方向，瞄准关键零部件、材料、核心软件、核心元器件进行自主研发与技术集成，突破行业技术瓶颈，积累储备一批核心技术知识产权。

（四）培养机器人技术创新领军人才

发展一批产业共性关键技术的研发应用基地，建立西安交大博士后流动站，培养造就一批机器人技术创新领军人才。

（五）打造贯穿创新链、产业链和资金链的制造业创新生态系统

通过“平台+研究部+项目”和政产学研用相结合的方式，建立以集约型创新中心为依托的创新管理模式与运行机制，围绕产业链布局创新链、围绕创新链培育产业链。

通过研究院这种新型的校地合作模式，能有效整合政府、高校及市场各自优势，依托西安交通大学在智能制造领域的技术沉淀，瞄准零部件、材料、核心软件、核心元器件进行自主研发与技术集成，围绕智能机器人产业链上下游产品，打造机器人全产业链研发平台。同时落实我校在“双一流”和创新港建设中“大平台、大团队、大项目、大成果”的具体部署。

二、推进物联网、大数据、人工智能等新一代信息技术与制造业加速融合

根据《中国制造2025》发展目标，智能制造将带动中国制造升级为自动化，机器人从工业级跨入服务级，现有的一定的机器人制造实力，将在未来10年进入黄金成长期，中国将跃升为全球最大机器人产

销国，抢攻全球破1兆美元的市场商机。习近平同志在2014年6月9日会见两院院士的讲话中说，机器人是“制造业皇冠顶端的明珠”，其研发、制造、应用是衡量一个国家科技创新和高端制造业水平的重要标志。全国各地都将发展人工智能和机器人产业作为培育发展新动能的重要战略手段。作为“双一流”中高端装备制造发展目标，大力推进智能制造和智能机器人方向的科研和教学也是这场攻坚战的必然选择。

西安交大智能机器人创新研究院定位为：按照“面向社会、面向企业、面向需求”这一原则，根据“战略研究–前沿基础研究–关键技术研究–核心装备开发–产业示范应用”这一主线，建设国际一流水平的机器人科学研究、技术开发、产业创新和人才培养基地，抓住新一代机器人研发这一新趋势，推动我校在机器人技术领域的核心竞争力，为“双一流”添砖加瓦。紧盯国家战略，充分发挥我校机器人技术研究与物联网、大数据、人工智能等新一代信息技术的交叉融合创新能力，并谋划在创新港和孵化基地凝结上下游双创企业，建设孵化服务平台，推广创新成果及产业化项目。

我们要抢抓《中国制造2025》的重大历史机遇，以“双一流”和创新港建设为发展契机，在西安交大智能机器人创新研究院发展建设中先行先试，落实“选人、用人、考核、奖惩”等体制机制创新，全面推动以智能机器人为代表的新技术、新应用、新产业的聚集发展，加速智能制造战略中高端装备建设和高端人才培养，力争让我校在“双一流”建设中把握先机。

【陕西省智能机器人重点实验室及西安市智能机器人创新研究院简介】

陕西省智能机器人重点实验室是为推进陕西省“两化融合”进程和机器人产业发展，提升陕西省科技创新能力与产业竞争力，2015年9月由陕西省科技厅批准建设的（陕科基法[2015]183号文）。实验室依托西安交通大学，以西安交通大学完善的学科建设与科研测试平台为技术支撑，开展智能机器人的研究与应用工作。总体定位为开展智能机器人前沿技术研究，推动机器人与材料科学、信息科学、生命科学等前瞻领域的交叉，以陕西省机器人产业发展为导向，促进智能机器人的实际应用，实现智能机器人科学研究与应用技术的协调发展，打造国内一流的智能机器人实验室。西安交通大学智能机器人创新研究院是为贯彻落实国家《中国制造2025》和陕西省、西安市有关文件精神，发挥西安交通大学在机器人技术研究与应用方面的技术研发能力，促进西安交通大学与西安市校地合作，驱动西安市机器人产业跨越发展，西安交通大学与西安市按照"优势互补、资源共享、互惠互利、合作共赢"原则，在西安经济技术开发区共同建立的，重点围绕智能机器人产业链上下游产品，开展前沿技术、共性关键技术、样机开发、测试验证、标准制定等方面的研究。在我校创新港和"双一流"建设中，按照高端装备研究院发展定位，将按照"三个面向"和"四大原则"，整合"陕西省智能机器人重点实验室""陕西省机器人研究所"和"西安交通大学智能机器人创新研究院"等多方资源，构建全新的机器人研究所，为"双一流"建设提供持续发展的原动力。

两年来，智能机器人研究团队在机械学院梅雪松教授带领下，开发出智能机器人原型样机近20台套，发表SCI/EI检索论文60余篇，申请与授权国家发明专利40余项。承办了1次机器人国际会议，2次国际机器人创意大赛，取得了显著的社会与经济效益。

奋力打造世界一流新闻传播学科

陈 积 银

陈积银，西安交通大学新闻与新媒体学院教授。中国数据新闻大赛品牌创始人，中国高校影视学会·青年研究会副理事长，荣获第六届全国广播影视“百优”理论人才称号，全国艺术专家库成员，中央电视台电视栏目综合评价专家，上海市社会科学创新研究基地（文化繁荣与新媒体发展·上海大学）特聘研究员。2017年9月初调入西安交通大学新闻与新媒体学院。曾担任西北师范大学传媒学院副院长、甘肃省融合媒体研训基地主任（省级平台）、甘肃省广播电视协会电视委员会主任；曾任英国威斯敏斯特大学中国媒介研究中心研究助理，墨尔本皇家理工大学访问学者；曾获首届中国传媒经济与管理学会优秀科研成果(丛书类)一等奖、（教育部）全国第三届高校艺术教育科研论文报告会三等奖、国际传播学会（ICA）年会最佳论文奖、中国高等院校影视学会第十届“学会奖”等。

* 本文刊载于2017年10月25日交大新闻网。

近日，“双一流”建设名单公布，我校入选国家一流大学A类建设高校名单，所有师生倍感荣耀。一流大学与一流学科互为支撑，辩证统一。双一流建设的关键是建设一流的学科。笔者就一流大学的学科分布和一流大学的学科成长之路，以及我校新闻传播学科的建设思路谈一点自己的感想。

首先，一流大学的学科分布。

一流大学的学科分布应围绕国家的发展而布局。大学的存在一方面是为国家培养能担当重任的人才，另一方面是为了解决国家和社会中对于科研的需求。习近平总书记在全国哲学社会科学工作座谈会上指出，一个国家的发展水平，既取决于自然科学发展水平，也取决于哲学社会科学发展水平。“一个没有发达的自然科学的国家不可能走在世界前列，一个没有繁荣的哲学社会科学的国家也不可能走在世界前列。“对于高校而言，一流的大学应该树立大科学的概念，大科学既包含自然科学，也包括人文社会科学；既培养理工科的巨匠，也培养具有人文情怀的社科专家。

纵观国内外，一流的大学多为文理交融的大学。在国外，由于麻省理工学院（MIT）的理工科特别强，所以很多人以为该校只有理工科。其实MIT的传媒专业也很不错。他们早在20世纪80年代就成立了传媒实验室。现在该校的传媒实验室在世界已非常有名。该实验室致力于科技、媒体、科学、人文、艺术和设计跨学科研究，已在全球范围内产生了广泛影响。在国内，以理工见长的清华大学早在2002年也成立了新闻传播学院。学科主要围绕着国际传播、影视传播、新媒体传播、媒介经营与管理等主要方向。当前中国新闻传播学科国家一级学会的会长由该院的常务副院长陈昌凤教授担任。一流的理工科高校很早就开始重视人文社科，尤其是传媒学科的发展，而且已经在人文社科，尤其是传媒学科方面取得了重大成绩。

其次，一流大学的学科成长之路。

要想建设好一流学科，培养和引进一流大师是一流高校的必经之路。

其一，国际和国内相结合。与国际一流高校、研究机构的交流与合作是“双一流”建设的必要条件。闭门造车，自娱自乐搞不成“双一流”学科，当然也搞不成“双一流”大学。加强与交流包括师生两方面的培养与交流。既可以走出去，也可以请进来。近年来，上海交通大学的媒体设计学院在国际上的影响力显著提高，进步很快。虽然成立只有15年，但是该院除了一批具有国际背景的优秀师资外，其在读的各种层次的国际留学生已经达到300人左右，这些留学生不仅是学习者，也是该校很有力的学术生产者和传播者。

其二，教师和学生深度交流。习近平总书记指出，办好我国高校，办出世界一流大学，必须牢牢抓住全面提高人才培养能力这个核心点，并以此来带动高校其他工作。一流的大学要能培养出一流的人才，就必须改变原来大学教师课后与学生互动较少的局面，要增加教师在课内外与学生交流、探讨问题的时间，并在制度上加以保证。另外，要改变原来老师教什么，学生就学什么的局面。慕课时代到来，教师应积极引导，激发学生利用互联网上的世界一流资源学习、创新的积极性与主动性，培养学生利用互联网主动发现问题、研究问题和解决问题的能力。

其三，文科和理科的相融合。教育的目的是为了培养全面发展的人才。诗意的浪漫应蕴含着逻辑的推理，工具理性应闪耀着人文的光芒。《国务院关于印发国家教育事业发展“十三五”规划的通知》（国发〔2017〕4号）中明确指出，“探索通识教育和专业教育相结合的人才培养方式，推行模块化通识教育，促进文理交融。”哥伦比亚大学（世界诺贝尔奖获得者排名第二）新闻学院是全美，乃至全世界最优秀的新闻学院，该院的传媒专业近年来完全是在走文科与理科相结合，技术与艺术相结合，以大数据新闻为突破口的学科发展之路。

其四，学校与社会相结合。一流学科建设必须求真务实，围绕社会中存在的真问题去研究，去培养人才。这就需要学校与社会相结合。学术研究也好，人才培养也好都必须和生活实际对接起来，不能隔靴搔痒，画地为牢。这意味着研究的内容必须为社会发展过程中需要的真问题，培养人才的内容必须能为社会服务，且引导社会进步；意味着教师必须走出象牙塔，必须和党政机关、企业工厂、乡村社会等对接起来，从中找到问题，以问题为导向做对社会有用的研究，培养对社会有用的人才。

我校历来以理工科闻名于世，若在“双一流”建设过程中，能以文科和理工双翼齐飞，以国际一流学校和学科的标准来严格要求我们自己，紧跟，乃至超越世界前沿，激发学生主动创新和学习的热情与激情，培养出一批又一批高、精、尖人才，我校距离世界一流高校的目标就不远了。

再次，我校新闻传播学科的世界一流之路。

新闻传播学科关乎意识形态，关乎国家命运。毛泽东曾说过，干革命要靠“两杆子”，即笔杆子和枪杆子。枪杆子为武装夺取政权奠定基础，笔杆子主要承担的是统一思想和宣传。习近平总书记多次对新闻舆论工作发表重要讲话。为此，2013年底，中宣部、教育部专门联合发出《关于地方党委宣传部门与高等学校共建新闻学院的意见》(中宣发[2013]34号)。根据相关文件，陕西省委宣传部与我校共建新闻学院，旨在为党和国家新闻事业发展培养高素质的新媒体传播与新媒体技术一线人才。

在此方面，我校的新闻传播专业要想成为世界一流学科，笔者认为，我校的新闻传播学科可以以丝绸之路信息传播为契机，定位于国际前沿信息传播技术应用的实际引领者，信息传播领域的国家高端智库、新媒体一流人才培育的“黄埔军校”，培养中国特色社会主义事业信息传播与运营的一流建设者和接班人。为此，新闻传播学科必须首先得到学校的高度重视，抓紧让新闻与新媒体学院独立运作，尽快完善办公、实验室场所及相关实验设备；抓紧大力推进与国际一流新闻传媒院校的深度合作与交流，与国内外一流业界的深度交流与合作；引进一批具有国际视野和国际眼光的，懂技术、会艺术，懂创作，会传播的专家型师资，引进几个业务实操能力极强的大国工匠型师资；开展与我校计算机、大数据、电子信息、网络安全、管理工程、社会学等优势学科的跨界合作，方可在科研与教学方面走向世界一流。具体方向可以凝聚在大数据舆情分析、智能传播、数据新闻、视频创作与传播，数字媒介艺术，以及媒介经营与管理等方向。

【西安交通大学新闻与新媒体学院简介】

西安交通大学新闻与新媒体学院（简称新媒体学院）成立于2015年4月，是贯彻落实习近平总书记在全国宣传思想工作会议重要讲话精神，以及中宣部、教育部《关于地方党委宣传部门与高等学校共建新闻学院的意见》与陕西省委宣传部合作共建的新闻与新媒体学院，也是国内较早以新媒体命名且作为其教学科研方向的新型新闻传播学院。作为陕西省最早开办传播学研究生教育的高等院校之一，目前已毕业硕士和博士300余人。学院先后承担新闻传播学方面国家级、省部级课题30余项，出版教材、专著20余部，发表论文200余篇，科研成果连续多年获得省部等各级奖项。

世界一流的机遇与挑战

王宇鹏

王宇鹏，特聘研究员，博士生导师，于2016年入选“西安交通大学青年拔尖人才支持计划”，并于2017年入选“陕西省百人计划青年项目”。研究内容跨越多个传统学术领域，目的是为了能够更加高效地解决城市能源与环境问题。为了有效改善现代城市中的环境问题，从建筑、社区、城市等多层面入手，融合多学科的专业知识，开展具有综合性的研究。

* 本文刊载于2017年10月27日交大新闻网。

随着我国国民消费能力和经济水平正在飞速提高，科技制造业也开始加入国际先进的行列。这些变化间接或直接地改变了海外中国人的社会地位，让每个海外学子感到自豪。从一线城市的城市建设和经济能力来看，我国显然已经进入了世界领先行列。为了冲刺国际前列、打造顶尖学府的“冲锋号”，“双一流”建设无疑会将我国的高等教育和高校的学术国际影响力推向一个新的台阶。

立足于中国的世界一流研究

目前，促进可持续的城市建设与发展已经成为一个被世界各界人士瞩目的紧要课题。党的十八届三中全会中提出“五位一体”的总体布局，要求加强生态文明建设。2014年，我国政府在首次颁布的城镇化可持续发展规划《国家新型城镇化规划（2014–2020年）》中，明确了“加快绿色城市建设和推进智慧城市建设”的发展方针，并在同年印发了《关于促进智慧城市健康发展的指导意见》，将“生活环境宜居化”作为主要发展目标之一。我国“十三五”规划中的多个发展方向包括优化城镇化布局和形态、建设和谐宜居城市、加大环境综合治理力度、加强生态保护修复、积极应对全球气候变化、发展绿色环保产业。

城市气候环境是城市人居环境的核心要素，包括城市热湿环境、城市建筑风环境、城市水环境、太阳辐射状况等。城市气候环境以城市所处地理背景和气候区域为基础，影响城市人居环境的热舒适性、城市空气品质等要素。由于城市生态规划和建设不合理，城市地表硬化面积越来越大，导致城市“热岛效应”等城市环境问题加剧。近年来，城市雾霾天气出现频率增加，而根据雾霾的成因特点，低空逆温层的出现已经作为容易形成城市雾霾的气象条件之一，或者说可作为雾霾的判断依据。另一方面，近年来城市气象灾害以及极端气候事件频繁出现，也对城市的高效运行与科学规划提出了挑战。我国是一个应对气候变化能力相对较弱的发展中国家，随着城市化进程的不断加剧以及居民用能水平的不断提高，城市人居环境面临严峻挑战。

所以，城市气候与环境建设的综合研究不仅会给中国未来的城市开发与改造提供重要的指引，为改善城市环境污染问题做出贡献，中国特有的城市发展模式也将为世界其他国家或地区的大规模开发提供宝贵的经验。

国际交流与国际影响力

“世界一流”与国际化建设是密不可分的。这意味着持续稳定的国际交流活动，包括接纳来自不同国家的海外留学生、努力创造适于来自不同文化背景人群的生活、学习环境。与此同时，积极促进稳定的国际交换项目可以为学生提供开拓国际化视野的机会。以新加坡国立大学为例，提倡“将全球带入校园、让学生走入全世界”，双向提供外国学生到新加坡国立大学短期留学及校内学生出国进修的机会。

作为科研人员，如何提高自身的国际化学术影响力是我努力的方向之一。这包含积极参加或承办国际学术交流会议、聘请外国高尖端专家、开辟国际前沿的研究项目等方面。人员的国际流动应该成为一种普遍的学术活动模式。

多学科贯通式的教育体系

欧洲教育界有一句众所周知的话：“忘掉知识之后，剩下的东西才是教育。”这便是技术与能力的区别。随着全民平均寿命和健康水平的不断提升，毕生可工作时间的长度不断增加。另外，社会就业环境的改变需要就业者具备以解决复杂问题为导向的、更多元的专业知识和技能。这都需要就业者具备不断接受知识更新的能力和探索精神。所以，如何培养跨学科领域的复合型人才、提升学生在职业生涯中的竞争力，应是作为教育者的努力方向。在国际化的大背景下，应该考虑由以国家重大需求为主的定位进而发展成为国际重大需求为主的定位，进而为国家创造不局限于地方性色彩的、更具有创新性的科研和经济价值。

具有国际竞争力的大学管理与服务模式

创建国际一流大学的重要因素在于打造吸引和保留高水平科研人才的制度与环境。近年来，我国投入大量资源，通过实行多个具有竞争力的人才计划，成功吸引了大量的海外学子归国，也正在尝试将其计划对象拓展到外籍高端人才。除了吸引人才重要因素薪酬条件外，学校各行政机构如何为科研工作者提供相对应的服务、打造良好的科研环境、协助科研人员达成目标，是促使人才更好发挥作用的主要因素。这需要高效的管理系统，也需要行政人员具备良好的管理能力和服务意识。

随着创新港的建设和各类人才的大量引进，西安交大已经全面做好了建设“双一流”大学的准备。作为一个交大人，能见证和亲历这一历史性阶段，我深感荣幸。我也将会全身心投入这具有重大意义的进程中，与各位同事凝聚在一起，贡献自己的全部力量。成为一流的研究者、教育者、管理者，应该成为每一位交大人的追求，共同创造中国大学新的里程碑。

【人居学院建筑技术与建成环境研究所简介】

王宇鹏作为负责人的“建筑技术与建成环境研究所”目前由一位教授、三位副教授和一位讲师组成，研究领域分别为建筑技术与室内能源消耗、建筑设计理论与历史文化、城市环境模拟程序开发、可持续性城市规划等方面。基于各位研究者的研究背景，已经开创了“基于城市形态规划的城市环境研究”“基于城市大数据处理的智慧型城市信息管控平台建设研究”“遗址文物赋存环境与建馆保存状态研究”等建立在学科交叉基础上的、具有创新性的研究方向。

建设交叉学科，引领学科发展

叶凯

叶凯，电信学院教授，主要从事基因组学与生物信息学及其相关领域研究。叶凯教授于2004年1月赴荷兰莱顿大学攻读博士学位，自此开始接触生物信息学和基因组学领域，并先后作为博士后研究员、助理教授开展研究工作。2008年始，叶凯教授作为较早接触第二代高通量测序技术和数据的研究人员，以主要成员的身份参与了千人基因组计划、美国肿瘤基因组路线图计划、国际肿瘤基因组计划等国际重大科学工程。在基因组学与生物信息学领域发表研究论文50余篇。在*Nature*杂志发表研究论文10篇，其中以共同第一作者发表2篇；作为共同作者在*Science*杂志发表研究论文3篇。在*PNAS*，*Nature Genetics*，*Nature Medicine*，*Nature Method*，*Genome Research*等高影响因子期刊和*Bioinformatics*等本领域顶级期刊发表研究论文25篇，其中作为主要作者（第一作者、通讯作者）的有13篇。根据Google学术网站的统计数字，叶凯教授发表的研究论文累计他引20000余次，单篇最高他引5000余次，他引过百篇的论文15篇。

* 本文刊载于2017年10月28日交大新闻网。

“扎根西部、服务国家、世界一流”，是西安交大人未来奋斗的指南与标杆。岁月轮旋，时序更替，见证了西安交大在建设中国特色世界一流大学路上每一个坚实的足迹。与此同时，中国西部科技创新港拔地而起，施工现场灯火通明，千万工人挥汗如雨，创新港建设如火如荼。这样的大环境下，我无比感慨、自豪与憧憬，作为一名海外归国的交大人，除了幸运，也更多地感受到肩膀上那份担当、责任和时不我待的使命感。

要借助创新港的平台，建设“双一流”大学，始终以习近平新时代中国特色社会主义思想为指导，以目标为牵引做好学科建设，将“创新驱动”发展战略落实到实处。而这其中的重点之一，就是要立足创新，建设交叉学科平台，打造出世界一流的交大名片。

鼓励学科交叉，助力科技创新

建设“双一流”，学校坚持“以一流为目标，以学科为基础，以绩效为杠杆，以改革为动力”的四项基本原则。有关学科建设层面，西安交大“双一流”建设方案中明确指出：要打破学科构架，鼓励学科交叉，塑造每个学科的难以替代性。发展交叉学科，这是顺应时代、面向解决国家重大创新性科技问题的重要举措。目前，创新性、前沿性的科技问题往往表现出高度的综合性、复杂性，这就需要具备多学科创新型人才协同合作才能解决。近十几年很多重大科学问题的解决、关键技术的突破，无不是综合运用多学科的基础理论技术、融合多学科交叉思想获得的，如里程碑人类基因组测序、纳米孔DNA单分子测序技术等。眼观当下，能源、雾霾、老龄化、癌症等多个关系人类生存和繁衍的重大问题，仅靠单一学科是无法妥善解决的。实践证明，只有多个学科互相交融渗透，多学科人才协作创新，才能给国家重大问题的解决提供新思路。

然而发展交叉并不意味着不需要大力发展已有学科。学校在有关一流学科建设中提出的四点，其中就包括"以已有优势学科为核心，带动相关学科建成世界一流"。发展交叉学科一定是在发展已有优势学科基础之上的，优势学科的发展是发展交叉学科的前提，交叉学科也是发展优势学科、带动其他学科发展的手段，已有优势学科的纵深发展与交叉学科的融合交汇并不是互相矛盾的，而是相辅相成、相互支撑的。

所谓学科，包含着两层含义：知识体系和科研体制。学校学科类别设置合理，各一级学科发展势头良好、人才结构清晰、仪器配备齐全。在知识体系方面，西安交通大学本身就有十分深厚的传统和底蕴，再经过多年几代科研人员的反复研究论证、添砖加瓦，已然具备冲刺世界一流的绝对实力。然而，目前我校的科研体制能够基本满足单一学科的发展，交叉学科快速成长的土壤有所欠缺。想要实现"世界一流"，如何打破学科构架，设置合理的、全面而系统的鼓励交叉的科研体制，是关键点所在。国际上，美国麻省理工学院设立了34个跨学科研究机构，日本驻波大学自建校之初便采用适合跨学科教育的教学、科研体制。国内的北京大学、清华大学、上海交通大学、哈尔滨工业大学等均设立了跨学科研究中心，并开展了理工医跨学科研究生培养、跨学院联合科技攻关，成果丰硕。此次我校"双一流"的建设方案中，提出了建立交叉学科研究院、搭建交叉学科平台、设立交叉学科研究基金，亦是在打破学科构架，通过更为合理的科研体制，促进学科发展，助力科技创新。我相信，这一方案的逐步实现，必定是助力建设"双一流"的强大力量。

打造一流平台，优化学科布局

创新港建设是落实国家创新驱动发展的重要举措，为西安交大，乃至整个西部地区的科研人员、创客、极客提供了温床。然而在这个良好的背景下，科技创新成果能否顺利孵化，创新港的合理布局乃是关键。由学科间的初步合作、进而形成学科交叉已成为科研发展之大势，这给创新港的合理布局提供了重要参考。作为一名留学归国人员，我辗转在荷、美、英三国从事生物信息学研究时，发现交叉学科非常容易开展，不存在打破学科壁垒、交叉学科成果归属难以划分等种种问题。例如，美国麻省理工学院与哈佛大学在2004年共建的Broad研究所在交叉学科开展上就非常成功，Broad创立根本思路就是通过理工医多学科交叉，增进对人类疾病的深刻认知，为攻克人类重大疾病奠定科学基础。Broad目前已汇聚来自全球的3000多个科学家共同开展交叉研究，成果丰硕。他们采用的团队组织模式也是别具匠心，以实验技术人员组成的实验、仪器、数据分析大平台为研究所核心，科研团队围绕该平台，或为平台开发新方法、新仪器，或利用该平台解决关键科学问题，整个系统运行高效且极具创造性。

受Broad研究所的启发，并结合在欧美等国家学习工作经验，能否尝试探索一种既利于发展传统优势学科，又促进学科间交叉协同，进而提升交大整体解决国家重大问题能力的这样一种科研模式？这是我深思已久的问题。如今借此创新港的创新平台理念及西安交大在“双一流”建设中意欲打造科研教学新体系的决心，我以理工医学科交叉融合为思路初步大胆勾画一下我脑中的平台。

平台主要以一个庞大的科研服务技术团队作为整体交叉学科的技术支撑。在这个技术团队的外围，存在着不计其数的科研团队，其组成形式可以是多样化的，如基于大项目临时组建的科研队伍、优势学科科研团队、医院科室等。中心的科研服务技术团队帮助外围的科研团队解决、处理在项目中遇到的各种技术问题，这些问题可以是与自身学科相关的，一些重复性的技术操作，如软件安装、大型数据下载、高性能集群管理等，也可以是跨学科的技术问题，如通过生物实验来验证计算机学科编写基因检测软件的可行性。

这个平台能够促进多学科、多单位充分利用实验技术人员和设备资源优势，科研团队有更多时间精力从事创新性科学研究，并把新开发技术转移到实验技术人员手中，从重复性烦琐的操作中解放出来，同时，平台能够打破学科界限，任何学科团队都可在该系统中得到交叉学科技术支持。有理由相信，通过这个平台，可以构建更为合理的科研体制，更大程度地发挥各学科优势、打破学科壁垒，促进人才交流和科研创新，加速西安交大建设“双一流”的进程。

一个甲子前，从繁华的大上海迁落在苍茫荒芜的西安，浩浩荡荡的西迁，成就了如今的西安交大，一个陕西的西安交大，一个中国的西安交大。如今，“双一流”建设应运而生，国家级项目中国西部科技创新港建设正全力冲刺，西安交大正站在第三个甲子的起点吹响创业号角，这一切都将给我们提供更好的科研环境、更大的发展平台、更多的创新机遇。我们期待交大的“二次西迁”，也期待交叉学科新平台的建设，助力西安交大打造一张靓丽无比、世界一流的大学名片！

【叶凯青年科学家工作室简介】

西安交通大学叶凯青年科学家工作室成立于2016年3月，并于2016年4月2日正式挂牌，是学校首个以科学家命名的青年科学家工作室。工作室由中组部千人计划青年人才叶凯教授担任首席科学家，带领工作室主要从事应用人工智能于生物医疗的海量数据模式挖掘，是具有鲜明交叉学科特色的基因组学与生物信息学研究团队。工作室致力于逐步建成一支具有国际一流水平的研究团队，承担国家重大重点课题及重大国际合作课题，不断产出重要原创性成果，培养一批具有国际竞争力的优秀人才，探索有利于科研创新的新体制、在交叉学科大环境下的全新人才培养模式，并对相关一级学科及科研基地的发展形成有力支撑。

继往开来　推陈出新
依托创新港　打造“双一流”

刘海湖

刘海湖，教授，博士生导师。2004年、2007年获得西安交通大学流体机械及工程专业学士学位和硕士学位，2011年获得英国Strathclyde大学机械工程专业博士学位；2011-2013年在美国伊利诺伊大学香槟分校土木及环境工程系从事博士后研究，2013-2014年在英国Strathclyde大学机械及航空工程系担任讲师；从2014年底至今在西安交通大学能源与动力工程学院流体机械及工程系先后担任副教授、教授，入选中组部第十一批“千人计划”青年人才、西安交通大学青年拔尖人才，并担任陕西省流体机械工程技术研究中心主任。长期从事多相流体动力学及应用的研究工作，研究方向包括多相流体动力学、多孔介质流动、能源领域中复杂流动过程的基础研究及技术开发。已在本领域相关方向的国际期刊发表SCI论文40余篇，其中ESI高被引论文3篇，SCI引用560余次。

* 本文刊载于2017年10月30日交大新闻网。

启动中国西部科技创新港建设工程，位列世界一流大学建设高校名单，西安交大第三个甲子的风云篇章开始谱写。作为学校的青年教师，倍感振奋和鼓舞的同时，结合学科背景，也有一些思考。

建设中国特色世界一流大学的要义在于服务国家重大战略，攻克关键科技问题，促进经济社会发展。流体机械是国家战略需求及行业的重大需求。西安交大流体机械及工程学科的传统优势在于，以解决国民经济建设中的重大科技问题为主攻目标，为流体机械行业提供关键技术，推动行业的技术进步；同时，培养一大批高水平的科研人才和技术骨干。忆往昔，学科建设60年来，聚沙成塔，厚积薄发。依托流体机械及压缩机国家工程研究中心、流体机械国家专业实验室、陕西省流体机械工程技术研究中心和国际联合研究中心，以国家和行业需求为出发点，以行业领域关键与共性技术的研究开发、科研成果的工业性试验、技术推广和人才培养为主要任务，搭建国内一流的工程化试验平台，成功研发对行业具有引领作用的技术和产品，在不断提升大国重器设计、制造技术的核心竞争力上，取得了一定成果。看今朝，创新港为学科发展打造了科研教学大平台。向一流学科建设的号角已经吹响。一流的学科建设必须瞄准国家及行业重大需求，以人才支撑，以创新驱动，在大平台、大项目、大成果方面取得标志性建设成效。从而以优势学科助推一流大学建设，引领行业发展，提高国家科技实力。

建设世界一流大学需要实施国际化战略，加强国际交流，这也是创新港内涵发展策略。在以解决国民经济建设中的重大科技问题为主攻方向，满足国家战略需求为关键的重要前提下，我们应当紧追国际前沿，推进和加强与世界一流大学和学术机构的实质性合作，加强国际协同创新，切实提高我国高等教育的国际竞争力和话语权。因此，在基于流体机械领域内重大工程问题研究的基础上，要积极拓展流体工程的应用研究，扩大服务面，强化学科交叉融合，并根据科技和产业改革动态调整学科发展方向。例如，研究风能、太阳能和非常规能源开发中的前沿流动技术；开展新型大规模空气压缩储能系统及其关键设备设计方法的研究；推进太阳能光伏发电和热气流发电系统示范工程建设，探索该方向的“产-学-研”结合模式；研究页岩气在微纳孔隙和裂缝中的多相气液渗流复杂输运行为，形成适合于我国地质结构的页岩气二氧化碳干法压裂新技术。一流的学科前沿研究离不开一流的师资队伍。提升学科国际影响力和竞争力需广聚天下英才。学校应进一步积极开拓国际学术交流，建立与一流大学与学科的合作伙伴关系，提高外籍教师学者和留学生比例。依托国家“千人计划”和陕西省“百人计划”等人才引进渠道，主动出击宣传，诚聘国内外拔尖人才来创新港工作。以培养中青年学术带头人和青年骨干为重点，争取资源、创造人才成长和施展才干的良好氛围，并有计划地选送中青年学术骨干到国外著名的科研院所进行培训和学习。

建设“双一流”名校，必须突出人才培养的中心地位，坚持立德树人。教书是教师的天职，育人是大学的根本。在过去的几十年里，流体机械及工程学科始终站在中国高等教育的前列，引领人才培养，为我国国民经济和国防建设的发展、能源科学与技术的进步、能源动力领域相关行业的成长做出了卓越的贡献。已经为国家培养了2000多名高级技术人才，包括杰青6名、长江教授3名、全国百篇优秀博士学位论文获得者1名、陕西省优博3人。但是，在国内高等教育蓬勃发展的今天，“钱学森之问”却依旧悬而未决，高等人才的培养仍然有所欠缺，“教什么，谁来教，如何教”的问题依然没有令人满意的答案。在交大建设“双一流”的崭新历史时期，我们的人才培养也要向着世界一流水准看齐，不能满足于过去取得的成绩、止步于为行业做出的贡献。“双一流”的交大应该把目光投向未来，投向世界，以培养未来需要的高水平人才为愿景而奋发努力。充分利用“创新港”带来的优质基础设施条件，拓展教育、科研资源，建设世界一流的教育、教学、实践条件，为学生提供优质教育所需要的良好的成长、成才环境；因材施教、鼓励创新，尊重学生和研究人员的研究方向和兴趣特长，鼓励学术自由，“均予以自由探讨之机会”；进一步解放思想，开阔视野，引导学生培养文化意识、了解各国不同的文化，了解国际事务和全球的动态。以此培养一批批信念坚定、品德高尚、素质一流、创新力强且具有国际视野的拔尖人才。

建设世界一流大学需要传承一流的大学文化，弘扬一流的大学精神。大树西迁，一甲子以来峥嵘岁月，一代代交大人披荆斩棘、前赴后继，铸就“胸怀大局、无私奉献、弘扬传统、艰苦创业”的西迁精神。今日交大人在西迁精神的感召和引领下，在努力实现“双一流”的征程中，正在全力打造中国西部科技创新港。从绘制蓝图到实施建设，创新港同交大西迁一样，“创业”是它最为闪耀的标牌。目前，创新港正处于“交大速度”全面推进中，各个项目开启“同步启动、全面建设”模式助推西安交通大学走在全国高校“双一流”建设前列。交大人这样的决心和气魄根植于一个伟大的力量源泉，那就是西安交大所特有的西迁精神。创新港如火如荼的建设气象正反映我们以实际行动传承和弘扬西迁精神，并赋予其新的时代特征和精神内涵。同样，流体机械及工程学科传承和发扬艰苦奋斗、奋勇前行的精神，在流体机械及压缩机共性关键技术上经过几代人的不懈努力，坚持基础研究和应用研究并重，推动了我国压缩机、风机、节能行业的技术进步和产品更新换代。近年来，学科陆续建设一批具有国内先进水平的试验台，在若干前沿性、热点性和挑战性的关键技术领域取得了突破，并结合自身特点和优势，积极探索有利于成果转化应用的运行机制。例如合作共建“沈鼓—西安交大研究院”，实现了校企合作从项目研发到打造国际一流校企协同创新平台的深度融合，开启了校企合作的新模式；合作承担国家重大科研项目及校企合作科技项目，促进了基础研究与工程实际的紧密结合。学科建设所收获的累累硕果均彰显出了西迁精神在一流学科建设新征程的引领作用。未来创新港将为师生提供优越的“校区、园区、社区”大学新形态，硬件条件极大改善，西迁精神却不会过时。广大教师和学术团队应学习西迁前辈勇做高等教育领跑者的精神，坚定学术信仰，运用新方法，研讨新见解，提出新假说，开拓新领域，形成能够对人类文明具有丰富和推动的作用，形成具有世界和国家影响力的原创性学术思想成果与体系，形成构建引领学术发展的广阔空间和高峰。交大人要完成好西部追赶超越发展的任务，完成好一流学科、一流大学的建设任务，就要把脚踏实地、埋头苦干、不畏艰难、开拓创新的优秀品质内化为师生自强不息、奋勇前行的强大精神动力。

依托中国西部科技创新港，我将以拼搏和汗水见证“双一流”建设“乘骐骥以驰骋兮”，见证交大“来吾道夫先路”。

【流体机械创新团队简介】

流体机械创新团队依托流体机械及压缩机国家工程研究中心和流体机械国家专业实验室，以大型石化、煤化工、天然气管线、大型空分装置中的核心设备应用为背景，重点攻关流体机械的设计、制造及运行等关键共性技术；同时，拓展流体工程方面的应用研究，研究风能、太阳能和非常规能源开发中的前沿流动技术。团队在大型石化装置二氧化碳压缩机、合成气压缩机的设计理论及关键技术、复杂流动问题的建模及高精度计算方法等方向开展了深入研究，获国家科技进步二等奖、教育部科学技术一等奖等多项奖励。团队凝聚了“国家有突出贡献专家”2名、国家杰出青年基金获得者1名、“百千万人才工程”国家级人选1名、“新世纪/跨世纪优秀人才”5名、“青年千人计划”1名等高层次人才。团队以建立集应用基础、技术开发、运行管理为一体的创新研究基地为目标，为我国流体机械及流体工程领域高端技术研究奠定基础。

追本溯源　交天通地
建设一流基础学科　助力一流大学创新

张磊

张磊，理学院教授、博士生导师。西安交通大学青年拔尖人才计划（A类）、陕西省百人计划青年项目获得者。研究方向为水溶液中新物态与新物性探索及其在生命、物理、化学、材料科学中的应用。目前担任中国生物物理学会冷冻电子显微学分会理事、中国细胞生物学学会细胞工程与转基因生物分会常务委员等。主持在研国家自然科学基金两项。在*Nature Chemical Biology*，*Nature Communications*等学术期刊发表论文40余篇。

* 本文刊载于2017年10月30日交大新闻网。

我时常被问及这样的问题：纯科学与应用科学究竟哪个对世界更重要。为了应用科学，科学本身必须存在。假如我们停止科学的进步而只留意科学的应用，我们很快就会退化成中国人那样，多少代人以来他们（在科学上）都没有什么进步，因为他们只满足于科学的应用，却从来没有追问过他们所做事情中的原理。这些原理就构成了纯科学。中国人知道火药的应用已经若干世纪，如果他们用正确的方法探索其特殊应用的原理，他们就会在获得众多应用的同时发展出化学，甚至物理学。因为只满足于火药能爆炸的事实，而没有寻根问底，中国人已经远远落后于世界的进步。以至于现在我们只能将这个所有民族中最古老、人口最多的民族当成野蛮人。

——亨利·奥古斯特·罗兰《为纯科学呼吁》

起源与历史

20世纪，中华民族经历了从“东亚病夫”到东方巨龙、从百年沉沦到百年复兴的大起大落。伴随着一声响彻寰宇的“中国人民从此站起来了”的宣言，炎黄子孙不仅挺直了身板，还第一次同时站在全民族共同体的高度审视着这个世界。于是乎，“奇淫巧技”登堂入室，“天文堪舆”降落人间，真理引发了热议，思想得到了解放，实事求是成为最高标准，科学，也开始真正融入中华的血脉。

世界上从来没有什么救世主，自一穷二白、内外交困开始的复兴之路注定困难重重；地大物博充满着诗意的美化，东西不均贯穿着历史的沉重。中国科技发展没有历史经验借鉴，中国科研也面临着道路的抉择，中国特色的科技创新同样也不会走在一条两边鲜花盛开、中间红毯通天的道路。只有依靠不屈不挠的坚韧、战天斗地的精神、前仆后继的牺牲、义无反顾的拼搏，才能有属于自己的未来。建国七年，背负着全国人民的期望，一群以交天地、通万物为脊梁的饮着黄埔江水的先行者，逆长江、黄河而上，携思想、带设备，根植西安，誓要成为中华科技的源头，从此就是一甲子。

基础科学的现代与未来

历史事实证明，基础科学研究是提升原始创新能力的根本途径，是培育高新技术的重要源头，是可持续发展的重要保障，是培养创新人才的重要摇篮，是构建创新文化的重要基石。作为基础研究的核心目标，原始创新孕育着科学技术质的变化和发展，是一个民族对人类文明进步做出显著贡献的重要体现，也是当今世界科技竞争的制高点。

当前全球范围内，新一轮科技革命和产业变革正在孕育兴起，物质结构、宇宙演化、生命起源、意识本质等基础科学领域正在酝酿突破，信息、生物、新材料、新能源等前沿技术广泛渗透，基础研究前沿突破精彩纷呈，学科交叉特征突出，知识创新、技术创新和产业创新深度融合，催生了新一代技术群和新产业增长点，基础研究日益成为推动科技革命和产业变革的重要原动力。

尽管道路曲折，随着我国综合国力和基础研究经费投入的快速增长，现代中国的基础科学、技术科学和应用科学都得到了系统的建设并在逐步追赶、并行，甚至引领世界前沿的发展，尤其是在基础科学领域，其整体水平、综合实力和国际影响力都取得了举世瞩目的成就。在新领域探索和新原理发现方面，基础科学为技术科学、应用科学和社会生产提供了强大的理论指导和开拓引导，真正起到了思想发动机的作用。但与主要发达国家相比，我国的基础科学在具有国际影响力的重大原创成果，引领科学潮流的世界级科学家，促进经济社会发展、保障国家安全的作用和创新文化氛围等方面需要继续改善，这也是我国未来基础科学发展需要解决的主要问题。

理化学科在交大

作为我国基础科学发展的典型缩版，我校早在1930年就创办了交通大学科学学院，1937年更名为理学院，后因院系调整、迁校和国家战略调整，理学院一度停办，1994年才再次恢复理学院建制，并在初期主要承担全校大面积教学等任务。尽管如此，在近90年的办学历史中，基础学科领域仍然汇聚和造就了裘维裕、赵富鑫、殷大钧、胡刚复、叶蕴理、周同庆、方俊鑫、吴有训、程守洙、吴百诗等一批在国内外享有很高声誉的教育家，为国家培养了一大批优秀的建设人才。如今，经过数代人的卓越奋斗，理学院的物理、化学两个学科已具有物理学一级学科博士学位授予权、化学一级硕士学位授予权，其中凝聚态物理、光学为省重点学科，材料物理与化学为国家重点学科，并设有先进功能材料及介观物理省重点实验室、量子信息与光电量子器件省重点实验室、物质非平衡合成与调控教育部重点实验室、国家工科物理教学基地和国家级物理实验示范中心。

当前，国家发展面临着前所未有的机遇和挑战，西安交通大学适时提出了“扎根西部、服务国家、世界一流”的办学定位，更加明确了为中国，乃至世界科技进步、社会发展和人类文明做出重要贡献的重大历史使命。为此急需加快我校基础研究的转型升级，实现科技创新从跟踪模仿为主向创新驱动为主的跃升，在蓄势已久的重要基础和前沿领域催生更多的原创突破。

长期以来，西安交通大学工程学科发展优势明显，但物理和化学等基础学科发展相对滞后。如何进一步发挥好基础学科的战略引擎作用，扎根国家西部、汇聚一流人才，更好地服务于国家重大需求、国民经济主战场和“一带一路”等，在世界范围内产生一流影响，是当前西安交通大学物理和化学学科面临的巨大挑战。尤其是在我校入选国家一流大学A类建设高校名单，我校再次西迁至“科技创新港”的巨大历史机遇面前，基础学科必须肩负起自己的历史担当和使命。以下分两部分阐述一下我个人对此的一些想法。

整体建设思路

明确一流定位，树立一流目标。入选“双一流”建设名单，是国家对于我们的肯定；如何建设“双一流”，我们必须明晰一流的定义和自己的定位。按照中央《统筹推进世界一流大学和一流学科建设总体方案》中的定义，“双一流”是世界范围内的一流，是为推动一批高水平大学和学科进入世界一流行列或前列的重要举措。因此我们的发展目标就应该瞄准世界一流水平，摆脱现有基础的束缚，大胆设计，将学科的发展放到国家，乃至世界文明发展的背景之上，以引领高等教育的发展为己任，以世界一流为目标，绘制世界一流的规划蓝图，并为此制定阶段性目标，建一流平台、组一流团队、出一流成果，在一批有基础、有实力的方向上逐步占领并引领世界基础科技前沿的制高点。“双一流”建设的支持和创新港平台的空间，无疑为我们提供了绝佳的起步环境，我们必须抓住这一历史机遇。

强壮交通魂魄，弘扬西迁精神。某种意义上来讲，一流意味着无路可循，制高来自于孤独攀登；一个没有魂魄的民族是没有希望的，一个没有精神的大学是不可能成为一流的。历史上，党中央从全国经济社会发展的全局考虑、从全国高等教育事业发展布局出发，交大人以交通天地为脊梁，展现了伟大的家国情怀，在三秦大地上熔铸了“胸怀大局、无私奉献、弘扬传统、艰苦创业”的西迁精神，为新中国工业基础的奠定、研究基础的布局、教育事业的发展做出了重要的贡献；现如今，党的十八届三中全会吹响了全面深化改革的号角，也对深化中国特色高等教育改革提出了明确要求。在此背景下，我们更要继承和发扬交通魂魄和西迁精神，秉持爱国爱校、严谨治学的优良传统，汲取自力更生、艰苦奋斗的特色大学文化，脚踏实地、埋头苦干、不畏艰难、开拓创新，以饱满而健康的精神面貌投入“双一流”的创新建设中去。

尊重客观规律，笃行求真务实。在明确的目标实现和强大的精神支持之下，必须尊重不同学科发展的客观规律，适应当前历史环境下的客观条件，因此在具体的建设步骤上，一定还要做到务实。

如今我国经济发展进入新常态，创新驱动发展成为立足全局、面向全球、聚焦关键、带动整体的国家重大发展战略。“十三五”期间，特别是十九大以后，在决胜全面建成小康社会、进而全面建设社会主义现代化强国的时代需求下，在加快建设创新型国家、健康中国战略、人与自然和谐共生的现代化等国家任务和战略的牵引下，来自经济社会发展和国家安全各领域对源头创新的巨大需求将集中释放，迫切需要基础研究发挥战略引擎的作用。当前，我国正在深入推进新一轮科技体制改革，明确了基础科学在物质结构、生命起源、脑与认知等前沿领域的强化任务，以及对新一代信息通讯、新能源、新材料、航空航天、生物医药、智能制造等领域核心技术的战略支撑任务，并要为此探索人才和团队培养、学科交叉深入等重要职责的实现形式。

当前我校工程学科发展优势明显，在新能源、新材料、智能制造、航空航天、通信等方面拥有或者正在取得世界级别的竞争优势，相应地，对具体方向的源头创新需求愈加显著；理化学科经过几十年的积累，在涉及这些重点领域的基础科学方向上也取得了一系列重要成就，并凝聚在表界面原子分子工程、光场及其量子态调控、软物质动态结构功能与调控、分子与微尺度结构调控及其功能化等方面形成了自己的特色，其中在数个研究方向上占据了或正在占据世界前沿发展的制高点。

在世界一流的目标指引之下，在创新港的广阔空间中，理化学科的发展要立足自身优势，结合学校实际需求，面向国家重大战略，求真务实，追本溯源，积极探索走出一条适合交大基础科学发展的道路。

广纳一流人才，培育一流队伍。财富和大楼不能成就大学；大学的资产和高度是由人来度量的。一流的人才具有崇高的理想，处在较高的位置，以促进所在领域的进步为生命中最重要的工作，并可将此传递给他人，那么大学的发展就会如此薪火相传、永葆青春。总体原则上：第一，人才的引进要以学科的目标为指导，要从广撒网变为精准引入，要汇聚对学科发展起到真正助力的世界一流的有理想、有信念、有能力的高端人才；第二，人才的水平要综合多方面因素衡量，改变现有较为粗暴的以论文影响力为主的指标，要从个人学术水平、道德水平，对现有基础的补充或者促进作用等方面综合考虑，变简单加法为催化效应，实现学科人才队伍实力的非线性、跨越式发展；第三，人才引进的同时，更要着力培育队伍，培养具有坚实的理科基础，强烈的创新意识和能力，宽阔的学术和国际化视野的创新性队伍，建立从本科生、到研究生、再到博士后和专职科研人员的全方位拔尖创新人才培养体系；依托学科发展方向，利用面向世界一流的大项目、大团队和国际化的优势，在夯实基础的同时，全面培养人才队伍的创新素养和能力；第四，要重视专职技术人才的引进和培养。

聚焦学科交叉，追溯世界本源。世界范围内，原本日益分化的学科方向上，各种新现象层出不穷，各种新技术广泛渗透，尤其是在微观层面，诸多结果都在向人类逐步展示着世界的基本特征，都已经探及世界的本源科学问题。理化研究者应该跳出原有的框架限制，积极融入其他学科的发展中去，在海量的物质世界的探测结果中，在不同学科的语言描述中，探索物质运行的基本规律和原理。比如2017年的诺贝尔化学奖，就颁发给了三位致力于在分子层面解决生命问题的物理学家，这本身就是一个明确的信号：在学科差异的表象之下，物质世界正在展现统一的基本现象、规律和原理。哪怕仅从交叉可以提供给参与方更好的方法和技巧方面，也需要我们进行积极的尝试，在联合研究中心、共建大科学装置、交叉激励机制等方面进行创新，从而形成合力，共同促进“双一流”建设。

解放思想束缚，建立灵活制度。创新港交大科学技术研究院的建立，以及各个研究所的设立，为我们解放思想束缚，建立与时俱进的符合各个学科特色的灵活制度提供了绝佳的舞台。以理化基础学科为例，分支方向多而深，科研周期长短差异大等特点显著，需要制定灵活的发展管理考核机制，允许一部分人能静下心、安下心，在一些重大课题上持之以恒地深入，从而产生真正具有世界影响力的原创性成果。

具体创新建议

进一步凝练方向，形成科研特色。虽然基础科研涉及面广，但在有限的科研资源中，必须找准、凝练出适合我校基础科学发展客观环境的既有深度又兼顾广度的特色方向，进一步积攒实力，形成若干个特色的科研根据地，占领世界重大科学问题前沿的制高点，并以点带面，促进我校大科学的全面均衡发展。

积极建设前沿基础科学平台。基础科学研究与技术科学、应用科学不同，距离产业转化相对较远，但在一些重要领域又需要大型装置的支持，因此需要在一些具有特色实力的前沿方向上，加大对诸如量子/空间光学平台、冷冻透射电子显微镜、大型离子加速器、基础能源研究平台、大型计算机集群等的基础设备的投入，以求打造产生重大原创性成果的硬件环境，并助力我校一流创新大学的建设。

尝试青年拔尖团体引进，设立科学家联合工作室。世界前沿科技发展的速度日新月异，为实现一流学科的建设目标，可以尝试对某一方向的具有互补性质的人才进行团队式引进，对已有的人才设立科学家联合工作室，进一步凝练方向、聚集资源，这样不仅可以在人才队伍上迅速形成合力，而且可以汇集更加充足的启动资金来建设大型的科研平台，从而加速该方向的深入发展。

倡导学科交叉，建立集体激励机制。正如前文所提到的，未来基础科学研究跨越发展的生命力将来源于学科交叉，因此急需建立公平、合理的集体激励制度，对于确属必要而又产生重大成果的交叉项目，打破单位限制，在考核、绩效上一视同仁，共同激励。

建立大科学实验室，鼓励跨国、跨机构合作。根据对美国劳伦斯伯克利国家实验室等的一流机构的科学计量统计研究，对于高影响力的成果，合作主体方面，超过一半的文章均由2–3个机构合作完成；合作类型方面，跨国机构合作的比重明显高于同国家跨机构合作、同国家同机构合作以及独立作者项目。因此，在大平台建设上，可从多学科需求出发，打造高端综合性交叉研究平台，设立高水平的科学目标，且用户群体不仅面向本校，更应借助“一带一路”倡议辐射至世界范围，确保对外开放，构建合理的国际合作组及管理体系，形成大科学实验室，吸引世界一流人才协作，汇集世界一流思想创新，实现全球范围内国家和机构间的广泛科学合作和交流，立体支撑基础、技术和应用，甚至转化等方面，形成聚束催化式研发。

结语

历史的发展机遇摆在我们面前，整个世界的奥秘正在逐步展现，更加幸福的未来在向人类招手，作为维系第一推动力的科研工作者，我们应该以什么样的姿态来融入这一伟大的进程中？我们应该以什么样的实际行动来迈向我们的一流目标？我们会给后人留下什么样的物质和精神财富？带着这些问题，请大家投身到“双一流”和创新港的建设中，一起为了世界之光而求索，共同成为世界之光而辉煌。

【物质结构与功能调控研究所简介】

物质结构与功能调控研究所隶属于理化研究院，现有人员37人（其中教授21人），依托教育部物质非平衡合成与调控重点实验室，科技部新材料国际研发中心，和陕西省先进功能材料及介观物理重点实验室，旨在以国家相关战略性、基础性、前瞻性重大科学问题为导向，以材料、能源、生物医学等领域国家重大需求为牵引，服务国家重大战略，力求充分发挥基础研究的战略支撑作用，从原子、分子、纳米等多个微观尺度研究物质不同层次结构、相互作用和性能操控，从而揭示新规律和新效应，为相关领域的技术变革与创新发展提供源头供给和战略驱动。

不负时代使命　书写交大故事

云 峰

云峰，国家“千人计划”特聘专家、西安交通大学电子与信息工程学院教授。

* 本文刊载于2017年10月31日交大新闻网。

近日，西安交大入选国家一流大学A类建设高校名单，中国西部科技创新港建设如火如荼，西安交大迎来了建设发展的重要机遇期和攻坚爬坡期。这是新时代的新要求，新目标，新起点，西安交大要以世界一流大学的格局、担当和魄力，以实干谋实绩，不负时代重托。

建设世界一流大学要瞄准高目标。无论是“双一流”还是创新港建设，学校正迎来百年不遇的重要契机，我们要紧抓机遇，在顶层设计与内涵建设方面下足工夫。目前，建设创新港的“交大速度”振奋人心，接下来就需要用心思考要往里面装什么？内涵建设重于一切，我们要把交大的思想、灵魂装进去，要真正把创新港建设成为人杰地灵的创新引擎，为社会持续输出优质人才，迸发先进的思想，产生一流的学术大师，促进技术与产业发展。没有定位就没有期望值，西安交大要以“高定位”做“大文章”。不能仅满足于进入“双一流”名单，更不能辜负百廿交大的使命与荣光。还需进一步从管理、师资、学生等方面主动对标世界顶尖大学，明确与世界一流的差距，才能有的放矢补齐短板。

建设世界一流大学要建一流队伍。首先要重点突破师资队伍建设的僵局，大平台、大项目、获得感、认同感、成就感是引得进、留得住人才的关键。当前，国外很多学者对中国西北仍有固化的刻板印象，如何突破西安交大的区位不足？如何向海内外顶尖大学与人才讲好陕西故事、交大故事？每一位交大人都要当好“传播者”，将百廿风云、饮水思源的交大风骨与西迁精神传承好、传播好。学校更要以开明、开放、自信、友善的态度，积极创造机会，不断广邀海内外优秀人才来交大做客，让他们更好地了解国情社情校情，展示交大人的抱负，感受新西部发展、新交大发展的蓬勃态势。

建设世界一流大学要育一流人才。西安交大建设“双一流”的重要使命就是为社会培养精英和领袖，教什么、谁来教、怎么教，对教育者都是极大的考验。学校要为青年学子提供一个全方位、多层次、立体化的营养空间，让学子们能够感受到在世界一流学府的培养中得到全面发展。此外，我们还需要从生源方面做好承接，引进国际顶尖大学高水平留学生、博士后，让每一位从西安交大走出的学子都能成为学校的“闪亮名片”和社会栋梁。

建设世界一流大学一定要建好一流学科。乘着学校“双一流”与创新港建设的东风，借着国家创新驱动发展战略、“一带一路”倡议，西安交大人应该戮力同心，大有一番作为，紧抓机遇，果毅力行，一路向西，不断向“一带一路”沿线国家输出人才、技术、创新产品与行业标准等。我所在的电信学院是一个拥有五个一级学科，囊括了电子信息领域所有学科的大院，我们要以创新港为高起点平台，在电子信息领域提高集团军作战的能力，积极联手国际顶尖科技企业，不断推进产学研融合发展。遥想几十年前，硅谷还是美国西部一个荒无人烟的地带，近些年一跃成为全球前沿科技爆发区。交大地理位置同样处于西北内陆，更要有魄力、有目标建立西部科教之高地，国家之“硅谷”。

建设世界一流大学要树主人翁意识。西安交大在建设“双一流”的道路上，每个交大人都要主动作为，有所担当，不能有懈怠者、掉队者。目前，现实情况仍存在诸多问题，包括教授的个人资源、行业信息没有充分利用，信息不对等、沟通不充分，资源严重浪费等情况。因此，对于创新港的内涵建设的责任应当进一步下沉，每一位交大人都要对创新港有全面深入的理解与认识，时刻保持与学校顶层设计达成一致，完善体制机制改革。每个交大人都要有主人翁意识，以建设美好交大为己任，真正融入创新港建设的浪潮中去。

身为“千人计划”教授和交大的一员，爱国爱校是我始终坚守的信念，服务学校发展是我的责任与荣幸。“双一流”与创新港建设是交大实现再次腾飞的关键机遇，衷心地希望我们能够在这样伟大的时代浪潮中，做出交大人的贡献，也要将交大这浓墨重彩的一笔变成精彩的一笔、铭记史册的一笔。西安交通大学的壮美蓝图正在动情描绘，我们一定大有可为！

【电子物理与器件教育部重点实验室简介】

电子物理与器件教育部重点实验室始于1987年原国家计委批准在西安交通大学建设的“电子物理与器件国家专项实验室”，1992年12月建成并通过国家验收，1993年12月原国家教委批准实验室为国家教委部门开放研究实验室，并面向国内外开放。1999年9月教育部首批批准实验室为教育部重点实验室。实验室下设平板显示器件与技术、超快与纳光子学、信息光子材料与器件、现代真空电子器件与技术等研究室。支撑学科为物理电子学国家重点学科（培育）。实验室建筑面积5400多平方米，科研仪器设备固定资产5000余万元，建有“中科院半导体所－西安交通大学信息功能材料与器件联合实验室”和“彩虹集团公司西安交通大学显示器件研究中心”。

学术思想“交”汇，话语体系融“通”

任 明

任明，西安交通大学电气学院，高电压技术教研室，副教授。从事电离设备检测方法、智能传感技术及新型绝缘材料改性技术方面的研究。参与国家重点研发计划项目，主持国家自然科学青年基金、中国博士后基金及特别资助基金、陕西省博士后基金，国际交流与合作基金，企业国际合作开发项目多项，多次获得省部级及企业合作奖励。近年在本领域发表国际权威SCI杂志30余篇。相关研究受到电网和制造企业的关注和认可，其研究成果已在电力运行部门和设备生产企业中得到应用。

* 本文刊载于2017年11月2日交大新闻网。

在任何国家，大学都是敏锐反映本国历史和特性的一面可靠镜子。

——查尔斯·艾略特

在2017年9月21日由教育部公布的世界一流大学和一流学科（即“双一流”）建设高校及建设学科名单中，西安交通大学成功入选，这消息让我们交大人为之振奋。

新的时代和环境对高校和学科建设提出了新的要求，我们要建设与中华民族伟大复兴、从大国迈向强国地位相称的世界级大学，使我国成为国际学术的中心，而不仅仅是拥有几所国际一流水平的大学。“双一流”建设是中国高等教育进步的见证，是国家全面崛起路上新的里程碑。

习近平总书记曾指出，办好中国的世界一流大学，必须有中国特色，我们要认真吸收世界上先进的办学治校经验，更要遵循教育规律，扎根中国大地办大学。在我看来，我们需要的“中国特色的世界一流大学”，不仅要“立足中国”，解决“中国问题”，还意味着大力发展人文社会科学，形成中国特色的先进文化，在此基础上，建成真正意义上的“中国特色的世界一流大学”。

建设植根中华文明的一流大学，这是一项艰巨的历史性任务，也是交大发展的重大机遇。学术思想“交”汇，话语体系融“通”，方为交通大学。创新港在渭水旁拔地而起，交大二次西迁在即；“丝绸之路大学联盟”蓬勃兴起，这是具有交大特色的“双一流”探索历程。创新港会给我们更好的大学科、更好的人才队伍、更好的科研组织、更好的社会声誉，成为交大“双一流”建设过程的重要节点。

“双一流”代表着责任

“双一流”不是一句口号，也不是一个虚无缥缈的头衔，它意味着国家对交大和交大学科已有成绩的认可，同时也表达了对交大迈向更高层次的期待和要求，所以“双一流”象征着荣誉，也代表着责任。

大学的天性不是生产和执行，而是审慎的观察，从容的沉思。当整个社会都在忙碌地生产、建设、行动，只有大学有可能对所有潮流保持清醒的警觉，思考价值、讨论方向，对更长远的发展负起责任。所谓“世界一流”说的不是名次，而是品流。大学的品流体现在对自己的认识，以及怀有什么样的理想、信念和担当。作为“双一流”建设的参与者，我认为我们应该从根本上思考和探索什么是“配得上”国家和民族崛起的高等教育。能够担当得起，才能真正赢得世界的尊重和认可。中国高等教育学会会长瞿振元曾评价交大“西安交大是一所能在浮躁世界中放下一张平静书桌的大学”，我们也要在这张“平静书桌”上认真地思考自己与国家，思考现在与未来。

我们要坚持服务社会，反哺学科升华。一流学科为育人而生，因济世而荣。学科服务社会一箭双雕，既惠民济世又反哺自身发展，在奉献中升华。比如，斯坦福大学的传统优势学科教育学以现实问题为导向，为美国重大教育决策提供极具价值的“智库”支持；威斯康星大学致力于为地方经济社会发展服务，实现了大学与社区、社会的一体化，极大地促进了区域农业发展。这样有社会参与意识、社会服务能力的大学，才不会高高在上，才能成为社会发展进步的动力。

“双一流”需要一流的师资

梅贻琦先生曾说：所谓大学者，非谓有大楼之谓也，有大师之谓也。立德树人是大学的根本，一流大学的永续发展是需要人才来维持的，一流大学的建设也离不开学生的培养，这是一个以老师为主导的良性循环。培养和造就一支优秀青年教师队伍是学校未来的核心竞争力所在，人才引进要着眼长远，着眼十年、二十年之后学科专业的发展建设，着眼新兴学科和交叉学科的发展建设，学科带头人要有“功成不必在我”的境界和胸怀，勇做引路人、铺路人，在人才引育方面，有更大力度和更大作为。

教师的广泛参与和积极作为是“双一流”建设的重要保障。作为交大的一名年轻老师，时常感慨教育行之不易，老师不等于课本内容的搬运工，教育不能只停留在上课的层面，更要用对真理的好奇感染学子，将进步的愿望传递下去。做“好老师”要用心、用大智慧，要言传与身教相结合，做学生成长路上的陪伴者。

跨学科合作的实现离不开学科老师之间的交流探讨，因此依托项目平台，多学科合作力促学科发展，是“双一流”建设背景下的一大机遇。世界一流大学具备学科综合集群的资源优势，以协调发展基础与应用学科、人文社科与理工农医科，促进不同学科间的相互渗透、交叉融合，构筑良好的学科生态。

“双一流”建设是交大人的共同事业，与学校未来发展息息相关。昔日是交大的学子，如今作为交大的一名教师，我要求自己在“双一流”建设引领下，以全球化视野和创建一流的使命担当，将自身发展与学校和国家经济社会发展更加紧密地联系起来，明确目标，精准定位，在“双一流”建设中力争更大作为。

【电力设备先进诊断技术课题组简介】

课题组瞄准高压电力设备的运行安全性问题，致力于提出高效、便捷和专业化的设备状态评估解决方案，并在新型高电压试验技术、先进智能传感技术、电力设备状态表征及大数据分析技术以及新型纳米电介质材料方面开展研究。课题组长期与弗吉尼亚理工、奥地利格拉兹大学及美国康涅狄格大学保持联系和合作，在纳米电介质材料制备和电学性能表征方面不断取得进展。

借创新港之风，创经济学一流学科

沈 灏

沈灏，博士，西安交通大学经济与金融学院副教授，院长助理，香港大学荣誉高级副研究员（访问学者）。长期从事转型经济环境下的公司战略、企业创新、资源管理等问题研究。已主持国家自然科学基金项目2项，陕西省软科学研究项目1项；从事本领域研究以来累计发表SSCI论文十余篇、CSSCI论文近30篇。担任*Asia Pacific Journal of Management*、*Journal of Organizational Change Management*、*Journal of Management & Organization*等期刊审稿人。2014年获得陕西省科学技术奖二等奖、2015-2016年间曾获西安交通大学"爱岗敬业"优秀教职工、经济与金融学院"优秀共产党员"等荣誉称号。

* 本文刊载于2017年11月2日交大新闻网。

近期，我校入选国家一流大学A类建设高校名单的消息使全体交大人都为之振奋，尤其青年教师群体对交大未来发展更加充满憧憬和期盼。与时俱进的科技创新港建设也在以“交大速度”稳步推进，这将为交大“双一流”建设注入强劲动力。

创新港是交大正在探索的新型“智慧学镇”式大学形态，将打破以往的学科、产业、社会边界，充分为各学科发展提供难得的历史机遇。作为一名经济学科的青年教师，我想必须要深思经济学科未来的学科发展内涵，必须要借助“创新港”新载体的春风，助推我校经济学科更上一层楼。从个人的思考来看，未来的创新港与经济学科发展有必要重点关注以下几个重要方面：

第一，丰富产学研体系，为经济学发展提供思想来源。从学科发展的历史来看，社会科学都较为依赖外部社会经济发展与人类文明的进步。尤其经济学是解决社会经济发展过程中复杂问题的重要学科，其思想来源更加依赖于外部社会、商业、人文等环境。创新港目前正在打造优质的基础设施建设，未来必须依托“硬件”环境来推动“软件”环境建设，通过吸引各类产业机构、研发人员的进驻来构建现代化智慧学镇，丰富交互式的产学研体系，为经济学科发展提供前沿、创新的思想源泉。通过解释新现象、解决新问题、解放新思想，产生高水平科研成果，服务国家经济主战场和重大需求，推动我校经济学科“质”的飞跃，形成较高的社会影响力。

第二，打造人才培养示范基地，进一步强化经济学人才培养质量。社会快速的进步和新兴经济体（或形态）的产生，使得原有经济学人才的培养模式面临更大的挑战。为了更好适应社会经济的发展和国家经济发展的重大需求，经济学人才的培养也必须与时俱进，转变培养思路、强化人才技能、提升人才服务能力。基于这样的出发点，经济学科有必要借助创新港产学研体系平台，积极践行“走出去、请进来”的培养策略，与各类产业机构紧密联系，打造本科生实践与创新能力培养基地、研究生分析与研究能力培养基地，提升学生未来社会工作的实践能力和问题探索能力。同时，将邀请知名企业、知名学者来访讲学，丰富学生对社会经济发展、学术问题研究的认知和意识，从秉性、人文、情商、学术精神等多方面熏陶，从而提高人才素质，提升人才培养质量。在这一点上，青年教师要更加努力了解社会经济发展的新动向、熟知各自研究领域的新趋势，将实践知识和学术知识有机结合并通过教学、科研等活动传授给学生，帮助学生充分了解社会发展、认知经济现象、服务企业或产业实践，打破“课本”和“社会”的刚性边界，使学生能够学以致用，建立独具竞争优势的交大经济学人才培养体系。

第三，吸引人才、激励人才、培育人才、留住人才。随着各高校经济学科国际化水平的不断提升，各著名高校的经济学科在人才引进方面的竞争日益激励。在多次辅助学院引进人才工作中，我深感西安作为西部省会城市在吸引人才时的优势不足，主要表现在薪酬待遇、科研平台、住房与子女教育、经济环境等方面问题。针对这些问题，我想未来可以积极借助创新港建设的东风，为优秀人才提供最好的工作环境、居住环境、子女教育环境、薪酬待遇等，解决他们后顾之忧，充分展示交大“爱才惜将”“广纳贤才”的诚意。同时，学院也努力利用好学校的优厚政策，积极转变思路，丰富创新港建设内涵，吸引青年优秀人才；加大优化激励机制，调动全体教职工的工作积极性；营造良好的人文关怀，建设具有良好氛围的科研与教学平台，培育具有活力的经济学科教师队伍；运用多方面举措提升新进或青年人才的归属感，建立结构合理稳定的学院人才队伍。“创新港是东风、人才队伍是根本”，有效地借力东风，人才航母才能行之甚远。

作为一名青年教师，真心希望交大发展更加美好！经济学科将借助创新港和“双一流”建设的机遇，“运筹帷幄风云起，会当凌绝倚天行”，为交大建设世界一流大学增砖添瓦！

【公司战略及创新管理团队简介】

目前，已组建包括3名副教授及教授、多名研究生在内的研究项目团队，培养资助数名研究生的研究工作。研究团队教师均具有海外学习经历，与许多本领域内的国际知名学者保持着良好的研究合作。研究团队主要成员近年来累计发表SSCI论文20余篇，CSSCI论文近50篇，主持国家级及省部级科研项目十余项。近年来，研究团队关注管理学和经济学交叉的商业问题研究，正积极申报主持国家级项目并开展研究，相信未来将产生更多高质量的研究成果，形成影响力，为本学科有序发展和实现双一流建设增砖添瓦。

求是为“路” 创新为“港”

——“双一流”建设下的新材料发展

宋江选

宋江选，教授（“青年千人”、陕西省“百人”、西安交通大学“青年拔尖人才”），先后在韩国科学技术研究院、美国宾夕法尼亚州立大学和凯斯西储大学从事能量存储与转化研究，于2016年回到西安交通大学材料学院组建新的研究团队。近5年来，参与/主持多项重大攻关项目及世界500强企业资助项目。在锂-硫电池、锂离子电池、钠离子电池、超级电容器等研究领域取得一系列创新性成果，受到美国能源部（US DOE），Materials Views，Angew. Chem.等官方媒体重点报道。在*Angew. Chem. Int. Ed.*，*J. Am. Chem. Soc.*，*Nano Lett.*，*ACS Nano*，*Adv. Funct. Mater.*等权威期刊发表论文32篇，其中影响因子大于10的论文十余篇。7篇论文入选ESI高被引论文(1%)，2篇论文入选ESI热点论文(0.1%)，1篇论文被评选为VIP论文，累计他引2000余次。

* 本文刊载于2017年11月5日交大新闻网。

2017年9月21日，教育部、财政部、国家发展改革委公布世界一流大学和一流学科建设高校及建设学科名单。西安交通大学入选A类建设高校，力学、机械工程、材料科学与工程等8个学科入选一流建设学科。这一消息振奋人心，为我校在新时代下实现内涵式发展提供了新的历史机遇。

作为交大“材料人”，材料学科的入选让我们欢欣鼓舞的同时，又深感使命重大。放眼人类发展史，材料的进步与革新推动着人类文明发展的进程，在时代的更迭中发挥着举足轻重的作用。在21世纪的今天，材料的好坏影响着许多学科的发展。新材料技术是世界各国必争的战略性新兴产业，已成为当前最重要、发展最快的科学技术领域之一。“一代装备、一代材料”向“一代材料、一代产业”转变，彰显了材料的战略作用。在新时代下，如何把材料学科建成国际一流，如何更好地服务于我校一流建设是摆在我们面前的一个迫切任务，需要我们勇于担当、积极作为。

“求是”与“创新”

我认为，做学问，需仰星空之浩渺，鹰隼试翼，风尘吸张，奇花初胎，矞矞皇皇，永远保持初心，保持一种初生牛犊不怕虎的探索精神；亦需体味厚土之实，锲而不舍，金石可镂，积以跬步，致以千里，永远虚怀若谷，保持一种千里之行始于足下的务实态度。

在“双一流”建设中，一定要注意两点，一为求是，一为创新。所谓求是，即是探究事物真谛、规律、本质。“精勤求学，敦笃励志，果毅力行，忠恕任事”，十六字校训将“求是”二字体现得淋漓尽致，纯正的学风、谦逊的态度，这是自老交大人传承而来的优秀品质，也是大西北这片厚实淳朴的土地带给交大人的精神宝藏。而创新也不难理解，不墨守成规，不故步自封，推崇探索，追求卓越，苟日新，日日新。“求是”“创新”要求师生们一切从实际出发，把握和遵循事物的客观规律，在实践中不断探索进取，发现新问题，建立新理论，创造新业绩。

人才培养是核心

然而，无论是求是还是创新，都需要切实把人才培养作为“双一流”建设的核心任务。《统筹推进世界一流大学和一流学科建设总体方案》明确指出要“突出人才培养的核心地位”“培养拔尖创新人才”，同时要“加快推进人才培养模式改革，推进科教协同育人，完善高水平科研支撑拔尖创新人才培养机制”。

一所“伟大”的大学应回归教育初心，人才培养为本，本科教育是根。为实现“两个一百年”奋斗目标和中华民族伟大复兴的中国梦，培养具有修身、齐家、治国、平天下，德才兼备、德学兼修的卓越人才。

有了一流的人才，一流大学的建设便有了流动的新鲜血液。但如果没有一流学科的建设，一流大学的建设就是无源之水、空中楼阁，学科建设跟大学的发展如影随形。英国教育家纽曼曾说：把所有知识荟萃在一个名字之下，才称为大学。所以，最早的时候，要称为大学，必须有四个学科，即文科、医科、法科、神科。大学诞生的时候就是跟学科联系在一起的，之后随着时代更迭，科技不断进步，商、工、理等学科逐渐兴起，而现代的大学也大都围绕这几个学科进行建设。

突出学科特色，积极培育新兴战略发展方向

西安交通大学作为一所综合性研究型大学，有着很强的包容性，理、工、医、经济、管理、文、法、哲、教育、艺术等学科门类俱全。学科齐头并进固然关键，但突出学科特色也很重要，优势特色学科由“专”转“精”是其迈向世界一流的最佳途径。学科建设要懂得取舍，切忌一哄而上，盲目地追求学科上的大而全。选取优势特色学科进行重点建设，才能使有限的资源获取最大的效益。通过“先富带动后富”，体现学校综合性大学优势，逐步实现各学科的“一流化”。

因此不同学科应针对自身特点，进行科学的规划与探索。以材料

学科为例。我校材料学科历史悠久，追根溯源，由机械学院分而自成。经过几十年的发展逐渐形成以金属方向为主，无机非金属、焊接、铸造、高分子物理与化学等方向齐头并进的良性发展局面。在“双一流”建设中，学校材料学科的发展应该基于西部地区在矿物资源、新能源、航空航天等方面的自然优势，以能源、环保、军工领域的国家重大战略需求为背景，针对几类关系国民经济和社会发展需求的先进结构材料与新型功能材料，按照从基础前沿、重大共性关键技术到应用示范进行全链条设计、一体化组织实施的建设思路，实现重点突破。既要发挥传统学科优势，依托国家重点实验室等先进硬件设施，使优者更优，稳定发展。也要培育发展新的方向，引进优秀人才，使前进的步伐与国际接轨，同时代共进。

综上所述，引领“双一流”要以创新港建设为抓手，统筹教学科研目标，打造一流师资队伍，培养拔尖创新人才，提升科学研究水平，传承创新优秀文化，着力推进成果转化，建设具有中国特色和世界一流水平的西安交通大学。

“双一流”和创新港的建设是具有开创之功的奠基性的工作，仁山智水，如果把清风徐来的江流喻作顺风顺水的发展，那么交大的建设发展就像连绵起伏的山脉。仁者必有勇，在奋斗攀登的路上，还需要一代又一代交大人的奋勇向前。求是为“路”，创新为“港”，让我们以“双一流”建设为契机，创新港发展为依托，实现交大的腾飞。

【研究团队简介】

课题组瞄准科技发展前沿和国家重大战略需求，针对下一代低成本、高比能可充电电池体系（锂离子电池、锂-硫电池、钠离子/钾离子电池）展开深入、系统研究。从电极材料、电解液（质）和粘合剂的分子设计、微纳米结构控制和界面构建与优化入手来大幅提升电池性能，实现对高比能二次电池的大规模、低成本制备。

雄关漫道真如铁，而今迈步从头越

牛 刚

牛刚，特聘研究员，博士生导师。2010年在法国里昂中央理工大学获得工学博士学位，主要研究方向为硅基“后摩尔”功能薄膜和新型器件。2015年12月入职西安交通大学电信学院从事教学科研工作。入职以来主讲Introduction to Electron Microscopy等课程，主持国家自然科学基金1项。曾受邀撰写Elsevier英文书籍一章，由高教社出版译著一本。在国际学术会议做特邀报告6次及口头报告20余次。曾获得德国“洪堡学者”资助。担任25个SCI期刊的审稿人。担任欧洲材料学会大会等国际会议的分会主席及科学委员会委员，担任期刊*Microelectronic Engineering*的客座编辑。现已在*ACS Nano*、*2D Materials*和*ACS AMI*等国际刊物发表学术论文50余篇，其中第一/通讯作者论文23篇（影响因子总和90.1），被引用510余次，H指数（H-index）为12。

* 本文刊载于2017年11月6日交大新闻网。

2017年，注定将成为中国高等教育史以及交通大学121年校史中不平凡的一年。这一年，国家公布了“双一流”建设高校、建设学科的名单；这一年，西安交通大学进入一流大学A类建设高校名单，以中国西部科技创新港如火如荼的建设践行着“一带一路”、创新驱动和西部大开发的宏伟蓝图。以2017为坐标展望未来，“扎根西部、服务国家、世界一流”，正是每一位教师，乃至每一位交大人从内心发出的时代强音。

逝者如斯夫，不舍昼夜。时光荏苒间，交通大学已经度过了她121岁、西迁61周年的生日，就在这一年，西安交通大学入选国家一流大学A类建设高校名单，位列全国高校的第一阵营前列，向着世界一流冲刺。

捷报传来，全校师生奔走相告、精神振奋、豪情满怀。但细细品味开去，大家内心中其实存有一份淡定和从容，而作为一名青年教师，更是感觉到一份鞭策和责任。

交通大学，从建立之日起，其宗旨就是服务祖国，目标直指世界一流。每每唱起交大的校歌，“美哉吾校，真理之花，青年之楷模，邦国之荣华，校旗飘扬，与日俱长，为世界之光”，更加深切地感受到责任重大。而纵观121年校史，尤其是近年来学校的各方面成就，西安交大人始终坚定不移地践行着服务祖国的宗旨，向着世界一流的目标奋进：从蜚声国际的钱学森、张光斗、吴文俊等著名校友，到顾大局、讲奉献的陈大燮、钟兆琳、周惠久等西迁老教授们，再到如今引领科技前沿的众多两院院士，西安交大始终凝聚着一批大师级的学者；从“东方MIT”的美称，到C9高校联盟成员，再到如今的“双一流”建设A类高校，西安交大始终具有崇高的学术声誉、雄厚的科研力量和卓著的科研成果；从20世纪30年代时交大学子在国际上广受认可，到西迁后持续向祖国输送高水平人才，再到如今交大毕业生中涌现的一批批著名校友，从“机动电”等常青树型强势学科，到合校后涵盖理工农医的十多个国家重点学科及27个博士学位授权学科，再到此次入选“双一流”学科建设的8个高水平学科，西安交大始终具有一流的学科水平且学科门类齐全；此外，西安交大具有一流的钱学森图书馆和博物馆，具有丰富的馆藏资料；西安交大拥有一批国家级重点实验室、教学团队和创新团队，正在建设中的中国西部科技创新港还将成为引领科技创新的桥头堡；2017学年开学之初，校园内随风飘扬的各国国旗提醒着大家，西安交大不但是中国一流大学，也是世界各国学者交流的中心，留学生比例逐年增高，是国际化人才的培养基地。

历数着母校的辉煌业绩，作为一名西安交大人，对于此次入选一流建设高校，怎能不生出一种舍我其谁的豪迈和自信？而作为一名青年教师，一方面为自己能在这样一个一流平台中工作而感到自豪，另一方面，回想起西迁的前辈们的艰苦创业，展望创新港的千头万绪，也感受到了肩上沉甸甸的责任。

中国西部科技创新港是西安交大人站在双甲子起点上的又一次向西创业。从物理空间来看，中国西部科技创新港是教育部和陕西省人民政府共同建设的国家级项目，由西安交通大学与西咸新区联合建设，定位为国家使命担当、全球科教高地、服务陕西引擎、创新驱动平台、智慧学镇示范。

在国家“一带一路”、创新驱动及西部大开发背景下思考创新港的建设，又一次体现了我们交大“胸怀大局”“扎根西部”的西迁精神和办学思想。在中国全面复兴的道路上，西安交大将根紧紧扎在西部，争创世界一流，我们也将为西安市、陕西省和祖国的腾飞“无私奉献、弘扬传统”，并且继续“艰苦创业”！

在第三次创业的路上，不会一帆风顺，但每一个学科、每一位交大人都做好了艰苦奋斗、敢打硬仗的准备。目前，第四次工业革命已经汹涌而来，以指数级的速度展开。第三次工业革命中，我们认识了微观世界，造就了众多构成当今信息技术的设备和器件，例如晶体管、激光器、全球定位系统、半导体集成电路、固态光电器件、核磁共振成像和超导技术等。第四次工业革命和第三次一样，其直接驱动力均是量子革命。

与大数据、物联网和人工智能等相比，量子信息技术的重要性不但毫不逊色，并且是其他科学与技术发展不可或缺的支撑，例如，基于大数据的深度学习要依靠强大的计算能力，而目前基于微电子摩尔定律和经典物理原理和算法的计算机技术已经走到尽头，能源消耗、信息安全、计算能力都不能满足第四次工业革命的需求。量子技术的发展曙光初现、日新月异，成为各国竞争的热点，未来必将会形成巨大的产业规模，形成新的经济增长点，成为国家核心基础产业的重要组成部分，同时也是保证国家安全以及现代国防的迫切需求。

我所在的电子科学与量子技术学科（原电子科学与技术学科）经过一个甲子的建设，在教师队伍、人才培养、科学研究、国际交流等方面取得了重大进展，在国内同类学科中位居前列，为建成世界一流学科奠定了坚实的基础。然而电子科学和量子技术的新兴方向无现成经验可以学习，我们同世界各国的同行一样都在摸索中前行。前行路上，“胸怀大局，无私奉献，弘扬传统，艰苦创业”的西迁精神依旧是我们的行动指南。

雄关漫道真如铁，而今迈步从头越。在西迁精神的指引下，交大继续向西，站在了“一带一路”、振兴西部的桥头堡；在中国西部科技创新港的国际平台上，百廿交大永葆青春、继续奋斗，向着世界一流大学，前进！

【电子陶瓷与器件教育部重点实验室简介】

电子材料与器件实验室由中科院院士姚熹教授于1986年创建，1989年由原国家计委和原国家教委批准为第四批世行贷款专业实验室，同时又是原国家计委和世界银行联合审定的全国七个试点（跟踪）实验室之一，于1995年4月通过国家的验收。实验室自1992年起向国内外科学家开放，接纳国内外的客座研究人员。所在学科拥有硕士学位授予权，并为全国第一个电子材料与器件专业博士点和重点学科点，同时还是电子科学技术博士后流动站。该实验室被西安交通大学列入实施“211工程”和“985工程”重点学科建设项目之一。2000年8月由教育部批准电子材料与器件实验室为“电子陶瓷与器件教育部重点实验室”，聘任任巍教授为实验室主任，姚熹教授为实验室学术委员会主任。实验室的研究方向是研究以电介质和氧化物半导体为基础的功能材料和器件，开发其在电子学和光电子学领域中的应用。研究重点是材料的合成与制备、组成与结构、性能与应用，以及它们之间的相互关系。开发重点是具有介电、铁电、压电、热释电、电光和非线性光学性能以及传感和驱动性能的先进功能材料和器件。

培养国际一流人才

邹建龙

邹建龙，博士，副教授。主讲本科生“电路”“电磁场与波”课程和研究生“现代电路理论”课程。在中国大学MOOC平台制作并主讲“电路”MOOC，目前选课总人数已超过17万。主持校级教改重点项目2项，参加省级教改重点项目1项。获全国高校微课教学比赛二等奖、全国高等学校青年教师教学竞赛电路组一等奖，被评为西安交通大学教书育人先进个人和优秀班主任。主持国家自然科学基金等多个科研项目，在*IEEE Transactions on Power Electronics*等著名期刊发表论文十余篇，参编教材、专著3部。

* 本文刊载于2017年11月7日交大新闻网。

世界一流大学和一流学科的主要使命是培养国际一流人才，这些人才可以为国家和社会做出重大贡献。培养国际一流人才也是世界一流大学和一流学科长盛不衰的根本保障。

交大目前正面临创新港建设这一历史重大机遇和挑战。如何在创新港内涵建设中充分考虑人才培养这一关键因素？这是摆在我们面前的急迫而重要的问题。以下将从5个方面讨论这一问题。

第一，建设一流硬环境。看过创新港总体规划，深感创新港设计一流，宏观功能布局合理。在创新港紧锣密鼓建设科教板块的同时，学校也在同步进行创新港的内涵建设。为培养国际一流人才而建设一流的硬环境，这是创新港内涵建设的重要方面。工欲善其事，必先利其器。建设一流的硬环境，就是为人才插上腾飞的翅膀。一流的硬环境主要包括高速网络、智能教室、公共实验室、公共交流区等。

现在人人都离不开网络，网络也是教学科研必备。高速网络可以极大提高生产力，从创新港开始建设就要在建设高速网络方面统筹规划，超前设计。

到创新港的学生主要包括研究生、高年级本科生和留学生。他们需要上课，需要建设一流的现代化智能教室，功能包括智能灯光、智能摄像投影、远程互动、多智能终端的相互配合等。

很多学生不但要上课，还需要通过实验来提高动手能力，需要建设一流的高标准的公共实验室。在这些公共实验室，学生不但可以做基本的实验，还可以做一些有较高水平的科研实验。

三人行，必有我师焉。生生讨论、师生讨论可以迸发出很多创新的思想。有必要建设众多的条件一流的公共讨论区，让大家想讨论时很快就找到地方讨论，让不同学科的人更容易进行交流，促进学科的更好交叉。公共讨论区可以设在室内，也可以设在室外，面积不用大，关键是要分布广泛。

第二，建设一流软环境。培养人才就好像种庄稼。种庄稼需要田地和土壤，这就相当于人才培养的硬环境。好的田地和土壤是有好收成的重要基础，但并不能保证一定能有好收成。好收成还需要有水、阳光、空气等动态的，甚至看不见的资源，这就相当于人才培养的软环境。人才培养的软环境主要有软件资源、课程资源、图书资源、服务管理机制、激励引导机制等。这里重点讨论一下软件资源和课程资源的建设。

软件资源是软环境的重要方面。可以说，不能很好学习掌握软件的学生，难以成为一流人才，要建设公共的软件资源，让学生很容易接触并学习掌握重要的软件。这些公共的软件资源应分布于各研究院自己建设的计算机实验室，软件资源既应包括通用软件，也应包括重要的专业软件。

课程资源指的是上传到网络的课程资源。现在的学生已经习惯从网络上获取知识，建设优质的网上课程资源就是为学生提供便于学习提高的条件。这些网上课程资源既要有上课用到的内容，还应该包含很多课上不学的内容，学生自己根据需要自主选择学习。

第三，建设一流生活环境。庄稼要有好的收成，养分是必不可少的。人才的茁壮成长也需要有一流的生活环境。一流的生活环境主要包括：一流食堂、一流宿舍、一流运动场馆、一流艺术演出中心、一流校园商店等。吃得好，睡得香，多运动，精神好，气质佳，学生才能朝气蓬勃、精神焕发。这里重点讨论一下一流的艺术演出中心和一流的校园商店。

科学与艺术是交相辉映、相互启发的。一所一流的大学，离不开艺术的熏陶，因此有必要建设一流的艺术演出中心。这既提高了学生的艺术修养和鉴赏水平，也有利于学生通过艺术与科学的相互启发而更具创新力。

校园里商店是必不可少的，但是一流的校园商店不能仅仅满足于提供日常必需品。一流的校园商店应该到处烙下校园文化的烙印，例如印有交大标志的各种文具、服装等。这既可以使学生更好地受到校园文化的熏陶，也可以让学生更有归属感和自豪感。

第四，建立一流的人才培养机制。一流的硬环境、软环境和生活环境仍不足以保证培养出国际一流人才。这是因为，庄稼生长还需要人们去呵护，需要在合适的时间修剪枝丫、灭掉害虫等。教学与科研紧密结合，就是助力人才培养的重要途径，可以从根本上提高人才水平，从而使人才能适应各种环境的考验。教学与科研紧密结合包含两个方面：一是用科研促进教学；二是用教学促进科研。

科研成果应及时引入教学各个过程，包括教材、授课、实验、课程网络资源等，让学生直接接受国际前沿的科研成果和服务于国家重大需求的科研成果。

学生在本科教学阶段已经学习了扎实的基础知识，到了研究生阶段则应在科研中应用所学知识，甚至创造知识。这主要靠导师的培养，同时可以在研究院中建立公共科研平台，面向高年级本科生和低年级研究生开放，实现学生的科研训练。还可以与企业联合培养人才，使学生将自己所学知识与企业需求紧密结合起来。

第五，建设一流的语言中心。留学生培养和促进国内学生到国外交流学习也是国际一流人才培养的重要方面。留学生培养和扩大国内学生国际交流学习需要考虑两个方面：一是提供更多的英语等外语资源，既可以使国内学生外语水平得到显著提高，也能使留学生更快速更方便地学习知识，二是加大对留学生的汉语培训力度，使留学生能更好地学习知识和融入校园生活，还能通过留学生向国外更好地宣传交大和中国文化。为了实现以上两点，可以考虑建立一流的语言中心。这既能提高外语水平，也能促进交流。

国际一流人才的培养，就是要给人才提供成长所需的一流的硬环境、软环境和生活环境，让人才在一流的环境中自主茁壮成长，激发人才的科研兴趣和创新活力。在人才成长的过程中还要给予适当的引导和呵护，保证人才能经受住成长的各种考验。同时，在人才培养的全过程都要注重培养人才的责任感和使命感，使每个学生都能成为对国家和社会有用的栋梁之才。

【电工理论与新技术教研室简介】

电工理论与新技术教研室现有教授3人（马西奎，罗先觉，刘崇新），副教授4人，讲师3人，工程师1人。其中国家教学名师1人，研究生教育优秀导师1人，青年拔尖人才1人。承担3门本科生课程（其中两门为国家精品课程）和5门研究生课程的教学工作，主编的《电路》和《工程电磁场导论》教材在全国有重要的影响力。培养的研究生1人获全国优秀博士学位论文，3人获陕西省优秀博士学位论文。教研室致力于电路和电磁场最新理论和技术的研究，在电磁场数值计算、等离子体基元与超材料、非线性电路分析、新能源发电并网等研究领域取得了大量的研究成果，承担国家自然科学基金十余项，发表SCI收录论文百余篇，专著6部。

技术创新与理论前沿，驱动“双一流”

陈 飞

陈飞，西安交通大学化学工程与技术学院，特聘研究员，博士生导师；西安交通大学青年拔尖人才计划（B类）。主要研究领域为高分子非线性流体流变行为和聚合物薄膜太阳能电池。

* 本文刊载于2017年11月9日交大新闻网。

丹桂飘香，捷报频传。其中，最令交大人关注的事是学校入选国家世界一流大学建设和世界一流学科建设高校及学科名单。与此同时，定位为国家使命担当、全球科教高地、服务陕西引擎，创新驱动平台、智慧学镇示范的中国西部创新港正拔地而起。作为一名加入化工学院仅数月的青年教师，我深受鼓舞、倍感振奋，同时也感受到了厚重的责任与使命。一方面，珍惜自己赶上了交大的黄金发展时期；另一方面，建设世界一流大学，建设世界一流学科，是一个巨大挑战，事关学校的生存发展。作为一名青年教师，需坚决面对挑战，接受挑战，鼓足干劲，奋勇直前，为学校“双一流”建设做出自己的努力。

扎根西部 服务国家 世界一流

金戈铁马已逝，汉唐雄风犹在。张骞从这里出发，凿空西域；玄奘在这里启程，沟通文明；丝绸之路在这里起航，大力推动了当时中国经济的繁荣和东西方文明的交汇。西安交通大学“扎根西部、服务国家、世界一流”的办学定位，是对丝绸之路灿烂文明的伟大传承，是建设以推进区域发展和服务国家战略需求为导向的中国特色世界一流大学。

十九大报告中明确提出加快一流大学和一流学科建设。世界一流大学和世界一流学科的建设将有效提升我国高等教育的综合实力和国际竞争力，为实现“两个一百年”奋斗目标和中华民族伟大复兴的中国梦提供有力支撑。

西安交大更应心系国家富强，肩负历史使命，努力尽快办成一个能产生新技术、新方法、新知识、新思想的世界一流大学；能不断引领国家战略新兴产业关键技术、前沿智慧的大学；能引领社会先进文化发展方向，促进世界和人类进步的大学。

学以致用 创新驱动 高速发展

世界一流大学都具有以下特征，比如研究力量雄厚，科研成果卓著，科研资金充裕，学术声誉高；管理科学；鼓励创新，重视创新团队的多元化建设等。创新港的横空出世，恰恰为我们交大创建世界一流大学提供了强劲驱动。创新港的拔地而起，不仅拓展了交大的物理空间，更是服务陕西的引擎，落实陕西省和西安交通大学“一带一路”、创新驱动及西部大开发三大国家战略的重要平台。

2017年10月24日，在化工学院承办的“2013年诺贝尔化学奖得主Michael Levitt教授报告会”上，Michael Levitt教授说，两个大学年龄相近，斯坦福大学成立于1891年，交通大学成立于1896年。其实，两所著名学府不仅仅年龄相近，我们的创新港与硅谷也有着较为接近的创新模式与创新理念。斯坦福大学为硅谷提供了世界一流的知识生态与世界顶级的科技动力，同时，硅谷能将斯坦福的顶尖科技与前沿理念转化为生产力与高科技产业，使得企业与高校之间、中介机构及政府之间形成了一种能够相互促进创业创新的协同机制。

陕西省拥有很多的高科技附加值产业，例如装备制造业、电子工业、航空航天产业，能源化工等。而西安交大则有着与其相呼应的众多优势专业、先进科学技术和高端科技管理人才。例如，2015年，化工学院和陕西煤业化工技术研究院合作成立“能源化工工艺及装备技术联合研发中心”，积极发挥了我们在能源化工工艺和装备技术方面的科技优势，也正在切实解决企业技术难题。因此，我们也非常期待创新港的建成与投入使用。

学以致用，鼓励创新创造。学校应充分利用创新港这一科研创新平台，通过技术发明和市场创新，将科技成果与市场高度结合，不断创造社会价值，进而快速提高学校地位，吸引优秀的教师和学生，使学校持续保持在健康的高速发展的道路上前进。同时，创新港也将得到更为强大的知识生态与创新集群，有希望在不久的将来接近、达到并逐步超越硅谷的创新模式。

基础研究 学科交叉 国际交流

作为青年教师，我认为我们不仅要着力于工业应用研究，更要重视基础科学研究。基础科学研究为科学技术之根，是应用研究与技术创新的永恒源泉。具有牢固深厚的基础理论知识，才有可能成就一流学术，才有可能成长为一流人才。同时，世界一流大学是引领世界学术与思想潮流，是攀登科学之巅的圣地。既是创建世界一流，就需全球视野，需要学科交叉与融合。

我们青年教师要自信地、乐观地投入全球化背景下的世界科学技术的竞争与挑战中，不仅要邀请海外一流学者来校讲学交流；也要主动走出去，积极参与国际学术活动，寻求参与或主导开展国际合作项目。具体到学科方向，不必拘泥于某一研究领域，应该在以自己专业背景为主导的同时，去观察、探索、发现学科交叉的魅力与挑战。科学的、符合逻辑的学科交叉能帮助年轻老师有效利用科研条件，快速拓展科学视野，形成创新头脑风暴，进而有助于开辟国际前沿的学术研究方向。以化工化学领域为例，化工化学学科可以与能源、物理、环境、大气、医药、材料和信息等领域交叉融合，发生科学协同作用，有效提升学科实力，可较快地在技术创新与科学研究两方面接近并建成世界一流水平，强力推进学校“双一流”建设，为西部区域经济社会和国家的持续快速发展贡献化工学院的智慧与汗水。

【研究团队简介】

新能源化工与过程强化团队以魏进家教授为带头人，共有49人，其中教授5人，副教授4人，讲师4人，学生36人，依托动力工程多相流国家重点实验室和能源化工过程强化陕西省重点实验室，旨在以国家相关战略性、基础性、前瞻性重大科学问题为导向，以能源、化工等领域国家重大需求为牵引，服务国家重大战略，力求充分发挥基础研究的战略支撑作用。团队围绕能源化工过程强化技术（流动、传热、传质、反应）等共性关键技术问题，从太阳能光热和化学转化利用、强化传热技术与装备、两相流与非牛顿流等研究方向出发，致力于产学研一体化，揭示新规律和新效应，为相关领域的技术变革与创新发展提供源头供给和战略驱动。

一流大学建设需要一流人才培养

刘 汕

刘汕，西安交通大学管理学院教授、博士生导师，国家注册咨询（投资）工程师，国家自然科学优秀青年基金获得者，中国管理现代化研究会理事，陕西省青年百人计划入选者，陕西省医疗健康大数据工程研究中心副主任，西安交通大学青年拔尖人才，担任7个国际期刊的执行主编、副主编、客座主编和编委。主要从事信息系统与管理方面的研究，研究工作包括IT项目风险管理、企业IT能力构建以及数据驱动的IT管理决策。提出了“风险均衡控制和疏导利用”的学术思想，并在能源电力等行业企业得以应用。近年来主持国家自然科学基金4项（包括重大研究计划培育项目1项），在国内外高水平期刊发表论文40余篇，其中SCI/SSCI期刊论文30余篇，在*UT Dallas*期刊*Journal of Operations Management*发表独著论文1篇，总引用800余次，入选ESI热点论文和高被引论文7篇，获得全国电力行业优秀工程咨询成果二等奖、广东省优秀工程咨询成果一等奖、核工业部级优秀工程咨询成果二等奖等4项、信息系统领域三大国际顶级会议ICIS、PACIS和HICSS最佳论文提名奖3项，省高等学校人文社会科学研究优秀成果一等奖和三等奖各1项。

* 本文刊载于2017年11月9日交大新闻网。

日前，教育部、财政部、国家发展改革委印发《关于公布世界一流大学和一流学科建设高校及建设学科名单的通知》，公布了“双一流”建设名单。西安交通大学入选一流大学A类建设高校，管理学院的管理科学与工程、工商管理两个一级学科均入选一流学科建设名单。这既是对我们过去工作的高度认可和鼓励，也是鞭策和激励。同时，火热建设中的中国西部科技创新港具备更加开放的国际视野和更加的先进发展理念，将成为承载“双一流”大学建设任务的全新舞台。作为交大一员，我倍感振奋。教书育人，乃是大学之根本、教师之所乐。一流大学建设，需要培养一流人才。结合我所在的管理学科，我想谈谈对一流人才培养的个人浅见。

培养一流人才，需要认识什么是一流人才

一流人才的培养，首先在于一流。所谓一流，就是各行各业的顶尖水平，是统领所在行业或领域的帅才，是持之以恒、潜心钻研、用心打磨的匠才，而非无一技之长的庸才。一流人才应该拥有一流的思想、一流的视野、一流的毅力、一流的钻研精神、一流的学习能力。一流人才通常也应有清晰的目标、超前的内在需求以及强大的动力。只有明确什么是一流人才，才能为一流人才的培养指明方向。

培养一流人才，需要发现、吸引最好的人才

一流人才的培养，学生是核心。未来大学的竞争，在于学生的竞争、人才的竞争。一流大学首先要有一流人才的源头活水，因此，一流大学往往能够挖掘、吸引最好的人才。如美国哈佛大学总是吸引、录取全球最优秀的学生，其中一些学生在大学期间的表现甚至能够超越教师。

如何发现、吸引最好的人才，我有以下几点建议：一是广泛了解潜在优秀人才的情况，尽早吸引最好的人才提前了解交大并参与学习和科研工作。二是与生源较好的学校建立长期合作关系并建立优秀学生库，定期跟踪和推荐。三是广开生源，不仅发现国内优秀学生，还要吸引国际优秀生源。如管理学院通过丝绸之路大学联盟和国际丝路商学院建设，不仅吸引了大量亚洲、非洲等“一带一路”的一流高校学生就读研究生，近年来还吸纳了美国、俄罗斯、挪威等欧美发达国家学生就读，强化了学院的人才基础。

培养一流人才，需要打造一流的师资队伍

一流人才的培养，教师是关键。大学之大，非大楼之大，乃大师之大。师资是衡量大学水平的重要指标和要素，也是建设世界一流高校的核心竞争力。一流的师资队伍，不仅仅是学术引领，而是在各方面均有一流竞争力的多元化队伍。既要有引领国际前沿创新研究的开拓者，也要有扎根西部、立足中国问题的思想者，还要有热心教学、擅长科教转化、引领学生实践、提升动手能力的践行者。

对于如何打造一流师资队伍，我有以下几点建议：一是优化教师队伍结构。使教师队伍多元化、梯队化、一流化。二是外部引进与内部挖潜相结合。在教师引进上，应不拘一格，只要在某一方面能够成为一流，应积极大量引进。在内部教师培养上，需要有一流的明确导向以及针对性的激励措施。三是加强多方位师资培训。大力资助骨干教师在国外一流研究机构进行科研和教学培训，积极鼓励教师参加政府和国内外一流企业的交流、培训和调研，全方位打造教师的一流思想。四是积极搭建师生交流、师生共事的平台。以教学、项目、科研、创新创业等多种形式凝聚师生。一流的教师引领一流的学生，一流的学生激发一流的教师，形成良性循环。总之，真正把师资作为“双一流”建设的重点，以人为本，深入贯彻实施人才强校战略，是建设世界一流大学和世界一流学科的必要举措。

培养一流人才，需要建设一流的课程体系

一流人才的培养，课程是重点。纵观世界一流大学，无不把课程体系的建设作为重中之重。课程体系建设，既要注重强化基础，培养

学生的广泛兴趣，也要注重专业、实践能力培养，尤其是跨学科专业能力的培养。课程体系建设，既要注重课程的国际化，与最新国际前沿课程相接轨，也要注重课程的中国化，反映最新的中国特色理论成果和实践。课程体系建设，要与时俱进、定期更新，而不能因循守旧、裹足不前。

如何进行课程体系建设，我有三方面的参考建议：一是明确学生培养的目标及专业特色。二是定期广泛调研国内外一流高校相应专业课程建设调整的最新动向，世界一流的人才，需要世界一流领先的课程。三是了解国家、社会的重大需求，相应课程不仅能满足社会需求、而且能够引领、创造社会需求。

培养一流人才，需要营造一流的创新环境

一流人才的培养，环境是土壤。世界一流大学往往与特殊的环境相关联，如斯坦福大学最根本的精神气质是创业精神，毗邻硅谷的创业环境。纽约大学紧邻华尔街，其一流金融人才层出不穷。环境能够带来人才的整体性和延续性。因此，一流人才的培养，往往离不开一流的创新环境。一流创新环境可从内部和外部两个方面营造建设。内部方面，学校应努力提供多元化的创新创业平台，加强创新创业的引导，强化创新创业与社会的对接，深化创新创业成果的推广。同时，一流的创新环境也需要采取个性化的人才培育方式，因材施教，鼓励人才从不同角度、不同领域实现突破。外部方面，应依托西安市新丝路起点的优势，与“一带一路”国家的高校、企业实现整体的创新互动，努力营造联通欧亚非的国际化环境，拓展一流人才生长、发展的土壤。

培养一流人才，需要建立一流的服务保障体系

一流人才的培养，服务是保障。没有一流的服务，就会失去一流的人才。学校应从师生的管理者，转变为服务者，深切关注教师和学

生的根本需求，站在教师和学生的角度，优化服务流程，加强师生的后勤保障，解除师生的后顾之忧。不断深化主动服务、精细服务的管理服务氛围。只有一流的服务保障体系才能促使一流人才热爱母校、感恩母校、回报母校。

总之，作为“双一流”建设的A类高校，我们不仅要扎根西部，弘扬西迁精神，更要积极探索具有中国特色、交大特色的“双一流”人才培养之路。通过全校师生的共同努力，早日实现中国特色世界一流大学的建设目标。

【刘汕课题组简介】

课题组以数据驱动的IT管理决策和组织竞争优势构建为目标，在IT项目管理、IT驱动的供应链管理、基于IT的医疗健康决策等方面开展工作。课题组坚持学术自由、拼搏向上、友爱互助的科研氛围，与美国佐治亚州立大学、法国里昂商学院、新加坡国立大学、台湾大学等多个教授课题组开展合作研究。

浅谈建设电气工程一流学科

李兴文

李兴文，2006年获西安交通大学电气工程博士学位；1999年本科毕业留校工作，现为校青年教工工作委员会主任，电气工程学院副院长、教授、博士生导师，中国青年科技工作者协会常务理事；是首届国家优秀青年科学基金获得者，入选首批中组部“万人计划”青年拔尖人才支持计划和首批教育部青年长江学者奖励计划。研究兴趣为：高电压与大电流，脉冲功率与放电等离子体。讲授电力电子技术、放电等离子体技术及应用、聚变能源与等离子体本科生课程及等离子体工程、电器新技术研究生课程。

* 本文刊载于2017年11月11日交大新闻网。

2017年9月21日，教育部、财政部、国家发展改革委印发《关于公布世界一流大学和一流学科建设高校及建设学科名单的通知》，电气工程学科进入一流学科建设名单。面向未来，电气工程一流学科建设方案提出：到2020年，学科整体水平达到世界一流前列；2030年，学科整体水平保持世界一流前列，形成"电气+"的学科发展态势；2050年，形成以电气工程为核心，多学科交叉融合、协同发展的世界一流学科，实现国际领先。这为电气工程学科的发展指明了奋斗的方向，从而有力支撑我校一流大学的建设。

我校电气工程学科创建于1908年，是我国最早的电工学科，在我国电力工业的发展过程中发挥着不可替代的重要支撑作用，已成为本学科创新技术研究和高端人才培养高地。

下面浅谈个人对电气工程一流学科建设的几点思考。

一、始终坚持"三个面向"，倡导"电气+"理念，是近一段时间电气工程学科发展的宝贵经验

电气工程学院遵循"顶天立地"原则，立足"三个面向"，着力攻坚克难，突破了特高压工程用交直流套管、大容量开关等世界难题，解决了特高压输电设备电磁适应性、VFTO测试与标定的关键技术，参与研制了特高压GIS、避雷器，为特高压交直流工程建设与运行提供有力支撑。同时，学院预判学科发展趋势，提出学科发展新方向——电磁安全，提出了"弹性电力系统"概念，倡导成立了IEC微网国际工作组并担任召集人，牵头制定新标准，取得国际标准话语权，为制定科技战略、规划提供了重要依据。

学院倡导电气工程与其他学科交叉的"电气+"理念，大力推进军民融合，突破了大容量直流开关、极端绝缘材料、泵浦激光的氙灯及其驱动电源效率提升等瓶颈问题，解决了飞机地勤电源、雷电效应测试、复杂多线束质量综合检测等难题，为国防尖端武器装备提供关键技术。

二、电气工程一流学科建设需要更加重视构建大平台、组织大团队、完成大项目、产出大成果

在学校的统一领导和规划下，要实现电气工程一流学科的建设目标，学院师生就要“撸起袖子加油干”，继承和发扬伟大的“西迁精神”，引领国际学术前沿发展，解决战略性、全局性、前瞻性国家重大问题，对国民经济产生重大贡献，而构建大平台、组织大团队、完成大项目、产生大成果是实现目标的必由之路。

聚精会神建设好电力设备电气绝缘国家重点实验室及多个其他科研基地，是电气工程学院近期取得了跨越式发展的关键。要获得更大的发展空间、抢占学科未来发展的制高点、争取学科的国内外地位，迫切需要构建新的大平台。在学校的大力支持和学院院长邱爱慈院士的带领下，落实军民融合发展战略，精心组织学校的相关力量，“Z箍缩国家重大科技基础设施”于2016年成为教育部“十三五”首批培育项目，一年多来，围绕Z箍缩设施的需求背景、关键技术、发展路线等已组织召开了一系列的研讨会，并于2017年12月6-7日召开“快Z箍缩科学前沿问题及关键技术”香山科学会议，围绕该重大方向进行前瞻布局、构建研究体系、提出创新性技术发展的重点和思路，并提交相关建议和报告，为Z箍缩设施的培育和构建创造良好的条件。

二级学科设置最为齐全是我校电气工程学科发展过程中的重要优势，在很大程度上奠定了学科现在的业界地位。在理解和掌握学科发展规律理解的基础上，结合中国西部科技创新港建设，如何实质性地促进二级学科间的交叉与融合？如何进一步落实“电气+”的发展理念，推动学科的可持续发展？如何实现电工材料与电气绝缘、电气设备智能化及资产管理、新能源电力系统及其智能化、脉冲功率与放电等离子体四个学科方向的全面和平衡发展？这一系列问题已经成为现阶段学科发展所必须面临的难关，根据学科方向、跨二级学科设立相应的研究所，组织大的、实质性研究团队可为上述问题的有效解

决提供组织上的保障。

电气工程学科有着深厚的历史积淀，始终伴随和支撑着我国电力工业的发展，特别注重承担国家重大、重点项目的科研攻坚工作。例如：近两年学院作为项目负责人单位或牵头承担单位主持“智能电网技术与装备”国家重点研发计划项目4项，在全国高校的电气工程学科中具有明显优势，这些大项目预期将极大地推动我国高端电缆、能源互联网、纳米复合绝缘材料、特高压设备安全运行等领域的理论发展和技术进步；结合Z箍缩装置的筹建，也在直接驱动超高功率电脉冲产生与调制方面获批国家自然科学基金重大项目1项。

面向未来，电气工程学科将紧抓创新港发展的契机，构建Z箍缩设施等新的大平台、依托研究所组织大团队、围绕“三个面向”争取大项目、协同创新产生大成果，并在这一过程中坚持立德树人，培养具有社会责任感、国际视野、专业技术卓越的领军人才，稳步推进一流学科建设。

三、对电气工程一流学科建设的几点建议

保持人才培养的优势。长期以来，我校电气工程学科引领着全国电气工程领域教育、教学改革，为国家输送了大量优秀拔尖人才。在一流学科建设中，需要更加重视人才培养，始终保持相对优势、并长期坚守。

避免学科内部研究方向同质化。我校电气工程学科的一些优势学科方向上汇聚了大量的高水平教授，对提升学科的国内外影响发挥了不可磨灭的贡献，同时在某些研究方向也渐渐出现了同质化的问题，这也就需要不断开拓新兴、交叉研究方向，花大力气引进校外优秀人才、从根本上改善学缘结构，并结合创新港发展，组建“人无我有、人有我强”的若干研究中心，抢占学科发展和行业技术进步的制高点。

着力培养德才兼备、具有国际视野、对学科发展规律有深刻理解的学术

带头人。一位优秀的学术带头人就是一面旗帜，对凝聚队伍、承担大项目、产生大成果、形成大影响等发挥着不可替代的核心作用。在建设电气工程一流学科的征程中，面对日益激烈的国内外竞争，迫切需要“不拘一格降人才”，着力培养学科方向分布均衡、年龄梯队结构合理、具有广泛影响力和感召力的一批学术带头人。

【Z箍缩及应用军民融合研究中心简介】

以西安交通大学“双一流”建设目标为牵引，面向国家重大需求和世界科技前沿，抓住国家重大科技基础设施建设的机遇，成立“Z箍缩及应用军民融合研究中心”。筹建以军民融合、多领域多学科交叉、开放共享、高效利用为特征的，装置指标和性能达到世界领先水平的Z箍缩综合性大型研究平台。同时，围绕Z箍缩这一核心，开拓放电等离子体在非常规天然气开采、金属纳米材料制备、电热化学推进技术、激光诱导击穿光谱技术等方面的应用，承担重要科研任务，培育一流科研团队，创造重大科研成果，实现军民科技协同创新和科技成果转化。目前，在学校的大力支持和邱爱慈院士的带领下，“Z箍缩重大科技基础设施”已被教育部列入“十三五”首批培育项目，相关基础研究课题“直接驱动超高功率电脉冲产生与调制的基础研究”已获国家自然科学基金重大项目资助。

仰望星空　脚踏实地
从创新港走向中国特色世界一流大学

刘 静

刘静，博士，西安交通大学马克思主义学院，中国马克思主义研究所，副教授，硕士生导师，全国高校国际政治研究会理事。主要研究领域：中国外交政策、马克思主义国际关系理论。

* 本文刊载于2017年11月13日交大新闻网。

历史上，中华民族每一次仰望星空都会带来重大的历史变革。孔子因为仰望星空而提出“儒家学说”，成就中国传统治理智慧和政治哲学；汉武帝因为仰望星空而开疆拓土，促成人类社会最大的一次民族迁徙；唐太宗因为仰望星空而开创“贞观之治”，形成大唐盛世，万邦来朝。今天，中国人比历史上任何时期都更接近世界舞台的中心，这一次的仰望星空，是再次出发的伊始。“双一流”建设正是为此积聚人才和动力。

世界一流大学建设意味着大学的建设目标要高远，办学方向应该定位到有助于解决人类面临的重大现实问题、攻克关键技术难题、影响和改变人类社会发展进程、引领人类文明发展的理念、价值和思想创新上，要求高校在人才培养、科学研究、社会服务、文化传承与创新、国际交流与合作方面发挥国际影响力。而世界一流学科的发展要求学科建设能够突出其在思想理论、科学技术、观念价值、制度文明等方面的功能性作用。可见，“双一流”大学，虽然坐落于某一个城镇，在地理上限于一个国家，但在精神上却属于世界。它的教师和学生来自世界各地，走向世界各地，并将从大学里获得的精神理念和理论技术带回去影响世界各地。事实上，有过世界一流高校学习经历的学者和学生令人印象深刻的地方除了专业素质过硬外，他们的生活和工作中也烙有深深的学校理念和文化的印迹。因此，我校的“双一流”大学建设既要形成优势学科的发展特色，又要培育校园精神引领思想，让交大学人的精神、气质、节操在学术研究与知识传授中得到舒展与发挥。

但仰望星空，也需要脚踏实地、大力协同、狠抓落实，做好学校和学科发展的顶层设计，通过一个个具体计划和项目聚沙成塔。创新港为我校发展的又一个黄金期提供了新平台。不同于传统的校区发展模式，创新港集科研、教育、转孵化、综合服务四大功能于一体，围绕理、工、医、社科四大方向，以学术推动学校发展的逻辑旨在建设国家级的“科研大平台”。这个教育部与陕西省合作共建、我校与西咸新区联建的国家级重点项目，其省-部-校联动的发展模式是西部，甚至全国高校的一种新的组织模式的探索，将发挥“大西安”的示范引领作用，贯彻国家“一带一路”发展的重大创新举措。为此各个学科都卯足了劲，力争在新的平台和机遇中更上一层楼。积力之所举，则无不胜也；众智之所为，则无不成也。想见在此双重发展契机下，交大人定能实现新的飞跃。

那么，如何实现我校的“双一流”建设呢？笔者结合自己所在的马克思主义学院和学科特点，认为需要从“四个回归”做起。

回归科学研究的常识

科学研究要回归回应和解决现实问题的常识，而非脱离实际的空谈。马克思主义的诞生是源自对资本主义政治、经济和社会发展中所滋生问题的思考与回答，它形成了认识世界和改造世界新的方法论和认识论。而今天马克思主义理论在中国的发展，需要与我国政治、经济和社会发展中遇到的现实问题相结合，如国家治理的现代化、党的建设、司法体制改革、中国政治精英的实践结构、经济体制改革的深化、中国传统文化的创造性转化与发展、社会治理体制改革、全球治理的参与程度和能力、人类命运共同体的建构和“一带一路”与世界秩序变化、生态环境治理体制改革以及国际安全环境改善等。对十九大报告中提出的马克思主义中国化理论新成果——习近平新时代中国特色社会主义思想研究，也亟须进行深入的学理思考和理论阐释，发出中国声音，讲好中国故事，形成国际对话。

马克思主义学院根据各学科研究专长设立8个研究中心：大学生思想教育与实践研究中心、政治文明与廉政建设研究中心、自然与社会辩证法研究中心、经济理论与经济改革研究中心、马克思主义与当代思潮研究中心、中国近现代文化转型研究中心、国际问题研究中心、地方经济社会发展研究中心。于2017年11月1日刚成立了习近平新时代中国特色社会主义思想研究中心，极具学科特色的平台将支撑起未来对前沿理论和现实问题的科研工作。

回归教书育人的本分

大学的功能重在培养人才，而一流大学的人才培养，不应满足于教授知识和技能，而应当能够在信息中遴选知识，在知识中汲取智慧，在智慧中呼唤灵魂，在学生世界观、人生观和价值观形成的重要人生阶段，围绕我国高等教育人才培养的核心问题，即培养什么样的人、如何培养人以及为谁培养人，助力培育他们健全、高尚和丰盈的灵魂。这需要马克思主义理论教师从理论、制度和文化视角诠释我国和世界政治发展的规律，从人性关怀出发触摸历史与现实政治演变的温度，使学生能够体验到以史为据的事实尺度和以人为本的价值尺度，那么促使他们在青年时代形成对社会和国家的责任和担当意识就不是镜中月水中花。

回归西迁奋斗的初心

六十年前，交大西迁至西安，就是为了改变旧中国遗留下来的高等教育布局不合理状况，支持西部社会经济发展，抱着“践行国家战略，舍我其谁？”的西迁精神，交大人以国家发展目标为己任，不断创新，成为西部领军学校。六十多年过去了，今天交大人提出“扎根西部，服务国家，世界一流”的定位，回归西迁初心，以中国西部科技创新港为平台和依托，服务国家“一带一路”倡议。

马克思主义学院2015年从人文学院独立出来，2017年入选全国重点马院，并与陕西省委宣传部签订了协议共建马克思主义学院，与陕西省委政策研究室、陕西省政府研究室、陕西省委党校、陕西省社科院、陕西省社科联签署协议共建马克思主义中国化研究协同创新中心，与陕西省文物局共建“红色文化教育研究与宣传基地”，充分挖掘利用陕西红色文化资源做好学生思想教育工作。成立的陕西省中国特色社会主义理论体系研究中心，是陕西省哲学社会科学重点研究基地；成立的陕西高校德育研究中心，是陕西省高校哲学社会科学重点研究基地；与中央编译局合作，作为它在交大设立的马克思主义理论与当代实践研究基地。这些高端智库的建设，切实践行我校"扎根西部、服务国家、世界一流"的办学定位。

回归三尺讲台的梦想

一流大学的建设最终还是要回归讲台，每位教师在登上三尺讲台的那一刻，都曾以赤诚之心期冀能够将自己所学毫无保留地传授给学生，递薪传火、桃李天下；都曾为了课堂上每一分钟的内容挑灯夜战，细心研磨；都曾因学生不期的一句问候、一条短信而欣慰不已、由衷高兴。但如何终身持有站好三尺讲台的热情？

首先，教师心中要有坚守，一支粉笔、两袖清风、三尺讲台、四季耕耘，不忘做教师的初衷；其次，学校继续做好德高望重的前辈教师对中青年教师的德育培养与培训；再次，从考评体制上向教学偏重，预防因为制度政策而可能造成的投入教学的回报并没有科研和科技成果转化那么明显的思想，给予教学更多的鼓励性政策。

长远的目标已经确定，具体的规划正在运行，坚实的平台不断打造，持久的创新驱动前行，今天的交大人正仰望星空，又脚踏实地为建设中国特色世界一流大学而努力，作为青年教师，能够于此时此处一路同行，不胜欣喜。

【中国马克思主义研究所简介】

中国马克思主义研究所现有专职教师22人，其中教授7人，副教授7人，讲师8人，组成当代中国研究中心、国际问题研究中心和廉政研究中心三大团队。主要承担本科生毛泽东思想和中国特色社会主义理论体系概论、政治学概论、当代世界经济政治与国际关系、西方文明史、国际政治学导论、中国近现代政治思想史专题、当代中国国际路线与外交政策研究，硕士研究生中国特色社会主义理论与实践研究等课程。

承西迁精神 立足创新港 建设双一流

张明明

张明明，男，1986年11月8日出生。2003年考入浙江大学化学系，并于2007年取得学士学位。从2007年开始，在浙江大学黄飞鹤教授（国家杰出青年基金获得者）的指导下从事基于冠醚与穴醚的主客体化学以及超分子聚合物材料的研究，并于2012年6月获得博士学位。2012年9月至2013年8月在佐治亚理工学院生物医药工程系夏幼南教授（*Nano Lett*副主编）的指导下从事组织工程的研究，2013年8月至2015年6月在马里兰大学化学与生物化学系Lyle Isaacs教授的指导下从事非环状葫芦脲用于药物载体的研究，2015年7月至2017年7月在犹他大学化学系Peter Stang（*JACS*主编，美国科学院院士）教授的指导下从事超分子配位复合物用于细胞成像，化学传感以及有机发光材料的研究。2017年8月加入西安交通大学材料科学与工程学院，任"青年拔尖人才计划"特聘教授、博导，主要从事超分子材料方面的研究。2008年至今共计发表了51篇论文及专著，其中第一作者及通讯作者论文19篇外加英文专著的一个章节，包括*PNAS*，*JACS*，*Angew. Chem.*，等国际权威杂志，论文引用超过2000次，H-index为26。

* 本文刊载于2017年11月14日交大新闻网。

教育部、财政部、国家发展改革委联合公布了双一流大学建设名单，打破了“211工程”“985工程”高校身份固化的教育局面，中国的高等教育进入了新的时代，建设一批世界一流大学和世界一流学科成为中国新时代对于高校发展的要求。西安交大入选国家一流大学A类建设高校名单，而我所在的材料科学与工程也成功入选了一流重点建设学科，成为真正的“双一流”。作为回国不久的“新鲜”交大人，我深受鼓舞，为自己是一名交大人而深感自豪。

为了突破兴庆校区物理空间较小的限制，同时也为了探索新时代高等教育的发展模式，西安交大联合陕西省人民政府，在教育部的统筹下于西咸新区沣西新城建设中国西部科技创新港，践行交大“扎根西部，服务国家，世界一流”的历史责任。这一次，西安交大走在了全国所有高校建设“双一流”的前列，创新港为“双一流”建设提供了平台保障，将极大地缓解我校目前面临的发展空间受限的问题，同时也为区域，乃至国家发展提供优良的教育资源和人才输出，西安交大迎来了百年难遇的发展契机，“双一流”与创新港为西安交大站在第三个甲子的起点上再次腾飞插上了双翼！

在美国留学多年，虽身在异国，也深刻感受到祖国近些年的发展速度之快，一项又一项诸如激光、量子通讯、高速铁路的技术已经走在世界前列。人才作为经济发展中至关重要的一环，西安交大推行“青年拔尖人才计划”，为青年学者归国提供了良好的发展平台和保障机制，参加面向海外学者的“丝绸之路青年学者论坛”，让我有机会了解交大，接触交大。

刚入职的新教工培训课堂上，马知恩老师指导我们如何教学，朱继洲老师给我们讲解西迁的历史，胡奈赛老师对我们的试讲逐一指导。这三位老师都已年过八旬，他们将自己青春年华都贡献给了交大，在耄耋之年依然继续为交大的发展发挥着余热。马知恩老师在报告前后都给我们这些年轻人鞠一躬，这样一个深情的动作凝聚着一位老交大人的厚重情感，他寄望新能够将交大的精神传承下去，接过建设交大的重任，在新的时代里为实现中华民族伟大复兴的中国梦而奋斗。在他们身上我看到了交大人的使命担当，看到了老一辈的交大人对于振兴交大，民族发展的殷切期望。

在交大工作越久，越是能够深刻体悟到西迁精神的深刻内涵，那是一种奉献，一种传承，一种寄托，一种不计个人得失，舍小家、为大家、把自身发展深深融入国家发展之中，一种以民族复兴为己任，践行“为天地立心，为生民立命，为往圣继绝学，为万世开太平”的家国情怀，尽心尽职培育祖国下一代的敬业精神，是我们新一代交大人立足创新港，建设“双一流”的精神宝藏。我认为，建设双一流要做到：

以国际交流合作为渠道吸引一流人才

西安作为丝绸之路重镇，西安交大作为西部高等教育排头兵，良好的区位优势和平台是吸引优秀人才的有利条件，很多人对西部及西部高校有“观念落后、思想陈旧”的刻板印象，这就需要我们开拓思路，不仅要自己宣传自己，还要适当借助知名专家学者的社会影响力广发声，吸引一流人才。

以校企合作为平台推动产学研转化

斯坦福与硅谷的成功让世界重新认识了高校发展与高新技术企业之间的关系，中国西部科技创新港与硅谷的定位与发展模式有着相似相通之处。以产学研的紧密转化推动校地合作发展，这是西安交大追赶超越的有效途径，从而真正能够面向国家重大需求，服务国家经济社会发展。

以优势工科引领其他学科发展

借助西安交大传统优势学科，鼓励系所之间的资源整合，促使每个学科形成四到五个国际领先的研究团队。希望我所在材料物理与化学系经过五年的发展，充实交大材料学院在金属材料以外的材料学的研究，在高分子材料，有机光电材料以及系新能源材料方面的研究达到国际水平，提升交大材料科学的竞争力。对于底子相对较薄弱的学科，要以人才引进带动现有的研究，鼓励共建实验室，形成具有一定竞争力的科研梯队，适当依托优势学科，达到国内领先水平。

以人才优势服务西部经济社会发展

中国的西部崛起离不开高等教育，而交大作为扎根于西部的强校，更应该鼓励自己的学生在西部这片沃土上挥洒青春热血，实现人生价值，为中国民族的伟大复兴而奋斗。

“天地交而万物通，上下交而其志同”。61年前，有一批知识分子，秉承报国的热情，服从大局，乐于牺牲，无私奉献，放弃了上海的优越环境，在西部为国家为民族建设了一所一流大学。60年后，我们秉承西迁精神，在新的时代，规划建设创新港，开拓创新，不断探索，为将西安交大建设成为世界一流大学砥砺前行。美哉吾校，宇土茫茫，山高水长，为世界之光。

高举高打，凝心聚力
依托创新港再创化学新辉煌

张志成

张志成，西安交通大学理学院应化系教授，理学院化学学科主任。1995-1999、1999-2002年分别在西安交通大学获得学士、硕士学位，2005年在中国科学院化学研究所取得博士学位，后于2005-2008年在美国宾夕法尼亚州立大学材料系进行博士后研究工作。2008年5月加入西安交通大学理学院工作。2012年至今任化学学科主任。现任西安交通大学学术委员会委员。研究工作主要致力于新型氟聚合物的设计、改性方法、氟聚合物材料的结构性能关系研究、电活性氟聚合物及其在高储能电容器、传感器等领域的应用等。目前共计发表第一（或通讯）作者SCI论文60余篇，累计影响因子超过300，被引用1300余次，论文H指数为22。入选2010年教育部新世纪优秀人才计划。任*IET Nanodielectric*期刊编委，中国复合材料学会介电复合材料专委会副主任委员。获西安交通大学第八届“伯乐奖”。

* 本文刊载于2017年11月15日交大新闻网。

2017年9月，“双一流”建设名单尘埃落定，我校进入世界一流大学建设序列，8个学科入选“双一流”建设学科名单。自2017年2月起破土动工的中国西部科技创新港主体楼群也陆续封顶，丝路大学联盟、丝路青年学者论坛等有序推进，为我校，乃至陕西高校的国际化和一流师资队伍建设做出了开拓性贡献。2017年10月18日党的十九大胜利召开，深化教育改革，推进教育现代化和教育强国建设，为决胜全面小康社会、实现中国梦奠定坚实基础是未来中国教育的主要任务。西安交通大学获得了前所未有的发展机遇，交大人也正以全新的面貌、高速度、高质量、大智慧追赶超越，通过一流大学与创新港建设密切结合，快速推动西安交通大学走向世界舞台中心。

作为中心科学的化学学科，在我校的整体一流大学建设中扮演着非常重要的地位，是我校确立的战略必争学科之一，此次学科评估中化学学科由2012年的全国48位快速跃升至32位，同时还非常好地支撑了电气、力学、物理等其他理工学科。作为一个没有博士点、没有重点实验室等重要研究平台、没有大牌资深教授和团队的年轻学科来说，取得如此快速进步是学校大力支持、学院领导决策、学科教师共同努力的结果。面对2020年的大考，我们也清醒地认识到，只有坚定不移地瞄准正确的方向、全体教职员工团结一致、充分发扬艰苦创业精神、坚持持续的投入与自我争取相结合，化学学科才会取得更加快速的进步，在最短的时间内缩小与兄弟高校的差距，在2030年实现部分方向跻身世界一流水平。

聚焦国际前沿，凝练特色方向，重点投入建设，利用后发优势，实现弯道超车。与国内传统化学优势高校相比，我校化学学科起步晚、底子薄、基础弱，经过“985”和“211”建设资金的投入，已经建起了基本的科研平台，师资队伍已初具规模，一些特色研究方向初步形成。然而，与兄弟高校相比，在各个方面差距依然巨大，尤其是在传统化学学科方向方面，无论从师资队伍还是在基础设施方面，短时间内都无法取得领先。因此，发挥我校工科优势，在化学与机动电等优势学科的交叉中，凝练出特色研究方向，如以具有光、电、磁等功能的新物质相关的化学新反应、化学物理机理、新应用为导向，从原子、分子、微纳米结构尺度出发，发现结构可控、功能可调的新物质和新物态，推动信息、生物、新材料、新能源领域变革性发展。在这些研究热点方向，提早布局、重点投入、有针对性引进高水平师资队伍，能够实现短时间内跻身国际一流水平。

坚持高端引进，择优培养在职，分类管理使用，发挥团队优势，建设一流师资队伍。一流师资队伍的建设是世界一流大学建设的根本，利用丝路大学联盟、丝路青年学者论坛等，大力引进具有国际一流水准的大师和极具潜力的中青年才俊是快速提升队伍质量的捷径。坚持对在职师资队伍进行全面提升和择优重点扶植相结合的原则，实现师资队伍整体提高和高端人才局部突破，这是人才队伍建设的基础。化学学科除了专业建设以外，还承担着全校的各类基础化学的理论和实验教学工作，如何根据各个教师的特点和优势，通过绩效奖励和个人发展相结合，优化岗位配置，激发每位教师的工作积极性，在人才培养的各个环节和科学研究中发挥主动性，实现自我的价值，这是未来管理方面的重点。通过教学研究室和科研团队/研究所的建设，优化人才队伍和资源配置，形成人才梯队，这是实现师资队伍的可持续发展的保障。

主动争取投入，高效使用资金，绩效主导配给，公平公正管理，创建交叉特色创新港。创新港大部分建筑已经封顶，内涵建设亦在如火如荼地进行中，主动出击争取外部资源是每位交大教师的责任和义务，唯有从上到下人人发挥能动性，利用一切力量开辟建设资金来源，才能顺利完成预期建设目标，这是交大一流大学建设的物质基础和根本保障。发扬优良传统，精打细算，合理使用每一分钱的建设经费，杜绝重复建设和铺张浪费，通盘考虑严把建设资金使用效率关，这是在有限的资金投入情况下高效建设一流大学和学科的经济基础。建立以点面结合、绩效考核为依据的建设资金分配制度，坚持公开、公平、公正的管理原则，一切以人才培养和科学研究为出发点，避免过度管理，激发各级组织和个人的积极性，这是建设创新港的制度保障。在创新港利用我校的工科优势，依据各学科的特点，突出学科的交叉特色，在学科交叉融合中发现新问题、提出新机理、建立新方法，这是从源头实现创新的根本。

以增强核心竞争力为核心、坚持立德树人、坚持中国特色、完善创新人才培养体系，培养德才兼备的一流人才。世界一流大学的标志是一流人才的培养，这也是一个国家核心竞争力的集中体现。我校应将培养各领域的顶尖人才作为关键指标，与各行业的专业骨干相结合，深入思考和广泛研究未来一流人才所必需的人文、情感、哲学、专业、国际化、创新能力等综合素质，并从招生到培养体系建设、人才培养的各环节设置、师资队伍的培养和提升、人才考核体系和质量跟踪等各方面进行深化改革，真正创立一套具有中国特色的一流人才培养新体系。真正做到因材施教、精准培养，在科学研究和实践中实现一流人才的培养和一流师资队伍的共同成长。作为以实验为基础的化学学科，尤其要重视人才的实践创新能力的培养，从培养方案到各个实践环节的设置，探索出一套“基础-综合-创新”循序渐进的培养体系，利用开放实验、大学生创新实验、实验竞赛、科研训练等方式，为不同层次的学生提供化学实践能力的训练。一系列国家级大学生创新项目的取得、高比例的本科生SCI论文的发表等，显著提升了本科生的科研创新能力和国际竞争力，为其未来的学术发展奠定了坚实基础。

“双一流”建设名单的发布只是开始，也是西安交通大学这所具有120多年历史的老校的新起点、新挑战和新机遇，交大人必将发扬西迁精神，坚持“扎根西部，服务国家，世界一流”的方针，勇挑重担，攻坚克难，凝心聚力，在中国西部科技创新港这片沃土焕发新的生机活力，为我国高等教育事业走向世界舞台中心提供力量源泉。作为自设建设学科和战略必争学科的化学，将在现有基础上，坚持聚焦国际前沿、凝聚优质队伍、建特色创新港、培养创新人才、实现化学腾飞、助力一流工科建设，再创新辉煌。

【有机与高分子化学研究所简介】

有机与高分子化学研究所现有专职教师18人，其中教授5人，陕西省百人1人，教育部新世纪优秀人才1人，副教授6人，讲师7人。组成了绿色合成中心、电功能高分子中心、高分子合成降解中心三大团队。研究所以有机化学和高分子科学为基础，从分子结构与功能设计出发，发展绿色合成与可控聚合新方法，同时研究高分子链结构的生成和降解过程，借助分子模拟技术探索反应机理，开发具有生物活性、光、电、磁等功能性新物质，发展其在智能穿戴、生物医学、电气、电子、国防军工等领域的新应用。近年来发表高水平SCI论文100余篇，ESI高被引论文十余篇，主持科研项目30余项。多项研究成果在国防军工及企业实现成果转化及应用。

立足前沿交叉领域，培养科技创新人才，推进双一流建设发展

何刚

何刚，前沿院教授，博士生导师，中组部“青年千人”，西安交通大学青年拔尖人才A类，唐仲英青年学者。先后在陕西师范大学化学与材料学院、加拿大阿尔伯塔大学化学系及加拿大国家纳米技术研究所从事化学与材料相关研究工作。2015年4月，加入西安交通大学前沿科学技术研究院，主要从事含主族元素有机杂环芳烃及聚合物的设计制备及在能源、生命等领域的应用研究。迄今为止，在*Chem. Rev.*，*J. Am. Chem. Soc.*，*Angew. Chem. Int. Ed.*，*Chem. Mater.*，*Macromolecules*等国际知名期刊上共发表学术论文30余篇，在多个国内及国际学术会议上进行口头报告，研究成果得到了相关领域国际学术界的广泛关注并产生了日益增大的国际影响力。

* 本文刊载于2017年11月15日交大新闻网。

党的十九大胜利召开，习近平在十九大报告中指出，创新是引领发展的第一动力，是建设现代化经济体系的战略支撑。要瞄准世界科技前沿，强化基础研究，实现前瞻性基础研究、引领性原创成果重大突破。

科技的进步离不开高等院校的发展，西安交通大学作为我国西部高等教育的领头羊，已经向社会各行各业培养了大批的优秀人才，前不久，学校成功入选全国一流大学建设高校A类名单，全校师生为之振奋。“双一流”建设是高等教育的一次深化改革，适应未来发展的新需求，成功入选“双一流”既是肯定，也是鞭策，科技创新的道路依旧任重道远。

作为省部共建、区校联建的国家级项目，创新港的构思谋划引起社会的广泛关注，我们看到了与国际接轨的新思路与新模式，也更加认识到西安交大扎根西部，放眼未来的新目标。它的建设将助力交大又一次腾飞，这座崛起的“智慧城”正式宣告着学校转变发展模式，不断深化改革的决心。作为青年教师，我深知自己身上的担子有多重，对于一流大学的建设，结合学科背景，我有着一些看法与思考。

走在学术的前沿

建设一流大学，一定要走在学科领域的最前沿，时刻关注国际学术的前沿问题，把握学术发展的最新动态。以我所在的前沿科学技术研究院为例，2010年成立至今，学院发展迅速，现已设立物理、化学、生物、医学、材料科学等多门基础学科领域的11个研究中心。作为西安交大首个“学术特区”，前沿院拥有一支国际化的师资队伍，汇聚大量的海外优秀人才，同时也作为改革的试点，为实现科研体制改革的战略目标提供宝贵经验。学院具有鲜明的学科交叉特色，在全世界范围吸引了众多的英才加盟，基于国际化视野，采取高标准多元化的管理模式，开展跨学科、跨领域的基础性研究，短短几年间，已经产出了一批骄人的成果，包括多篇发表在*Nature*，*Science*，*JACS*，*PRL*

等高影响学术期刊上的论文，“973”首席项目、青年“973”项目等，是学校发表高水平论文的主要基地之一。

学科交叉往往能够产生重大的科研成果。2017年诺贝尔化学奖授予三位冷冻电镜领域的学者，这是一个发给物理学家的诺贝尔化学奖，表彰他们在生物领域创造的新突破。随着人类科学技术的不断进步，单一学科已经无法对某些问题进行深层次的研究，科学问题的综合性发展趋势要求我们要学会寻找学科之间的内在联系，合理地建设交叉学科新体系。应当根据自身学科的实际情况，及时发现自身缺失的环节，打破固有思想的制约，有重点的引入其他学科的思维方式与实际应用价值，不断培养多学科创新型人才，建立尖端设备平台，推动一流学科建设，实现学术多元化。我们要走在学术的前沿，必须立足于学科交叉新领域，增加学科交流，促进学科融合，开辟学科新的方向，引领学科新发展。

打好基础学科的根基

建设一流大学，一定要有深厚的基础学科作根基，打造出一个具有世界一流研究水准的大型基础科学研究平台。如何进一步提升基础学科的地位，完善基础学科体系是未来面临的挑战。

与我相关的化学学科是重要的基础学科之一，它是在原子、分子层次上研究物质的组成、结构、性质、以及变化规律的科学，世界是由物质组成的，化学则是人类用认识来创造新物质，改造生活的主要方法和手段，为人类生存与社会发展提供了物质基础。如今，化学已成为部分学科门类的核心部分，如材料科学、纳米科技、生物医学等领域都离不开化学，这是一门以实验为基础的学科，历史悠久而又富有活力，实践性较强，在与物理、生物、材料等学科的相互融合中，得到了充分的发展，同时也推动了其他学科和技术的进步。

中国已经成为全球化学研究最具影响力的国家之一，中国化学研究迄今取得长足发展，但原创性工作偏少，亟须从基础前沿、国家重大需求和国家安全等方面开展有别于传统主流化学研究内容、研究思想的讨论。我国化学工作者应具有好奇心、想象力与批判性思维，有勇气跨越边界，打破成规，推动科学非线性发展，必须更加注重新的理论、新的概念、新的工具，鼓励开放性思维，提升我国化学的原创性以及在能源、国家安全等领域取得重大突破的能力。

让科研成为一种习惯

建设一流大学，一定要有良好的科研氛围，让科研成为一种习惯。我们的课题组是从零开始发展的，从搭建通风橱开始，不断添置各种仪器设备、实验药品，经过两年多的建设，我们的材料化学中心功能聚合物材料实验室已经初具规模，已完成许多实质性的工作。我非常注重对学生基本实验技能的培养，实验操作也要一丝不苟，这关乎实验课题能否高效且顺利地开展。

真正的高水平学者，将学术视为自己的生命，我常常告诉学生只有热爱才能一往无前地坚持下去，才能专心致志，集中精力把事情做好。科研人员要耐得住寂寞，持之以恒，主动寻找实验乐趣，把科研融入生活，让科研成为信仰。

一流的大学就要有一流的团队建设，每位成员都应为团队贡献出自己的力量。不同的人会有不同的特点，应该按照学生特长，有针对性地安排相关课题，因材施教，达到共同促进，共同提高的目的。

创新要有想法，研究要有思路，思想的交流碰撞尤为重要。定期召开课题组研讨会能够为团队成员提供一次宝贵的交流机会，每个人把自己的工作拿出来同大家共同分享，有利于及时吸收别人的经验和益处，取长补短。通过这样一个过程，大家的想法就会越来越丰富，同时也提高了阅读文献和讲解报告的能力。

立足当前，着眼未来

建设一流大学，一定要立足当前发展现状，迎接机遇与挑战，谋求未来的长远发展。处在新时代，每位交大人应不忘初心，砥砺前行，继承和弘扬西迁精神优良传统，始终坚持“扎根西部，服务国家，世界一流”的办学定位，不断开拓创新，锐意进取，着眼未来，推动“双一流”建设平衡、稳固发展。

一流大学要体现在教学、科研、生活的方方面面，不仅要引进优秀人才，完善学科发展体系，更要保障好全校师生的生活质量。中国西部科技创新港的建设能够将便捷的生活和优美的环境结合在一起，为我们打造了一个潜心科研的良好生活环境，非常期待我们西安交大能够以创新港为依托，在已有成就的基础上继续向前迈进，实现我们共同的交大梦、陕西梦、中国梦。

【功能高分子材料课题组简介】

课题组成立于2015年4月，目前有博士研究生7名，硕士研究生2名，秉承学术自由、合作共赢的原则，以发展新材料和利用新能源为主题，以化学合成、组装和功能化为主要手段，同时跨越化学、材料、物理及生物工程等多个学科，致力于研究材料的新组成、新结构、新特性和新应用。研究课题主要集中在含主族元素有机共轭聚合物、功能性嵌段共聚物的设计合成、表面化学及其在光电材料及新能源等领域的应用。

“双一流”引领社会科学发展
创新港助力公共管理学科腾飞

靳小怡

靳小怡，西安交通大学管理学博士，美国斯坦福大学博士后。现任西安交通大学公共政策与管理学院人口与发展研究所教授、博士生导师、学校青年拔尖人才A类，西安交通大学性别与发展研究中心主任、中国人口学会理事、陕西省人口学会常务理事，社会学会婚姻家庭专业委员会理事。2007年教育部“新世纪人才”、受陕西省三秦人才支持计划和陕西省人文社科英才计划支持。主要从事婚姻家庭、家庭养老、城乡人口迁移、性别失衡等方面的研究，主持国家社科基金重大项目1项、陕西省社科基金重大项目1项；合作出版专著8部，发表中英文论文90余篇，获省部级一等奖2次、二等奖4次、三等奖2次，获第五届钱学森城市学金奖提名奖。

* 本文刊载于2017年11月16日交大新闻网。

在全力推进创新港建设过程中，学校入选国家一流大学A类高校建设名单，作为普通教师的我倍感鼓舞。我相信入选"双一流"必将赋予创新港建设更新的机会，更高的平台，取得更大的成就；而学校创新港的建设也必然丰富"双一流"新的内涵，开辟中国高校发展的新模式。"双一流"和创新港相得益彰，为促进学校包括人文社会科学在内的学科大繁荣、大发展提供了大机遇。人文社会学科一方面可以在"双一流"和创新港建设中进一步发展壮大，另一方面也能够更好地贡献于学校发展，践行"扎根西部、服务国家、世界一流"的目标。作为一个人文社会科学领域的研究者，我结合自己的教学和研究，谈一些个人的思考和想法。

"双一流"建设应以人才培养为本

"育才造士，为国之本"。大学之根本在于人才培养，长期以来旧的教师考核制度带来高校重科研、轻教学的倾向，很多大学教师对各类课题趋之若鹜，而对教学与公益服务工作简单应付，甚至弃如敝履。部分青年学生将有一份收入高、环境优渥的工作作为求学唯一目标，缺乏人生追求和理想，课程学习只为应付考试、科研项目参与止步于导师的"规定动作"，自身学习态度涣散、缺乏内动力，试问这样如何能培养出杰出科学家和推动社会进步的栋梁？长此以往，中国大学本科生与研究生的学科专业基础与科研素养的培养将继续落后于世界一流高校，"双一流"建设只能成为一句口号。

当"做人如果没梦想，那跟咸鱼有什么分别？""生活不止眼前的苟且"成为网络流行语。作为教师，我越来越深刻认识到，"老生常谈"的思想教育才应该继续成为端正学生学习态度的利器，品德养成应该成为人才培养的有机组成。如果说导师是科研团队的领头羊，那么研究生就是团队的主体力量，是学术创新的主要实践者。导师能力再强，没有得力的强兵强将，势必独木难支。因此，学生的思想教育和师德师风教育在"双一流"建设中依然重要，关键是要以学生喜闻乐见的形式、把立德树人的思想教育贯穿到教学的全过程，同时践行更加科学全面的教师考核办法，逐步完善教师管理的激励与约束机制，让教师真正做到“教学相长”、科研与教学并重。

人文社科领域的“双一流”建设应以中国学派建立为核心

习近平总书记提出，“一个没有发达的自然科学的国家不可能走在世界前列，一个没有繁荣的哲学社会科学的国家也不可能走在世界前列”“坚持和发展中国特色社会主义必须高度重视哲学社会科学”，这标志着中国哲学社会科学发展迎来了又一个春天。今天的中国，经济发展、科技进步，人民生活大幅度改善，但在哲学社会科学领域，从概念到范畴到逻辑体系，甚至研究成果的评判权，在一定程度上仍然被西方牵着鼻子走，中国的哲学社会科学在国际舞台上缺少话语权，唯SCI、SSCI崇拜，照搬西方的一些范畴概念和研究范式，动辄以模型、方程等“西式八股”来解释中国故事，很多时候都弄得隔靴搔痒、南辕北辙。哲学社会科学具有共性规律，但更多地体现出民族性和地域性。中国正在经历的广泛而深刻的社会变革和独特的实践创新，基本上很难套用西方社会总结出的模型和公式来解释。要建立建设哲学社会科学“中国学派”，需要建立中国特色的学术体系、学科体系、话语体系来回答、解释中国的社会大变革，这不但需要遵循古为今用、洋为中用的原则，更要坚持推进知识创新、理论创新、方法创新，体现原创性与时代性。

西安交大的哲学社会科学如何建立建设“中国学派”？在全国高校都在发力“双一流”建设的氛围中，西安交大的人文社会学科需要将西部的地理劣势转化为发展特色，把发展制约和约束转化为发展条件和激励，制定定位准确且有特色的发展目标。首先，要厘清主要矛盾，明确学科发展的主要问题究竟是方向问题，还是人才的问题，还是体制机制问题。其次，要清楚发展环境，应该了解兄弟学校和学科的发展情况，同时也要清楚学校以创新港为抓手已经推出的人事、组织、工资等改革措施，及其形成的新微环境，进而紧紧围绕西部条件约束下的“三个面向”，制定近期和长期的发展目标。高校是创新思想的重要发源地，是创新行为主要的策源地。从某种意义上来讲，“双一流”建设就是各所高校参加的“创新”锦标赛；在建设目标、内容和成效上的创新实现“人无我有、人有我优、人优我特”，就可能在比赛中占得先机、取得最后的胜利。

就公共管理而言，首先，应深刻领会当前发展的重大需求，了解需求才能催生动力；中国具有独特的治理体制，取得了令人瞩目的成绩，需要总结已经形成的中国经验和规律，同时要为中国发展中的问题提供中国解决办法。其次，要形成新的研究范式，实现从“中国化”到“中国的”的转变，现行公共管理理论基本来自西方，是西方政府管理实践的总结，由于治理环境、体制、文化、价值取向和传统等的差异，使得西方经典理论用于中国实践时必然存在“中国化”的问题，这是一个创新过程，如果在这一过程中突出“中国的”，创新性将更强，对人类知识库的贡献将更大，也是理论自信和文化自信的体现。日本的科研创新重在对本国问题的解决，并不看重英文论文的发表，而是将本国的具体问题“做到极致”，得到世界的认可便水到渠成。另外，哲学社科领域一直缺乏国际、国家级大奖，这也应得到有关方面的关注。第三，中国公共治理的实践提供了广阔的研究平台，热点问题很多，应该“有所为、有所不为”，进行重点突破。“双一流”建设是有时间的创新比赛，条件约束也决定了任何学科都不可能在3–5年内解决所有问题，因此应该立足学科实际，解决重点问题。习总书记十九大报告中提出的“中国特色社会主义进入新时代，我国社会主要矛盾已经转化为人民日益增长的美好生活需要和不平衡不充分的发展之间的矛盾”“民生领域还有不少短板，脱贫攻坚任务艰巨，城乡区域发展和收入分配差距依然较大，群众在就业、教育、医疗、居住、养老等方面面临不少难题”，而这些民生问题与我校公共管理学科及研究方向不谋而合，为我校公共管理学科的理论创新与发展提供了广阔的空间。西安交大哲学社科的发展，应瞄准西部发展问题，特别是西部发展面临的教育、就业、保障等民生和社会政策问题，将之定位为公共管理学科创新的突破重点。

让创新港成为智库建设的主阵地

产学研结合对学科建设至关重要，特别对具有鲜明实务导向的公共管理学科建设、公共政策与公共治理领域的研究和实践更是如此。创新港旨在建立没有围墙的新校园，更好地与相关政府部门对接，更好地为地方政府，乃至中央政府提供决策咨询，打造一流智库，让西安交大的公共管理学科真正成为经世致用之学。为此，创新港的建设应注重搭建与政府合作的平台，保持社会问题及政策研究与政策推动之间的渠道畅通且高效运行，探索公共管理的科研成果的有效转化途径与机制。所谓“他山之石可以攻玉”，台湾地区的逢甲大学是具有鲜明政策研究导向及较强公共管理及实务操作的科研机构，是台湾中部地区“产官学”合作平台，承担了大量地方委托项目。以建设学院的地理资讯系统研究中心为例，其拥有150余名全职人员，每年承接各类项目收入超过6亿台币，占全校项目总收入的四分之三左右，地理资讯系统研究中心与防灾研究中心等为台中市防灾减灾和台风预报等提供了坚实、有力的数据服务，是当地防灾、抗灾工作不可或缺的科技力量。其做法和经验对于我校西部科技创新港建设、公管学院的社科研究基地等智库建设和社会实验基地建设，都具有借鉴意义。

我所在的人口与发展研究所有着优良的社会担当传统，始终将学术研究和中国问题结合。将理论研究、机理研究、政策研究和治理实践有机结合，对公共政策分析理论与方法、性别失衡与社会可持续发展、农民工社会网络与社会融合、农户生计策略和环境保护、土地评价与管理、儿童出生登记、农村老年人生活福利等问题展开系列研究，特别是以性别失衡与社会可持续发展研究为基础，建立了世界上第一个改善女孩生存环境的实验区，直接促成国家级公共政策和战略行动“关爱女孩行动”。从研究所创始人蒋正华教授、朱楚珠教授，到现任所长李树茁教授，无不用行动和贡献诠释着这种担当和投入。“双一流”建设为研究所，特别是我在的研究方向发展提供了新的契机，我们将继承和发扬研究所的传统，为学院一流学科建设、为学校一流大学建设贡献自己的力量。

【人口与发展研究所简介】

西安交通大学人口与发展研究所成立于1984年，创始人和名誉所长是蒋正华和朱楚珠两位教授。研究所下设人口与社会政策研究中心（西安交通大学首批人文社会科学重点研究基地）、性别与发展研究中心、陕西省妇联妇女/性别研究与培训基地、老龄与健康研究中心、房地产研究所。2015年12月，作为主要成员单位之一，社会治理和社会政策协同创新研究中心正式获批陕西省哲学社会科学研究基地。目前团队以教育部“长江学者特聘教授”、国家“特支计划”（万人计划）哲学社会科学领军人才、复旦管理学杰出贡献奖获得者李树茁教授为学科带头人。有专任教师14名。团队包括长江学者特聘教授1人，长江学者讲座教授1人，4人入选教育部“新世纪人才计划”，4人入选陕西高校人文社科青年英才支持计划，4人入选西安交通大学“青年拔尖人才支持计划”。近年来，研究团队获得了国家社科基金重大项目3项，重点项目3项，国家自然科学基金和国家社会科学基金项目40余项，国际合作项目30余项。合作研究的6篇学术论文先后在国际顶级期刊美国《科学》《自然》和《美国科学院院刊》上发表。

对标中央精神
浅谈“双一流”与创新港

胡 二 江

胡二江，西安交通大学能动学院汽车工程系副教授，博士生导师。研究方向为发动机基础燃烧与燃烧调控。目前主持多项国家自然科学基金和省部级基金，在本领域相关方向的国际期刊发表SCI论文40余篇，个人H因子为17，ESI高被引论文3篇，SCI引用1000余次。获国家自然科学二等奖、教育部自然科学一等奖、中国内燃机学会史绍熙人才奖、中国动力工程学会首届青年科技奖、陕西省青年科技新星、全国百篇优博提名奖等科研奖励。

* 本文刊载于2017年11月18日交大新闻网。

建设“双一流”，是国家对中国高等教育作出的重大战略决策，将会大大提升中国高等教育的综合实力和国际竞争力，为实现“两个一百年”奋斗目标和中华民族伟大复兴的中国梦提供有力支撑。

我们要建设的世界一流，不是美国标准的一流，也不是欧洲标准的一流，一定是中国特色的世界一流，因此，建设“双一流”一定要高举中国特色社会主义这面旗帜。

十九大报告指出，“天宫、蛟龙、天眼、墨子、大飞机、超算等重大科技成果相继问世。”这些成果将助力“中国特色世界一流”为核心的世界一流大学、一流学科的建设，以中国研究型大学为代表的中国大学板块正在全球群体崛起。

十九大报告，可以聚焦到一个字，那就是“新”。第一个“新”首先体现在新时代，要开辟一个中国特色社会主义新时代；第二个“新”，就是新思想，习近平新时代中国特色社会主义思想；第三个“新”，是新征程，全面建设社会主义现代化国家新征程。

我们建设“双一流”，一定要牢牢领会这三个新的精神内涵。十九大报告将创新和教育作为全面建成社会主义现代化国家新征程的重要和关键的组成部分，强调教育事业放在优先的地位，加快教育现代化，办好人民满意的大学。报告还对高等院校和高等教育提出了更高的定位和要求，高等教育现代化是新时代的重要特征，同时也是基础性工程和引导性工程，因此高等院校应该在“双一流”建设中谋求更快的发展，在新征程中发挥更大的作用，在办好人民满意的教育中做好更好的表率。

谈到交大发展，六十一年前，交大积极响应国家战略，从徐家汇到兴庆宫，在西安这片土地上已经度过了一个甲子，铸就了“胸怀大局，无私奉献，弘扬传统，艰苦创业”的西迁精神，实现了我国高等教育事业战略布局的重大调整，造就了交大人国家使命担当的家国情怀。今天从兴庆宫到创新港，在新时代新思想的指导下，交大踏上新的征程，为国家高等教育改革探索创新样板，下一个甲子交大必定会在创新港这片土地上取得更大的辉煌。

中国西部科技创新港，就交大而言有两层积极意义。物质层面是西安交大再次解决了学校发展的物理空间不足，从上海徐汇校区的355亩，到西安兴庆校区的1200亩，再到创新港的5000亩，从历史的维度上看，每一次物理空间的大力拓展，都会为学校发展提供强大的助推力。精神层面是西安交大在学校面貌、发展思路、办学模式方面的全面变革，是学校办学思路形态方面的重大改革与进步。我们不能简单地将创新港理解为交大的新校区，它对学校发展所起的作用是战略性的，它是21世纪高等教育办学模式的新探索，它将突破“围墙内的校园”的办学模式，是对我国高等教育、科学研究和成果转化新模式的创新。

交大是交大人的交大，是陕西省的交大，是中国的交大，是世界的交大。交大在过去的时间能够保持国家重点实验室和国家三大奖的强势成果，完全证明了自身的硬实力水平。如今，通过中国西部科技创新港的建设，交大更加密切了与陕西省的关系，这个意义远大于物理空间的拓展。创新港更像是一个指向标，意味着交大以后一定会更多地融入区域经济发展中，与陕西同频共振，合拍共鸣，这种良性互动的建立将会是学校长久发展的重要助推力，也是实现交大“扎根西部，服务国家，世界一流”办学定位的重要基石。

十九大报告指出，我国已经进入了建设有中国特色社会主义的新时代，时代在变，形势在变，标准在变，因此我们的思路也一定要变，以创新港为契机，建设“双一流”正是适应了这种变化。西安交大人要既做历史的见证者、亲历者，也要做历史的参与者、奋斗者，通过“双一流”和创新港建设，交大一定会在人才培养、科学研究、社会服务、文化传承创新和国际交流合作方面保持领先，创造卓越成就，到

21世纪中叶，办成中国特色世界一流大学，在实现中华民族伟大复兴中国梦的征程中做出交大人无愧于新时代的新贡献。

【燃烧与喷雾研究团队简介】

燃烧与喷雾研究团队以内燃机、航空发动机、燃气轮机为研究背景，面向世界科技前沿和国家重大需求，在燃烧理论与实验、喷雾模型、发动机燃烧调控、污染物控制等方面开展了系统的研究工作。团队依托动力工程多相流国家重点实验室，拥有PLIF、PIV、PDIA等激光诊断设备、高速摄像机、热线风速仪等大型测试设备，建立了燃烧激光诊断、化学反应动力学、层流/湍流火焰动力学、喷雾与液滴碰撞、先进发动机燃烧调控、污染物机理及控制等实验平台。在燃烧学顶级期刊*Proceedings of the Combustion Institute*，*Combustion and Flame*和流体力学顶级期刊*Journal of Fluid Mechanics*等发表了多篇高水平论文，获国家自然科学二等奖、教育部自然科学一等奖和陕西省自然科学一等奖等科研奖励。

向西　向远方
创新　创一流

杨树森

杨树森，1984年10月生，陕西西安人，2013于英国帝国理工学院获取计算机专业博士学位，现任西安交通大学数学与统计学院教授、博士生导师，大数据算法与分析技术国家工程实验室软硬件支撑技术中心主任、国家“千人计划”青年学者，西安交通大学“青年拔尖人才（A类）”，英国帝国理工学院荣誉研究员，IEEE高级会员。

杨树森教授长期从事大数据与物联网方面的研究，包括分布式优化，边缘计算以及大数据分析算法。发表了*IEEE JSAC*、*TMC*、*INFOCOM*等一流期刊/会议在内论文50余篇。主持自然科学基金面上项目一项，作为核心成员参与了包括欧盟Horizon 2020、FP7，英国EPSRC、NERC，中国“863”计划等重大重点政府项目，以及美国Intel、日本NEC、美国IBM等公司自主的重大企业项目。

＊ 本文刊载于2017年11月19日交大新闻网。

2017年春，中国西部科技创新港开工建设，为我们播撒下希望的种子；2017年秋，伴随着创新港一座座楼宇封顶完工，我们收获了丰硕的果实——西安交通大学入选国家“双一流”大学A类建设高校。作为交大数学与统计学院的一名青年教师，我倍感自豪，也深知肩负的责任与使命。数学与统计学院在“双一流”建设中，创新思路、聚集精锐队伍，围绕大数据的核心基础问题展开系统研究，攻克大数据分析与处理的基础理论与核心技术，培养国家急需的大数据高级专业人才，为国家大数据战略实施以及各行各业大数据应用提供坚实的科学、技术与人才支撑。

“双一流”建设要服务国家战略

随着信息技术的发展，大数据已经成为经济社会发展的基本生产资料，大数据技术成为基本生产力，是新一代生产过程中的基本要素。自从美国政府实施“大数据研究与发展计划”以来，大数据浪潮席卷全球，许多发达国家已将大数据研究上升为国家意志，许多国际大型企业已将大数据研究作为推动企业创新、引领社会变革的核心动力。我国“十三五”规划纲要明确指出，要实施国家大数据战略，把大数据作为基础性战略资源，全面实施促进大数据发展行动，加快推动数据资源共享开放和开发应用，助力产业转型升级和社会治理创新。

“双一流”建设要聚焦科学前沿

大数据技术是正在成长中的技术，是当前数学和统计学科研究的热点问题。但大数据分析与处理技术尚未成熟，基础科学理论并没有建立起来，呈现出大数据应用倒逼基础理论和关键技术的状态。因此，我们将聚焦“支持大数据分析与理解的统计学基础和分析方法”“大数据分析与处理的新型统计计算模式与核心算法”和“基于大数据的科学发现及其方法论依据”这三个大数据科学本质问题，并且争取在大数据基础算法和大数据分析处理核心算法方面取得重大理论和关键技术突破；推出我国第一代大数据基础算法库及两类核心算法库，为大数据产业提供坚实的大数据科学理论与强大的大数据处理和分析算法支撑。

“双一流”建设要强化学科交叉

一流的学科建设从基础理论研究、创新技术研发、典型产业应用三个层面，重点开展涵盖数学与统计学、计算机科学与技术、管理科学与工程等领域的交叉研究，形成新的交叉学科方向。在数学与统计学领域，将重点解决“分析基础被破坏”“计算理论需革新”“真伪判定缺基础”这三个重大科学问题，为大数据应用提供坚实的科学理论支撑；在计算机科学与技术领域，将研发高可靠、高可扩展的新型分布式大数据计算模式与软件技术，并和物联网、云计算、人工智能等重要技术领域进行交叉融合和综合创新；在管理、金融、医学、工程等应用学科领域，将针对学科特色和垂直行业应用的具体需求，研发行业驱动的数据模型、应用算法和平台架构，致力于填补共性大数据技术和具体行业应用之间的鸿沟，使得大数据能在具体垂直行业中切实落地并深度融合，无缝渗入行业的各个环节，从而真正产生巨大的价值。

“双一流”建设要面向社会需求

数学与统计学科群在聚焦大数据基础理论和创新技术研究的同时，着力于面向社会需求，将研究成果向政府和企业应用转化，针对具体行业设计分布式大数据分析软硬件平台，为国家经济建设和社会发展的迫切需求提供有力的技术支撑。我们将选择医疗与公共健康、财政与税务、电力与公共服务、先进制造、教育资源共享等大数据应用领域，与企业深度合作，探索我国大数据技术研发与成果转化应用新模式，建立高校研究人才和企业专业技术人员联合技术攻关的新机制，推动产学研协同创新。

【团队简介】

杨树森教授团队成员分别来自数学与统计学院、电子与信息工程学院、软件学院，充分体现了大数据研究的学科交叉特色。

打破研究壁垒　贯通培养体系丰富创新港内涵建设

黄辰

黄辰，医学部环境与疾病相关基因教育部重点实验室，基础医学院遗传学与细胞生物学系，博士，教授，博士生导师。中华医学会陕西遗传学分会理事，中国遗传学会陕西分会副理事长，中华医学会优生学会基因诊断分会副理事长和陕西省基因组与人类健康学会副理事长。主持或参加的国家或省部级科研项目11项，发表论文200余篇，其中SCI收录论文100余篇、单篇引用170次，H因子为19，部分论文发表在*EBbioMedicine*、*Oncotarget*，*Molecular Cancer Research*，*BMC Cancer*，*CDD*和*ACS Appl Mater Interfaces*等期刊上；参编教材7部，独著和合著专著各1部，译著1部；参与获得陕西省教学成果一等奖两项，陕西省科学技术成果三等奖两项；获得发明专利6项；指导学生获得全国科技创新挑战杯二等奖1项。

* 本文刊载于2017年11月20日交大新闻网。

西安交通大学成功入选一流大学A类建设高校，8个学科成为一流建设学科，240天，中国西部科技创新港全面封顶，这一串串数字背后，凝聚的是西安交大人砥砺奋进的不竭动力，绘就的是西安交大站在第三个甲子起点上再腾飞的振奋蓝图。

西安交大医学部近年在国家自然科学基金、科技成果奖和科学论文发表等方面硕果频出，成为学校科研和教改的重要力量，尤其在心血管疾病、肿瘤、人群健康评价和公众营养、药物分析等方面已形成了相对有影响力的研究群，汇聚了一批具有国际视野的千人、杰青、青年千人等人才，多篇论文发表在*Nature medicine*，*Circulation*，*Circulation Research*，*Journal of the American Society of Nephrology*，*Cancer research*，*Hepatology* 等国际顶级期刊。

学科发展是一流大学建设的重要基础，而研究团队的整合与发展是学科发展的要素。我所在的医学部肿瘤研究小组，如何在创新港建设、"双一流"建设中借势发力，破茧成蝶？以下是我们的几点思考。

一、以狼道精神建设研究团队

狼道精神是一种团队合作、分工明确、不怕牺牲的合作精神，主要表现在积极、主动、热忱地参与学科发展，自信、执着、专注地开展科学研究，勇敢、沉着、冷静、克制地直面问题与困难，果决、机智、灵活地处理复杂事物。狼道团队的每一个成员具有目标明确、忠诚负责、严明纪律、自知之明以及团结协作等优良品质。

研究团队的领队应具有广阔的胸怀、敏锐的科学研究洞察能力、科学前沿的把握能力、扎实的理论与实践基础。广泛吸纳不同研究领域的研究人员，逐渐形成不同学科、技术兼容并蓄的研究队伍，建立生物医学大数据分析、血清蛋白组与糖组学研究与分析、高端生物医学研究技术（ChIP-seq或-PCR、RIP-seq或-PCR、表观遗传学分析技术、3C技术）等研究手段；以国际前沿科学问题为导向，确立精神应激与疾病（肿瘤与生殖障碍）、蛋白质和糖蛋白质组与生物标志物筛选、RNA结合蛋白与非编码RNA的网络调控、基因编辑与基因治疗等研究方向；建立良好的团队运行机制，确定团队成员的发展目标，调动一切资源促进年轻学者的发展。通过循序渐进的发展模式，开拓跳跃式发展的未来空间。

二、以阈值效应的团队意识建立科学研究发展观

阈值效应是指超越阈值、打破原有均衡引起的改变科学工作者的初心就是不断挑战未知领域，挖掘自然规律的本质，并将其应用于人类文明的发展。前一个成果是后一个研发的基础，后一个研发是前一个成果的升华，将科学研究求新的精神贯穿于整个科学研究过程，持续不断地获得幸福。以阈值效应作为科学研究发展观，根植于每一个团队成员的内心，成为科学研究的一种习惯，使永不满足成为团队成员追求更大幸福的动力。

医学部肿瘤研究小组以阈值效应为科学研究发展观，自2002年从零起步，通过十五年的建设，先后获得国家自然科学基金项目16项，博士后基金项目十余项，省部级项目十余项，获得国家发明专利6项，发表论文200余篇，其中SCI论文100余篇。在保证量的基础上实现质的飞跃已经成为每一个团队成员的追求目标。

三、以打破研究壁垒、夯实队伍建设、打通培养体系，丰富创新港内涵建设

创新港生物医学板块主要依托基础研究相关学院，虽然设置了医工交叉和临床转化两个相关的研究院，但绝大多数具有临床与科研经验的学者尚未纳入创新港学科建设中，导致临床与基础研究不能形成合力。因此，打通临床与基础在研究院建设中的壁垒，整合研究资源，可以提高相关学科的国际竞争力，加速相关学科的发展。同时在创新港建设过程中，应以学科平台建设为抓手，建立共享的学科或学院基

础研究平台。打通人才培养体系，提升人才创新能力，学生在本科生阶段已经参与研究组的研究工作，并成为研究生的重要生源。建立高年级学生创新港科研实习机制，为本科与研究生教育的衔接培养提供保障。

【医学部肿瘤研究小组简介】

肿瘤研究团队研究人员16人，其中教授1人，副教授4人，讲师7人，科研博士后2人，高级实验师2人，实验师1人。研究方向：精神应激与疾病的发生机制（肿瘤与生殖障碍、蛋白质和糖蛋白质组与生物标志物筛选、RNA结合蛋白与非编码RNA的网络调控、基因编辑与基因治疗。自2002年初创至今，先后获得国家自然科学基金（包括中加国际合作项目）16项，博士后基金项目十余项，省部级项目十余项。发表论文200余篇，其中SCI收录论文100余篇，参与陕西省教学成果奖一等奖两项。承担本科生细胞生物学、遗传学、生长发育区段PBL以及研究生分子细胞生物学和遗传学的课程。

大学文化建设的新启航

王 嘉 新

王嘉新，男，1987年出生，哲学博士，国际马克斯·舍勒学会会员，毕业于德国弗莱堡大学哲学系胡塞尔档案馆，师从现象学解释学家Hans-Helmuth Gander教授，研究领域为现象学、当代欧陆哲学、中西比较哲学，在《中国现象学与哲学评论》和*Thaumàzein*：*Rivista di Filosofia*等期刊发表论文数篇。

* 本文刊载于2017年11月21日交大新闻网。

大学有其精神生命与品格。创新港和“双一流”建设，是交大人反思自身深厚传统，在新起点上定义自身文化内涵的宝贵机遇。作为西部高教发展的里程碑，创新港建设不仅是交通大学在物理时空上的延展，更应被看作交通大学精神跃升的契机。不难发现，交大在过去深刻诠释了服务国家与扎根西部，现在摆在我们面前的问题则是：如何借力“双一流”和创新港，迈入世界一流大学的行列？毫不夸张地说，创新港文化如何塑造的问题，等同于交大人如何理解世界一流大学的问题。

大学文化是改变现实的力量

习总书记提出，要坚持中国特色社会主义的“四个自信”，尤其是“文化自信”。相对于理论自信、制度自信和道路自信，文化自信是“更基础、更广泛、更深厚的自信”。习总书记提出的文化自信，并不是给我们现成的文化样板，让我们照本宣科。毋宁说，“文化自信”给我们指明了开拓的方向，提出了亟待解决的问题。

世界一流大学的文化建设有标准，但是没有模板。我们可以借鉴欧美名校高效的经验，但是不能复制任何一所名校的精神品格。“双一流”和创新港建设要求我们去想象一种新交大的文化。坚持文化自信，就是要求我们敢于去想象中国西部科学人文精神的新空间、新高地的模样。在哲学研究领域，重大理论课题俯拾皆是：面对文理学科划分的流俗观点和跨学科研究的要求，哲学应当致力于揭示各学科间的内在关联，我们需要回溯洪堡对研究型大学的主张，需要关心狄尔泰对精神科学与自然科学关系的论述，需要思考MIT、ETH Zürich等多学科齐头并进的知名高校背后守持的科学理念；面对“一带一路”建设，哲学有义务在思想层面，拒绝欧洲中心主义，辩护和发展平等的跨文化理论、全球正义理论，使中国主张和新殖民主义彻底划清界限；面对眼前人工智能大潮，哲学对人类心灵（认知）结构的长久探索积累的成果，应当与当前对人工智能的研究积极对接，提供定性的概念思考方面的支持。诸如此类问题，涉及的绝不仅仅是空洞的人文关怀，而是棘手的现实难题。积极地说，这些问题指出了广阔的探索空间、蕴藏着理论研究的富矿。如果我们在中国思想传统和西方哲学思想中吸收相应的理论资源，以回答这些迫切的问题，那么，创新港的哲学文化就能生根发芽，就能展现出改变现实的巨大能量。

大学的文化空间是知识空间

我们生活的世界中有许多文化传统、潮流、以及难以归类的文化要素，但是大学文化并不泛泛地与所有这些文化内容有关。一流大学的文化，既非大楼，也非大师，而在于这所大学对纯粹知识品格的长久坚持。我们都知道，文化不应该是物理空间的点缀，也不能称为流行噱头的炒作，但是我们似乎也不肯定当从何处来“建设”大学文化。笔者认为，严肃对待科学研究的科学性，尊重知识价值的崇高性，是建设大学文化的唯一途径和唯一标准。创新港的文化建设要扎根于大学的知识本质。老交大的精神之所以彪炳中国高教史，在于其唯以研究需要为需要，唯以知识创新为创新。

大道至简。在创新港建设中，我们要执拗地践行交大的知识品格。同时也要看到，这种践行要求我们不断加深对“知识”本身的理解。知识不只是证实了的结果，而是人类的科学探索活动本身，是人类活动中独特的一种。（在德文中可以看得更清楚，知识“Wissen”是动词，也可作名词，而知识活动的本性就是科学“Wissenschaft”）流行的观点认为：知识是知识，其对象是自然世界，因而是客观的；而文化的对象是人的思想，因而是主观的。两者似乎毫不相干。这种观点同时扭曲了文化和知识的意义。交大的精神楷模钱学森先生，完美地诠释了知识活动和文化品格的统一关系。无论对自然界的研究（自然科学），对人类心灵的研究（人文科学），还是对人的社会关联的研究（社会科学），都无差别地统一于人类主体的知识活动。因此，创新港的文化建设，根本上是知识空间的建设。创新港的文化建设，就是要给知识主体（教师和学生）提供充足的空间，自由地展开前沿探索。过去，救亡图存和改善民生，要求我们迅速补上与发达国家的技术差距，因而使得我们过于注重知识的效用。而十九大报告的论断指出，中国已经进入了建设社会主义的新时代，只有空前宽广的知识兴趣和细致深入的研究活动才能支撑我们在新时代对未来生活的想象，才能帮助我们在思想与科技上从跟随者转变为引领者。遥远星空的物质世界、困扰人类发展的技术瓶颈、艰涩聱牙的经典文本，都应该成为创新港文化建设的抓手。

文化无法营造，但是文化氛围可以

就有限的观察，我们可以说一流大学文化的外在形象应该是开放包容的。

首先，一流大学一方面要服务于所在国家和所属民族利益，另一方面则要对人类知识共同体做出贡献。两者不仅不矛盾，而且互为支持。创新港的建设为吸引国际国内优秀学者常驻提供了更好的条件。积极开展国际交流，深入学术前沿信息交换，可以帮助我们迅速提升具体学科的研究水平。

其次，以科研主体为主体，以科研主体的审美为审美。教学与科研关系如何处理，是个伪命题。教学是科研活动的自然延伸。没有真正的科研推进，空谈教学技法毫无意义。创新港虽然承担新校区的功能，但是文化底色应当是前沿研究。因此，从文化印象营造的角度，应该突出跨学科研究共同体的色彩，淡化学校院系管理的色彩，淡化处理学校院系名称，突出作为文化品牌的校徽等精神标记。

再次，所有到创新港的人首先感受到的是图书馆、餐厅、研讨室、咖啡馆、体育场所。创新港的姿态应该是开放的好客的。尽可能消除不必要的门禁，设置足够多的服务设施，有助于把创新港建设成优美舒适的学术空间。

爱因斯坦这样说过：“我们所能有的最美好的经验是奥秘的经验。它是坚守在真正艺术和真正科学发源地上的基本感情。谁要体验不到它，谁要是不再有好奇心，也不再有惊讶的感觉，谁就无异于行尸走肉，他的眼睛便是模糊不清的。”作为一名交大的普通教员，我希望未来的创新港，是惊异于奥秘，并乐于探索奥秘的学者家园，并且祝愿创新港在不久的未来因此受人尊重和瞩目。

【团队简介】

西安交通大学人文学院哲学系外国哲学团队，研究方向为当代欧陆哲学（现象学），认知科学哲学以及逻辑学、文化哲学，目前研究的论题有：触觉在中西视阈中的哲学价值、当代行动哲学与现象学的集体意向理论、科学知识的分配正义、基于行动的认知理论、认知运气等问题。在《哲学研究》《自然辩证法研究》等期刊发表论文数十篇。

以“双一流”为契机，创新推动重点马克思主义学院建设

刘儒

刘儒，经济学博士，西安交通大学教授，博士生导师，陕西省“三秦学者”，陕西理工大学“汉江学者”特聘教授，陕西省区域经济学会副会长，西安交通大学马克思主义学院副院长。主要从事理论经济学和马克思主义基本理论教学和科研工作。主持多项国家社科基金重点项目、教育部人文社科基金项目以及省部级科研项目，出版多部专著和教材。曾获西安交大第四届青年教师授课竞赛一等奖、陕西省“两课”教师授课观摩二等奖、“学生心目中的优秀教师”、2013年王宽诚育才奖、2017年宝钢优秀教师奖等荣誉。

* 本文刊载于2017年11月22日交大新闻网。

建设世界一流大学和一流学科是党中央、国务院在我国高等教育发展处在重大转折关头做出的重大战略决策，对于提升我国教育发展水平、创新人才培养模式，提高人才培养质量，增强国家核心竞争力，推动我国全面跻身高等教育强国行列具有十分重要的现实意义和历史意义。西安交大入选国家一流大学A类建设高校名单，这是学校向建设中国特色世界知名高水平大学迈出的坚实步伐，全校广大师生为之振奋，深受鼓舞。

马克思主义学院是新形势下深入推进理论工作的“四大平台”之一。长期以来，学校拥有高度重视马克思主义理论学科建设和思想政治理论课课程建设的优良传统。2017年，马克思主义学院入选第二批全国重点马克思主义学院。马克思主义学院一直是马克思主义教育教学、科学研究和理论宣传的西部重镇。在迈向“双一流”、建设中国西部科技创新港的交大新征程中，马克思主义学院和马克思主义理论学科迎来了发展机遇与环境。同时，马克思主义学院建设和马克思主义理论学科发展也将面临新的更高的要求。关于建强建优马克思主义理论学科建设，浅谈以下思考：

一是扎实推进学科建设，提升学科核心竞争力。进一步重视马克思主义理论学科的建设工作，推动当代中国马克思主义和21世纪马克思主义的理论研究，打造一流的马克思主义理论学科。以“思想建设工程、学术繁荣工程、文化引领工程”为基础，明确优势学科的建设方向，为国家、民族丰富先进思想提供创造力。进一步整合力量、加大投入、完善措施，确保重点学科方向在全国高校中保持优势地位。

二是以四个二级学科为重点，推进学科整体布局。进一步加大力度，重点建设和发展马克思主义基本原理、马克思主义中国化研究、思想政治教育、中国近现代史基本问题等学科，加快建设和发展马克思主义发展史、国外马克思主义等学科，以二级学科支撑一级学科建设，提升学科整体实力。

三是夯实马克思主义理论研究基础，推进学科内涵发展。深耕马克思主义经典理论与中国实际结合的沃土，夯实马克思主义理论基础研究。以“陕西红色文化”与“延安精神”研究为牵引，突出马克思主义理论特色研究。大力开展中国特色社会主义政治经济学、“一带一路”倡议等研究，做好马克思主义理论现实问题的研究工作。

四是举办具有影响力的学术会议。每年定期举办全国性或区域性的马克思主义学术论坛，提高学院的学术影响力。加强与国外研究机构的学术交流与合作，召开国际学术会议，提高中国马克思主义学术研究的国际影响力。持续办好学校马克思主义理论学科交叉论坛、北斗论坛、马列读书社，为学科交流、学术交流提供平台。

新时代要有新气象，新使命要有新作为。马克思主义学院师生将更加紧密地团结在以习近平同志为核心的党中央周围，深入学习贯彻习近平新时代中国特色社会主义思想，在学校党委的领导下，凝聚全院师生之力之智，以“双一流”建设为契机，依托中国西部科技创新港，全面推动学校马克思主义学院建设和马克思主义理论发展驶入快车道。

【团队简介】

中国特色社会主义政治经济学研究团队以刘儒教授为带头人。研究团队主要从事马克思主义政治经济学和中国特色社会主义政治经济学的教育教学、科学研究、人才培养和社会服务工作。刘儒教授带领研究团队围绕马克思主义政治经济学和中国特色社会主义政治经济学以及重大理论与现实问题深入展开研究活动，承担多项国家级和省部级研究项目。长期以来，团队坚持引导学生运用马克思主义政治经济学研究方法分析问题和解决问题，不断提高人才培养质量。

以“精准”着力助推交大速度

王立剑

王立剑，西安交通大学公管学院党委副书记、社会保障系副教授，陕西高校人文社会科学青年英才支持计划入选者。主要研究方向为社会保障理论与政策，研究成果两次得到教育部采纳并通报表扬。

* 本文刊载于2017年11月23日交大新闻网。

“精准”是公共政策提效之利器。2013年11月，习近平总书记在湖南湘西考察时，首次提出“精准扶贫”的重要思想，成为破解困扰中国，乃至全世界贫困治理难题的中国智慧与中国方案。在“2015减贫与发展高层论坛”上，习近平总书记发表题为《携手消除贫困，促进共同发展》的主旨演讲，更是把精准扶贫作为我国贫困治理的典型经验，开启参与国际社会治理的扶贫“外交”之路。2017年的“726”讲话，精准扶贫被作为三个攻坚战之一，再次特别强调、特殊谋划。在这样的背景下，作为社会保障专业的教师，我们瞄准国家重大战略需求，于2016、2017连续两年，深入中西部农村地区，从农村致贫因素、精准扶贫现状到精准扶贫政策实施的过程质量，开展社会调查；在社会调查中，我的最大收获不仅仅是在精准扶贫的研究上，更是体会到“精准”在公共政策过程中的分量：凡事精准则事半功倍，粗放则事倍功半。

“双一流”是一项公共政策。从公共产品与国家职能的视角来看，现阶段的高等教育还不完全具备公共产品的特征，归属于准公共产品，可以由国家提供、市场提供或混合提供；但是，“双一流”这一准公共产品作为激发教育红利的国之重器，是向经济、社会供给高层次人力资源要素和科技创新要素的关键性主体，应当由国家投入进行建设，且必须纳入公共议程，成为公共政策。西安交通大学作为一流大学A类建设高校，能否在“双一流”建设时体现交大速度，贵在精准、重在精准、成败之举在于精准：

一是建设对象精准，即通过目标层层分解的方式将真正能够投入“双一流”建设中的人准确识别出来。“人”是“双一流”建设的关键要素，要让所有交大人在同一时点都站在“双一流”建设的轨道上是有难度的，也是不现实的；要从人的存量中，迅速识别出首批关键少数，进而有梯度、分步骤带动大多数；在人才增量中，按照目标导向与进入门槛，确保全部增量都是“双一流”建设的中坚力量。

二是项目安排精准，即因学科因团队制宜，根据学科、团队发展的实际需要，在精准识别学科、团队发展瓶颈的基础上有针对性地实行项目安排。一般来说，学科、团队在对标世界一流时，瓶颈与短板是多个因素综合的结果，我们的“双一流”建设项目落实到学科、团队也必须是综合的，但在综合中做到有重点，并且长期和短期项目相结合施行。

三是资金使用精准，即保障每一个建设项目有资金支持，资金跟着项目走。这就需要改革“双一流”建设资金管理体制，并且进一步加强资金整合力度。对于识别出的建设对象、对于确定的建设项目、对于决心为“双一流”出力的个人或团队，要千方百计、200%确保资金到位，并且给予使用上的自主权，提高资金使用的针对性和效果。

四是措施到人精准，即解决“双一流”建设项目到不了人、找不到人、到人效率差的问题。应当在学校、学院层面重点探索和建立如何将人纳入“双一流”建设的联动链条中，限期实行基层科研组织改革，鼓励市场机制作用下的人以群分，采用差异化的扶助措施，独辟蹊径、错位发展，做到人无我有、人有我优、人优我特。

五是因院派驻精准，即增强院级实施“双一流”建设的能力。由于院级工作头绪多、任务繁重，加上大量教师面临考核、晋升压力，各项“双一流”建设任务的分配难度大，关键少数的带动效果短期内难以提高。建议选择试点学院通过选派第一书记和驻院工作队的方式，短期内迅速厘清“双一流”建设的各项工作，协助解决矛盾、开展有效监督。

六是建设成效精准，即使“双一流”建设成果真实可靠，各项工作具有可持续性。“双一流”建设需要进一步制定明确的标准，并组织动态监测、分析和评价，确保“双一流”建设工作收到实效；每年应当依据上一年度考核结果，确定下一年度资源分配，树立以贡献求资源意识。

在学校建设“双一流”的征程中，每一个学科都应当行动起来。我所在的社会保障学科是与“人民群众的八个期盼”关系最紧密的学科，入选了陕西高校“一流专业”培育项目。我们的“一流”，不仅仅是要在师资队伍、人才培养、科学研究上发力，更要紧紧围绕中国特色的民生事业，在精准服务于社会发展需求上体现交大特色。就我个人而言，要为一流社保、一流交大贡献力量，就要在工作中坚持三个导向：一是坚持问题导向。紧紧围绕事关国计民生的重大问题，开展前瞻性、针对性、储备性政策研究，根据“人民群众的八个期盼”发展实际情况精准实策，着力提高综合研判能力。二是坚持实践导向。没有调查就没有发言权，同样没有调查也没有建议权。在今后的工作中必须走出书斋，到一线上、实践中和生活中深入地开展调查研究，全面掌握现实情况，只有这样才能提出科学合理的决策建议。三是坚持实效导向。要以严的精神、实的态度，谋划具体项目，产出具有标志性和显示度的成果；依靠团队合作才有生机和活力，合作才能走向深入和持久。

做对的事情比把事情做对更重要。习近平总书记在全国高校思想政治工作会上多次强调“为谁培养人”的重要性。“双一流”建设不能简单对标国际标准，还要考虑“双一流”建设中产出的人才，是不是为人民服务，是不是为中国共产党治国理政服务，是不是为巩固和发展中国特色社会主义制度服务，是不是为改革开放和社会主义现代化建设服务，是不是听党的话，是不是把实现中华民族伟大复兴作为奋斗目标，等等。所以“双一流”建设，需要精准发力，也需要保驾护航。

【西安交通大学国家社科基金决策咨询点团队简介】

国家社科基金决策咨询点（13JCD014）现有教师11人，其中教授3人，副教授6人，讲师2人；研究生40余人。首席专家为我国社会保障领域著名学者张思锋教授。2013年以来，团队成员围绕“社会保障制度完善与政策创新”开展理论研究和政策实践工作，主持国家社科基金重大项目、重点项目、面上项目等国家级项目16项，省部级科研项目40余项，各级政府委托课题30余项，获省部级及以上科研奖励20余次，出版论文、专著300余篇、部，十余篇成果要报被全国哲学社会科学规划办公室主办的《成果要报》、教育部社科司主办的《高校智库专刊》刊发，并得到有关领导和部门重视；《中国劳动保障报》《科学时报》《陕西日报》《中国组织人事报》以及人民网等国内主流媒体多次刊发团队成员的主要观点。

秉承科学精神、文化内涵和家国情怀

苏金远

苏金远，西安交通大学法学博士，加拿大麦吉尔大学博士后。现任西安交通大学法学院研究员、博士生导师、院长助理，兼任中国空间法学会理事、世界经济论坛全球未来理事会理事。主要从事"新疆域"的国际治理研究，研究成果见于*International & Comparative Law Quarterly*，*Chinese Journal of International Law*，*Asian Journal of International Law*等国际法期刊，主持国家社科基金、外交部、国家海洋局研究课题多项。

* 本文刊载于2017年11月25日交大新闻网。

2017年9月21日，西安交大入选一流大学A类建设高校名单，8个学科入选一流学科建设名单。“双一流”建设为交大回顾和总结120余年办学历程，早日实现建设中国特色世界一流研究性大学目标提供契机。如火如荼进行中的中国西部科技创新港建设则是助力学校“双一流”建设的重要引擎。建设“双一流”和创新港，离不开科学精神、文化内涵和家国情怀。

建设“双一流”和创新港，离不开科学精神

“双一流”建设是党中央、国务院作出的重大战略决策，其五大建设任务是建设一流师资队伍，培养拔尖创新人才，提升科学研究水平，传承创新优秀文化，着力推进成果转化。创新港是陕西省和西安交大落实“一带一路”、创新驱动及西部大开发三大国家战略的重要平台，其建设初衷与“双一流”建设目标高度契合。要圆满完成“双一流”建设任务，顺利达到创新港建设初衷，尤其是推动科技创新和成果转化，离不开科学精神。

科学精神是科学实践活动中形成的共同信念、价值标准和行为规范的总称，包含求真求实、探索创新、协作开放等丰富内涵。科学精神是交大人的优良品质之一。建校120多年来，交大人秉承兴学强国、艰苦创业、崇德尚实、严谨治学的优良传统，为各行各业输送了大批享有良好声誉的领军人才和技术骨干，创造出大量领先国内，甚至国际水平的研究成果。纵然社会瞬息万变，西安交大一直葆有质朴的科学精神，并持续将其发扬光大。2017年5月，教育部完成对西安交大本科教学工作的评估，称“西安交大是一个能在浮躁世界中放下一张平静书桌的地方”，是对学校严谨治学氛围的客观素描。

创新港的设计规划理念是交大人科学精神的延续。未来的创新港将是“校区、园区、社区”三位一体的创新体、技术与服务的结合体、科技与产业的融合体。得此良机，发扬科学精神，交大人必将能够培养出更优秀的创新人才，取得更先进的科研成果，为国家经济社会发

展提供更优质的服务。

建设“双一流”和创新港，离不开文化内涵

党的十九大报告指出，坚定文化自信，推动社会主义文化繁荣兴盛是中华民族伟大复兴的重要方面。传承创新文化是“双一流”建设的五大建设任务之一。这不仅要求大学将文化作为一个客体来继承、发展和传播，而且要求我们将文化作为日常工作生活的重要组成部分渗透至教书育人、科学研究、校园生活的各个角落。

科学精神与文化素养本来就是相辅相成的，二者完全可以互相融合，甚至互相启迪，催生更加先进的科技成果、更加丰富的文化成果。创新港建设不仅是科技成果的转孵化器，而且还承担人才培养的重任。从这个意义上说，重视文化内涵在创新港建设中显得更加重要。文化建设在创新港建设中的重要性显然已经得到初步重视，未来创新港将涵盖理、工、医、社科四大方向，近日众多专家学者还专门就创新港道路楼宇命名及创新港文化建设献言献策。建设一个富有人文气息的智慧学镇，需要我们加强探讨落实创新港的文化建设。

面向未来，创新港文化建设要同时重视文化空间建设与文化内容建设，大礼堂和艺术馆离不开常态化的文艺演出和作品展；要同时重视文化传承与文化创新，华阴老腔与现代摇滚的结合将迸发出耀眼的艺术火花；要同时重视阳春白雪与下里巴人，既要提供高雅的文化“盛宴”，也要提供通俗易懂的，甚至可供大众参与的文化“家常菜”。

建设“双一流”和创新港，离不开家国情怀

我国发展正处于重要的战略机遇期。习近平总书记指出，我们比任何时期都更接近中华民族伟大复兴的目标。党的十九大报告为决胜全面建成小康社会，夺取新时代中国特色社会主义伟大胜利指明了道路。建设“双一流”和创新港是交大人参与民族复兴伟业的具体方式，这离不开家国情怀。

科技、人才、教育、文化是国家竞争力的核心。“双一流”建设将推动高新科技发展、优秀人才培养、教育水平提升、文化传承创新，不仅有助于实现我国从高等教育大国到高等教育强国的历史性跨越，而且可以推动国家竞争力的全面提升，以及中华民族伟大复兴目标早日实现。交大长期关注国家和地方重大需求，依托学科与人才优势，积极主动为国家和地方的经济和社会发展提供支撑。由省部共建的创新港就是落实国家战略的重要平台，是探索现代大学与社会发展相融合的新尝试。

当前，国际国内形势正发生深刻变化，大学学习与研究工作与社会运用联系愈加紧密。在一定程度上，大学并不是纯粹的“象牙塔”。交大人建设“双一流”和创新港，是立足西部、心系国家、放眼世界。这要求我们处理好个人利益与集体利益的关系，以及家庭义务与工作投入的关系；要求我们既关注国家重大战略需求，也关注地方经济社会发展需求；要求我们既要以民族复兴和维护国家利益为己任，也要为人类共同进步贡献中国智慧。

【丝绸之路国际法与比较法研究所简介】

西安交通大学丝绸之路国际法与比较法研究所成立于2006年，以“推动世界法治”为己任，致力于营造“创新、卓越、开放、和谐”的研究环境。研究所在国际投资法、国际贸易法、国际商法、能源资源环境法及外层空间法等领域中某些方面的研究已经形成重要的国际影响力。

交大文化引领“智慧学镇”内涵发展

刘占虎

刘占虎，男，法学博士，博士后，西安交通大学马克思主义学院副教授，加拿大萨斯喀彻温大学（University of Saskatchewan）社会学系访问教授，陕西省“长安讲坛”主讲人，“两学一做”学习教育校内宣讲团成员。主要从事马克思主义基础理论、政治哲学研究。主持国家社会科学基金青年项目、中国博士后科学基金特别资助和面上一等项目等。参著2部，独立在《马克思主义与现实》《教学与研究》等发表学术论文30余篇，其中CSSCI论文20余篇，获陕西省高等学校思想政治教育研究成果二等奖，西安市第九次社会科学优秀成果三等奖等。

* 本文刊载于2017年11月26日交大新闻网。

文化是一个国家、一个民族的灵魂，也是“一流大学”最为显著的精神品格。文化兴国运兴，文化强民族强。没有高度的文化自信，没有文化的繁荣兴盛，就没有中华民族伟大复兴。建设“双一流”，同样需要大学文化的繁荣兴盛。西安交大在120多年的办学历程中形成的兴学强国、艰苦创业、崇德尚实、严谨治学的优良传统和爱国爱校、饮水思源的文化品格，为促进“智慧学镇”内涵发展，实现建设“双一流”目标提供有力的内在支撑。

秉持天地交而万物通的求是品格，涵泳精勤求学

“交通”二字有着独特的文化寓意和价值追求，交通大学在建校伊始就富含着特定的文化元素，一以贯之构成“交大人”的内在品格和精神风貌，在“兴学强国”“以文化人”的办学实践中形成“交大文化”。这种文化体现在“交大人”的身上，就是始终秉持与天地交而万物通的求是品格，老师潜心问道，学生精勤求学。

大学的成就在于人，区分大学的标识也在于人。之所以说有“交大人”的地方就能看到“交大”，就是因为“交大人”的品格代表着这一大学的内在精神和文化标识。清华老校长梅贻琦曾深刻地指出：“大学者，非谓有大楼之谓也，有大师之谓也。”大学之“大”，在于格局“大”、学问“大”、贡献“大”，故而要有“天地交而万物通”的博达情怀，以探索自然—社会—人类存在之规律，以科学力量促进人全面发展和社会整体进步。

实现“双一流”的奋斗目标，需要“交大人”继续秉持与天地交而万物通的求是品格，求天地之理，通古今之变，做出新时代的“交大贡献”。新时代的西安交大，薪火相传，着力打造中国西部科技创新港这一“智慧学镇”，致力于培养崇尚科学、求实创新、勤奋踏实、富有社会责任感和高尚品质的杰出人才，通过保存、创造和传播知识，为中国，乃至世界科技进步、社会发展和人类文明做出重要贡献。正是这一精神品格，涵泳精勤求学，将“交大人”的“初心”与“交大

梦”有机地贯通起来，努力建成“大师名流荟萃、莘莘学子神往、栋梁之材辈出、国际影响显著”的世界一流研究型大学。

传承扎根西部为国家的担当品格，砥砺忠恕任事

文化是在历史传承和时代实践的基础上形成的，繁荣大学文化同样是以历史积淀为依托。记得在建校120周年暨迁校60周年的校庆活动之际，“风云两甲子，弦歌三世纪”这句话时常映入眼帘，默默牵引出“交大人”的历史情怀，以及从历史走向未来的发展信念。

交通大学的发展，始终与国家和民族的命运紧紧联系在一起。这种联系，是靠“交大人”紧扣时代脉搏一步一个脚印奠基的。曾几何时，我们循着“西迁纪念馆”的图文真迹，静静踱步，抚今追昔，深刻体悟到：理解了“交通大学史”，也就能更好地理解近代中国和新中国的历史，体会到“扎根西部，服务国家，世界一流”的发展定位背后的担当品格。国家有使命，大学需担当，交大能任事。在“双甲子”校庆之际，“交大人”没有躺在既有的“功劳簿”上，而是明确“传承·创新·奋斗·攀登”的主题，以担当务实的姿态将纪念历史的真谛转化为“再出发”——建设世界一流大学——的“誓师动员大会”。

扎根西部，一路向西，是一种服务国家战略的担当，也是一种引领未来高等教育发展的理念。在几十年的奋斗征程中，扎根西部的西安交大人，形成“胸怀大局，无私奉献，弘扬传统，艰苦创业”的“西迁精神”，书写了交大办学历史上的光辉篇章，也为今后的发展留下了极为宝贵的精神财富。在“双甲子”的历史基点上，西安交大继续秉持“西迁精神”，砥砺忠恕任事，一路向西，以新的历史担当启动打造“智慧学镇”的“二次创业”，着力探索21世纪现代大学与社会发展相融合的新模式、新形态和新经验，引领和带动整个西部地区的高等教育，乃至未来整个国家教育的蓬勃发展。

弘扬汉唐底蕴传薪火的创业品格，奠基振兴伟业

文化在“薪火相传”中实现创新发展，既有的文化底蕴是“扬弃开新”的基础。交大“西迁”西安，扎根三秦大地的文化沃土，无意间实现了“上承”中华文化底蕴，“下启”改革发展时代精神的时空贯通，在时代创业中奠基民族振兴伟业。

汉唐盛世，繁荣气象，标志着古代中国曾位居于世界舞台的中央，创造并引领了农业文明时代的发展愿景，“汉唐文化”也构成中华民族伟大复兴“中国梦”的历史镜鉴。交大“西迁”西安，所扎根落脚的，不仅是位于“内地中心”的空间场域，更是汉唐文化底蕴的时空场域。地域文化塑造着大学品格，大学品格反过来也塑造着地域文化。西安交大以更贴近历史资源的优势，既担负着通过“与天地交”探寻现代科学的使命，也担负着通过“与上下交”传承中华优秀文化的使命。无论是“双一流”的建设目标，还是实现国家富强、人民幸福、民族振兴的中国梦，都需要善于从既有文化底蕴中萃取出引领时代发展的优势资源，构成新时代西安交大办学特色和独特品格的内在支撑。

革命圣地，红色延安，标志着新中国从艰苦创业中走来的重要起点，创造并引领了中华民族“站起来”“富起来”“强起来”的时代征程，形成于这一时空场域的“延安精神”也构成当代“中国精神”的重要支撑。在延安十三年，是中国共产党及其领导的新民主主义革命由小变大、由弱变强、不断走向胜利的辉煌时期，是开启“新中国”创业史的生动实践。“西迁精神”与“延安精神”一脉相承，相互辉映，集中体现了中国共产党人建设新时代的创业品格，体现了西安交大人辛勤劳动、艰苦奋斗，积极投身于社会主义建设事业，建设中国特色社会主义大学的创业品格。新时期的“交大人”自觉做“延安精神”与“西迁精神”的传承者和践行者，为落实“一带一路”、创新驱动及西部大开发三大国家战略，旨在把中国西部科技创新港打造为“国家使命担当、全球科教高地、服务陕西引擎、创新驱动平台、智慧学镇示范”。

彰显理工医人文社科综合发展的创新品格，开启智慧学镇

文化是在交融互鉴中形成其内在品格的，构成元素的丰富性是其创新品格的重要体现。大学文化在丰富性的基础上彰显出其独特性。传统交大以理工见长，形成了“科技兴国”的办学特色。如今的西安交大以“智慧学镇”开启升级版的创新发展平台，促进理、工、医、人文社科“四足鼎立”协调发展，在建设综合性大学中形成新的办学特色。

“科学”与“技术”相互支撑发展，是解决物质生产力的核心枢机，是人们“认识世界”和“改造世界”的对象化进路。科技兴校，科技兴国，作为支撑国家现代化建设的硬实力，在实现中国人“站起来”和“富起来”中发挥着奠定作用。取其利而首肯之，但不因彰显而避其害。坚持“科学精神”，不等于导向极端的“科学主义”。弘扬“工匠精神”，也不等于导向庸俗的“实用主义”。时代发展表明：紧扣“人”本身的人文精神和人文关怀是实现“科学”与“技术”相互支撑发展的灵魂命脉。在学校建设“双一流”进程中，注重科技创新中的人文因素，有助于以科学的姿态追求真理，有利于释放现代科技力量的整体效益。

“科学”—“技术”—“人文”相互支撑发展，是整体探析人类社会“物质变换”之科学性和持续性的核心枢机，是新时代实现“人民日益增长的美好生活需要”的整体进路。人文社会科学在实现“富起来”和“强起来”中将发挥着“强基固本”和“思想引领”的作用。一般而言，理、工、医、人文社科各有其特定的研究对象、学科规律、评价标准，按照学科自身规律发展是“和而不同”的创新要求。在建设“双一流”的制度设计中，尽量规避因历史惯性而导向教条主义的“一头倒”和“一刀切”。在“双甲子”之际，学校启动的“思想交大”和“人文交大”建设的文化引智工程，为西安交大建成“双一流”提供有力的文化支撑。当前，学校正在以“交大速度”建设中的中国西

部科技创新港，坚持理、工、医、人文社科协同推进的整体布局，在深化内涵发展的同时，进一步激活和释放“智慧学镇”的“吞”（积极借鉴国外先进经验，整合全球创新资源，引进国际高端技术，吸引海外科技人才）“吐”（发挥创新港自主创新能力，将优质的创新成果与高素质的科技人才推向社会）能力，做出新时代“交大人”应有的“交大贡献”。

【马克思主义与社会发展研究所简介】

马克思主义与社会发展研究所成立于2015年，承担本科生马克思主义发展史，硕士生马克思主义与社会科学方法论，博士生中国马克思主义与当代等教学工作，设有“马克思主义发展史”“马克思主义与社会工程”硕士和博士点。目前团队有国务院特殊津贴专家1名，教育部马克思主义建设工程专家1名，教育部思政课教指委研究生分教指委副主任委员1名，“三秦学者”1名，担任《马克思主义理论学科研究》《思想理论教育导刊》编委，获“全国宝钢教育优秀教师奖”“全国高校思想政治理论课教师2014年度影响力人物”等。近年来，主持国家社科基金重点项目等4项，省部级项目13项，出版专著14部，在《中国社会科学》《哲学研究》《马克思主义研究》《教学与研究》《光明日报》等发表论文100多篇，获省部级科研奖励十余项。

从查找短板与不足中找出弯道超车的动力与机遇

龚怡宏

龚怡宏，西安交大电信学院特聘教授，博导，中组部“千人计划”教授，IEEE Fellow，国家“973”项目首席科学家，视觉信息处理国家工程实验室副主任及首席科学家。龚怡宏教授主要研究领域包括机器学习、模式识别及多媒体信息处理，至今出版英文专著2部，在国际知名学术期刊和会议上发表论文180余篇，他引17000多次，单篇最高他引2700多次，谷歌H-index为53。拥有美国发明专利20余项，其中8项专利获得实际商业应用，获得5项NEC公司大奖，带领团队多次获得国内外图像视频内容分析领域技术大赛的冠军。

* 本文刊载于2017年11月27日交大新闻网。

随着西安交大入选国家一流大学A类建设高校名单，以及中国西部科技创新港建设的快速推进，西安交大迎来了百年不遇的重要发展机遇。加入学校五年多来，我亲身见证了学校一点一滴的发展与进步，在为交大感到高兴的同时，也感受到一种强大的使命感和紧迫感。

近年来，学校在科学研究与人才培养等方面的进步有目共睹，但是我们应该将目光看得更远。在这场“双一流”高校建设的“世纪大竞赛”中，我们必须保持“逆水行舟，不进则退”的清醒头脑，杜绝“守成者”心态，要以一个追赶者的思维去迎接挑战。我个人认为，关键是要从查找短板与不足中找出弯道超车的动力与机遇。

第一，补足人才引进的短板。近年来，我国对人才如饥似渴的追求，以及对人才引进的投入力度，在全世界都是非常少见的，这些积极进取的人才引进工作，正在取得越来越多鼓舞人心的成果。我国通过各种人才计划成功引进了一大批国际知名学者及行业领军人才，还吸引了一批欧美发达国家的两院院士、诺贝尔奖获得者等国际顶级人才。这些人才正在为我国产业转型升级、实现科技创新领域的弯道超车做出重要贡献。事实证明，人才引进工作做得好的地区或高校，深受优秀人才的助力，其科研与教学水平显著提升。

建设“双一流”高校的竞争，归根结底是优秀人才的竞争。一场对高端人才的争夺战，正在不同地区、不同城市、不同单位间如火如荼地展开。我们看到，许多地区的政府、单位的人才引进部门都将人才引进工作作为一项重要的绩效考核指标。不少领导亲自带队走遍世界各地，到人才聚集地去积极主动地寻觅人才，用亲情、乡情、校友之情打动人才，用丰厚的待遇、优越的平台和未来发展机会吸引人才。

近年来，我校在人才引进方面做出了许多大胆的改革与尝试，显著地加大了人才引进的投入力度，并且正在取得越来越积极的成果。但我们清醒地看到，由于地理位置等因素影响，我们在人才引进等方面面临着更多的困难和挑战。学校各个院系、研究所、实验室等紧抓

“双一流”建设、创新港发展的历史契机，以极大的热情投入人才引进工作中，为人才提供贴心的工作环境，充分发挥人才潜力的发展平台。怀揣着拳拳报国之心，很多海外归国学者对学科建设、学校发展都有着深入思考与建议，建议进一步打通渠道，建立平台，让更多学者广泛参与研讨、发挥智慧。在科研上为学校发展贡献力量的同时，也为学校发展建言献策。

第二，补足人才培养的短板。2017年10月下旬，我有幸与学校访问团一起访问了美国卡内基梅隆大学（CMU），在讨论交流过程中，一位副校长的发言引发了我的深深反思。她说：“CMU的教育理念，是希望把优秀的学生培养成为社会或行业的领袖，拥有独到的见解、开阔的视野、出类拔萃的表达与沟通能力。”在人才培养上我们应该更注重培养学生探索新奇事物，培养其尝试、创新和思考的思维与能力，培养他们传递表达自身研究思路、概括凝练研究成果的能力。我们要善于引导学生获取学术灵感、提出独立见解、实施创新性研究的能力。

建设世界一流大学，不能只满足于培养一流的工程师。我们还需要“放眼世界”，向美国卡内基梅隆大学等世界一流大学学习，以培养社会及行业领军人物为己任。这就需要我们拥有更大的勇气，更多的担当，不断改革创新人才培养教育方式方法，增加学生一些独立思考、自由探索的空间，增加一些学生跟随教授从事科学研究和一对一“传帮带”的机会，增加一些学生探索未知、大胆创新的开拓性工作。

当前，在以习近平总书记为核心的党中央的坚强领导下，我们国家正以日新月异的速度发展。生活在这个新时代，我们是非常幸运的。我们一定要把握好时代的机遇，打破封闭保守的惯性思维，勇于创新、敢于担当，以脚踏实地、兢兢业业、无私奉献的精神为西安交大的发展贡献一份力量。

建设一流医学学科 服务丝路健康事业

张峰

张峰，公共卫生学院教授，博士生导师，2005年毕业于西安交通大学医学院，获临床医学学士学位，2010年毕业于西安交通大学生命科学与技术学院，获生物化学与分子生物学博士学位。2013年6月破格晋升副教授，2017年1月破格晋升教授。工作以来，先后主持国家重点研发计划重点专项等国家级项目4项。发表第一/通讯作者SCI论文39篇，荣获陕西省科学技术奖二等奖（第一完成人）、陕西省青年科技奖、陕西省青年科技新星、医学部首批国家级后备人才（菁英人才）等奖励和荣誉称号。兼任陕西省预防医学会副秘书长、中华预防医学会地方病分会青年委员会委员、中华预防医学会全球卫生分会青年委员会委员等。

* 本文刊载于2017年11月28日交大新闻网。

党的十八大提出“科技创新是提高社会生产力和综合国力的战略支撑，必须摆在国家发展全局的核心位置。”党的十九大报告中进一步指出，创新是引领发展的第一动力，是建设现代化经济体系的战略支撑。大学肩负着人才培养、科技创新、服务社会等多重使命，是国家创新体系建设的重要支撑和引领。

西安交通大学主动融入国家战略，服务地方经济建设发展，协同多方资源打造西部“硅谷”——中国西部科技创新港。创新港不仅承载着交大人要在中国西部率先建成世界一流大学的梦想，也体现着交大人为实现“陕西梦”“中国梦”的主动作为和使命担当。

改革开放以来，我国的现代化建设取得了举世瞩目的成就，综合国力与国际地位显著提升。然而，当前我国的高等教育水平与发达国家仍存在不小的差距。中国经济社会发展新的形势和任务对高等教育实施内涵发展、提高国际竞争力提出了更高的要求。因此，国家启动世界一流大学与世界一流学科建设，并于2017年9月21日正式公布世界一流大学与世界一流学科建设名单。西安交通大学入选国家一流大学A类建设高校，多个学科入选一流建设学科，迎来了百年难遇的腾飞机遇。创新港建设的全面快速推进，必将为我校“双一流”建设提供强大引擎。同时，“双一流”建设也必将为创新港赋予新的内涵，注入新的活力。

学科结构决定一所大学的类型，学科水平决定一所大学的层次。加强学科建设是大学提高学术水平与创新能力的重要途径。作为一所综合性大学，医学学科在我校“双一流”建设中占据着重要的地位。我校医学学科始于1912年创建的国立北京医学专门学校，1928年更名为国立北平大学医学院，因抗战爆发迁至陕西，在西北坚持医学教育八年余，为中国抗战胜利做出了卓越贡献。抗战结束后，我校医学学科扎根大西北，作为原卫生部在西北的唯一直属重点医学院校，不仅为我国医学教育的发展做出了重要贡献，而且为西部培养了大批高层次医学人才，用实际行动诠释了我校医学学科的“抗战迁陕，兴医强国”精神。

当前，学校上下齐心协力、埋头苦干的精神深深触动着我。学校如何发展是我们每一个交大人应该时刻关心与思考的问题。作为一名从事医学教学与科研的青年教师，我想就我校医学学科发展与创新港建设谈一点个人的思考和想法。

面向国家重大战略需求，着力推动西部人民健康事业发展。人群健康是保证我国经济社会发展的重要基础。2016年，习总书记在全国卫生与健康大会上强调“没有全民健康，就没有全面小康。要把人民健康放在优先发展的战略地位。”我国西部地区涵盖十二个省市及自治区，是我国现代化建设的重要战略纵深区域，是实施“一带一路”建设的重要支点。然而由于西部地区自然环境恶劣，经济社会发展相对滞后，导致西部地区人群健康与医疗水平和东部地区存在较大差距。例如，我国第六次人口普查数据显示，陕西（74.68岁）、青海（69.96岁）、贵州（71.10岁）等西部地区人群的预期寿命显著低于北京（80.18岁）、上海（82.44岁）等中东部地区。西安交大“扎根西部、服务国家、世界一流”的办学定位要求我校医学学科在人才培养、科学研究、社会服务、国际交流等方面的建设要始终围绕着国家的重大战略需求，着力于推进西部人民健康事业的发展，服务“一带一路”建设。

加强创新型医学人才培养体系建设，打造西部医学人才培养高地。2016年中国卫生和计划生育统计年鉴显示，西部地区现有545三甲医院，远低于东部的998家，每千人平均拥有1.7个执业医师，而东部地区每千人平均拥有2.0个执业医师。高水平医疗人员缺乏和基层卫生工作者不足是阻碍西部人群健康事业发展的重要因素之一。按照“起点高、基础厚、要求严、重实践”的人才培养目标，我校医学学科建设启动了医学教育教学全面改革计划，加强医学本科人才培养体系建设，开展研究生培养质量建设工程，实施“侯宗濂医学实验班”培养经验总结，引入PBL等新的教学方法和教学手段，推进“5+3+X”人才培养模式和留学生培养改革、鼓励毕业生到西部基层工作创业等一系列措施。正在建设中的创新港，未来也将聚集至少2万研究生和留学生，成为西部人才培养和集聚的新高地。上述举措必将为解决西部医学人才不足，提高西部医疗服务水平提供强有力的支撑。

集中优势资源和创新力量，提升西部高发疾病防治水平。西部地区自然环境恶劣，民族群体多样，饮食习惯独特，使西部地区疾病的流行特征与东部地区差异较大，地方病、心血管系统疾病、恶性肿瘤等环境相关重大疾病危害严重。围绕西部人群健康领域面临的重大科学和技术问题，医学学科“双一流”建设方案规划了西部环境相关重大疾病发病机制研究、西部环境相关重大疾病诊疗技术与方法研究、西部人群健康促进关键理论与技术研究、西部天然药物研发和高端医疗技术与设备研发五个重点建设的学科方向。创新港的医学板块也设立了全球健康研究院等，集中优势资源和创新力量，从公共卫生干预、病因发病机制基础研究、临床诊疗新技术与设备开发、天然药物研发等多个角度开展攻关，解决困扰西部高发疾病防治的重大基础理论与关键技术问题，提升西部疾病临床诊疗水平，服务国家“一带一路”建设。

推进丝路医学教育资源整合，引领丝路医学教育发展。2013年习总书记首次提出了“一带一路”的倡议，随后《国家卫生计生委关于推进“一带一路”卫生交流合作三年实施方案（2015–2017）》《“一带一路”卫生合作暨“健康丝绸之路”北京公报》等医疗卫生领域的“一带一路”建设规划相继发布。规划中明确提出要在医疗和科研等多层面推动丝路沿线地区资源整合，加强与丝路周边国家在医学领域的广泛交流与合作。作为古丝绸之路的起点、十三朝古都，西安深厚的文化底蕴为西安交大的发展奠定了坚实的基础，“一带一路”倡议的提出更是为我校提供了前所未有的发展机遇。医学学科要充分发挥西安的地域优势，借助“丝绸之路大学联盟”“西北医学教育联盟“业已形成的影响力，深化与欧美一流大学的交流与合作，聚天下英才而用之，把创新港打造成为“一带一路”高端医学人才聚集地。同时，应充分利用我校在医学留学生教育、对外医疗援助等领域的优势，积极拓展与丝路周边国家的合作，推进丝路区域医学教育与科研资源的整合，引领丝路医学教育的发展，进而推进我校医学“双一流”学科的建设。

【卫计委微量元素与地方病重点实验室简介】

卫计委微量元素与地方病重点实验室1987年6月由卫生部批准筹建，1990年4月建成验收，1990年9月开始使用。现有人员30名，其中研究人员26名，技术人员4名。研究人员中有高级职称20人，博士生导师12人。主要研究方向包括：微量元素与地方病关系研究，地方病病因及分子发病机制研究，地方病防治与监测研究，微营养素与人群健康促进的研究。近年来承担了国家自然科学基金重点、面上、青年基金、国际合作和省部级项目25项，总经费2987万元；发表学术论文135篇；获陕西省科学技术奖一等奖等省部级科技奖5项。

凝心聚力　找准学科增长点
实现跨越式发展

赵永涛

赵永涛，理学院教授、博士生导师，2009年入选中国科学院“百人计划”、2015年入选西安交通大学青年拔尖人才计划。主要研究方向为聚变等离子体物理，高能量密度科学，离子束科学技术与应用等。目前担任中国科学技术协会第九届全国代表大会代表，中国物理学会高能量密度物理专业委员会委员，国际大科学工程FAIR高能量密度科学国家合作委员会委员，欧洲核子中心CERN-AWAKE项目国际合作组成员，中组部第七批外专千人入选者合作伙伴，*Laser and Particle Beams*，*Matter and Radiation at Extremes*等国际期刊编委会委员等学术兼职。主持在研国家自然科学基金重点项目1项，国防科工局基础科研科学挑战计划项目1项以及中德科学中心国际交流项目1项，完成国家自然科学基金委面上项目2项，青年项目及国际合作交流项目3项；作为骨干人员参与了国家“十二五”规划项目强流重离子加速装置等项目的建议和立项工作。在*Physics Review Letter*，*Physics Review A*，*Laser and Particle Beams*，*Physics of Plasma*等SCI国际学术期刊发表论文80余篇。

* 本文刊载于2017年11月29日交大新闻网。

十九大胜利闭幕，新一届中央政治局常委发出了“新时代要有新气象，更要有新作为”的宣言；在中国共产党的领导下，我们比历史上任何时期都更接近中华民族伟大复兴的目标，比历史上任何时期都更有信心、有能力实现这个目标。建设科研与教育强国是实现中华民族伟大复兴的基础工程，西安交通大学作为首批入选的“双一流”A类大学和中国西部科技创新港的主要建设者，肩负着国家和人民的重托，同时也迎来了新的重大历史机遇。如何把握好这一难得的历史新机遇，不负重托、不辱使命，有节奏、高效率地推进“双一流”和创新港建设，是我们每位交大人必须认真思考的问题。

作为一名交大人，尤其是一名交大理科人，这里谈谈管窥之见，重点是呼吁学校更加重视基础科学创新，贯通发展理工科，为承担大项目、建设大平台、产出大成果夯实原始创新基础；呼吁交大理科人，抓住“双一流”和创新港建设的历史机遇，振奋精神，增强学科发展自信，“激活内力，借助外力，精准发力”，实现基础学科的跨越式发展。

立志高远，定位世界“双一流”——不辱历史使命

新时代要有新气象。大到一个国家、一所学校，小到一个团队、一个个体，对自身发展阶段和历史使命的准确定位十分重要。这绝不是说大话或者做表面文章的事，而是“立心、立命”的大事，是“不忘初心、砥砺奋进”的内在动力。十九大作出了中国特色社会主义进入了新时代的重大判断，提出了实现中华民族伟大复兴和“两个一百年”的奋斗目标；教育部也提出了《统筹推进世界一流大学和一流学科建设总体方案》，绘制了在我国建设世界一流大学和一流学科的规划蓝图。只有我们每位交大人拿出担当，拿出勇气，拿出干劲，继承和发扬西迁精神，才能创造出无愧于新时代的新业绩，才能担当起建设社会主义科技强国和教育强国的历史使命。

脚踏实地，立足西部创新港——不负国家重托

新时代更要有新作为。承担或深度参与国家重大工程，解决领域中的关键科学问题是“双一流”大学的重要标志和关键着力点。习总书记号召我们“把论文写在祖国大地上”，国家提出“创新驱动发展”“一带一路”和“建设若干国家级科研中心”等重大发展战略，中国西部科技创新港为西安交通大学参与和实施相关国家战略提供了得天独厚的广阔天地。

西安是丝路重镇，西咸新区是国家级新区，西安交通大学是一所涵盖理、工、医、经、管、文、法、哲、教育和艺术等十多个学科门类的综合性研究型大学。只要充分调动各方积极因素，我们完全有能力组织和建设若干国家级“产学研”相互驱动、“理工医”等多学科相互交叉的协同创新发展基地，支撑若干新兴领域的产业升级和科研创新，打造具有交大知识产权的“中国制造”和“中国创新”国家新名片，逐步建立和保持这些领域“产业领军”和“学术领袖”的国际地位，实现具有交大特色的世界一流大学建设目标。

在“双一流”和创新港建设谋篇布局之时，学校以现有学院为基本单元设置创新港的院所机构，要求各学科和学院落实三大目标和五大任务。与之平行的，我们也需要从学校层面以“大平台、大项目”为牵引，以“大成果”为导向，贯通学科、跨院跨校组建“大团队”，顺着这条线，我们要看到构建若干新领域“产学研”相互驱动、“理工医”等多学科相互交叉的国家级创新发展基地的蓝图。

夯实基础，贯通发展理工科——共塑交大品牌

理工结合、交叉创新，协同发展是“双一流”建设的必由之路。科学创新是技术革新、产业升级、学科发展的第一驱动力，仅是技术修补，难成“行业领袖”；不能解决关键科学问题，难成“学术领军”。物理和化学学科被学校“双一流”建设定位为“战略必争学科”，显示了校领导集体对基础学科的高度重视。

笔者曾经在兰州重离子加速器国家实验室挂靠单位中国科学院近代物理研究所学习和工作十余年，期间也在国际大科学工程装置GSI和FAIR长期访问交流。近代物理研究所承担了国家"一五""七五"和"九五"工程建设任务，如今又担负了两个"十二五"规划重大基础科研设施的建设任务。我本人曾参与了两个"十二五"规划项目的建议和立项工作，同时担任了其中一个项目科研方向的主要负责人；此外也作为主要人员参与了2个"973"项目和1个重大仪器专项项目（经费额度都是数千万）的申请和立项工作。从以往的经验看，这些重大项目的成功立项，无一不是基础科研人员和工程技术人员、单位内人员和单位外同领域专家的合璧之作；所有大项目一定需要创新的科学目标做牵引，需要多样化的关键新技术做支撑，需要领域内同行专家的共同参与和支持。

凝心聚力，找准学科增长点——实现跨越式发展

相对入选一流学科的优势学科来讲，理科当前是弱势学科，是一流大学建设中战略必争的短板。要想实现理科等弱势学科的跨越式发展，必须凝心聚力——"激活内力、借助外力"，瞄准学科增长点，"形成合力、精准发力"。

激活内力，重点是增强学科发展自信，人尽其才，形成"敢想敢干敢担当"的工作风气；关键在科学管理，尤其是建立规范灵活的人才管理和绩效激励机制，比如实行PI制，建立人才能进能出、收入可高可低的岗位考核和绩效奖励机制。相信我们每个教职员工，在进入交大的时候，都是同行中精挑细选的佼佼者；尤其近几年在学科创新能力建设的支持下，各学科都培养和引进了一批"千人""优青""青拔""新副教授/新讲师"和"教学名师"等优秀人才。科研上我们需要争取"大项目"、建设"大平台"、促成"大成果"；教学上我们也需要出"精品课程""教学名师"和"优秀专著"；然而术业有专攻，很难找到可以胜任所有任务的全才，我们要通过科学的人才管理

机制和绩效改革引导作用，做到人尽其才，让人才在不同岗位上“乐在其中，赢在其中”，全面激发教职员工的聪明才智和创造活力。

借助外力，一方面要结合国家重大需求，深度参与，甚至主导国内外大科学工程部分建设任务或科研任务，探索“物理+”“化学+”模式，促进交叉创新和协同创新；另一方面要利用好引进人才在原科研单位的优势资源，积极探索校内外优秀人才实质兼职的用人模式——不求为我所有，但求为我所用。物理和化学学科在近几年整体实力得到大幅提升，创新能力平台建设也取得了可喜的进展，但是承担大科学工程项目的人才队伍和平台基础可能还不够强大，时机还不够成熟；而花大力气引进回来的优秀人才一旦离开原来的先进平台，有可能面临校内平台相对落后或者建设周期较长的问题，短时间很难做出具有重大突破性的成果。因此我们必须善于借助外力。“物理+”、“化学+”模式，就是要针对“三个面向”推进交叉创新，针对大科学工程的关键建设任务和科研任务，推动协同创新。物理方面软物质研究方向正在与生物、医学和材料科学等领域的优势单位联合开展交叉研究，等离子体物理方向正在与国内外聚变领域的大科学工程开展实质合作，化学方面也加强“丝路文化遗产保护”等应用方面交叉，这些都是有益的尝试，也有待进一步深化。当然，借助外力的前提和基础是自身实力较强，落脚点也是加强自身实力和影响力；无论是先进平台还是优秀人才，只要能够为我所用，能够促进学科的创新发展，我们都要积极打通渠道，为进一步承担更大项目夯实人才和平台基础。

精准发力，就是要找准学科增长点，瞄准大项目、大平台和大成果，在学科方向、人才队伍和学科平台统筹中，精准规划和布局，集中“全校和全院”的力量打造特色品牌。这方面我们可以参考中科院的“一三五”发展规划，即学校和每个学科按照“一个定位、三个重大突破、五个重点培育方向”进行前瞻布局——重大突破方向瞄准志在必得的人成果，要签任务书、立军令状；重点培育方向则针对新增长点，是有望近期进入重大突破序列的方向。从学校、学院和学科层级，都要找准自己的定位，积极寻找突破口和新增长点，对进入重大突破和重点培育序列的项目或方向，学校和学科给予重点关注和一定的前期支持。

【光学与粒子束科学技术研究所以及离子束科学技术与超快强场物理团队简介】

光学与粒子束科学技术研究所（筹）隶属于理化研究院，现有在职人员39人（其中教授与高工19人），依托教育部物质非平衡合成与调控重点实验室和陕西省量子光学重点实验室建设。研究所建设目标是占领量子信息与量子计算、聚变物理以及超快强场物理、原子与分子反应动力学等国际学术前沿方向的制高点，为世界一流物理学科建设提供重要支撑；发展新型量子信息与量子计算技术、超高分辨率成像与先进遥感探测技术、激光与粒子束科学技术，为事关国家重大战略需求和国民经济主战场的信息通讯、深空探索、地球资源环境监测、人口健康、能源安全等领域的技术变革和创新发展提供源头供给。

粒子束科学技术与超快强场物理团队现有职工12名（其中教授5名，副教授2名，新讲师及博士后3人，2人分别入选中组部“千人计划”外专项目和青年项目，1人入选中科院“百人计划”，3人入选校“青年拔尖人才计划”），研究生20余名。重点研究方向包括：基于离子束和强激光平台的聚变等离子体物理和强场物理，电子、离子碰撞和强激光作用下的量子多体动力学，加速器科学技术及其在放疗、核能、材料等领域的交叉创新和成果转化。团队与中科院近代物理研究所、中物院激光聚变中心、德国重离子研究中心GSI、马普核物理研究所MPIK、俄罗斯理论与实验物理研究所ITEP、欧洲核子中心CERN等著名研究机构建立和保持了良好的合作关系。在物理学科创新能力建设等项目的支持下，团队已完成和正在建设低能电子吸附解离实验平台，超快反应动力学平台，400kV离子束实验平台以及超快强场物理研究平台等，这些平台是完全开放共享的，欢迎大家前来交流与合作。

选准切入点 打造一流新闻传播学科

吴锋

吴锋，现任西安交通大学新闻与新媒体学院教授，博士生导师。2009年毕业于华中科技大学，获新闻传播学博士。曾创办亚洲最早的报刊发行研究机构，最早向国际学术界介绍中国总理新闻发布会制度，得到国际学界的关注。近年来在国际权威期刊上发表SSCI收录论文2篇，连续两次受邀在传播学领域顶尖国际会议（ICA）年会大会上宣读英文论文；发表中文近百篇，其中CSSCI论文30余篇，人大复印资料全文转载6篇。先后主持国家社科基金、科技部国际合作项目等国家级和省部级以上课题十余项。2015年获江苏省社科联文化精品成果奖二等奖等奖励。2017年获得中国新闻史学会优秀成果奖二等奖。主持撰写的《关于加强境外反华中文媒体监测完善境外舆论宣传体系的政策建议》被教育部采纳，并得到中共中央办公厅奖励。

* 本文刊载于2017年11月30日交大新闻网。

2015年，西安交大正式成立新闻与新媒体学院，这是学校依据新形势需要而做出的重大决策。正在快速接近世界政治舞台中心的中国，定然会催生更多的国家战略传播需求；正在快速推进西部大开发和“一带一路”倡议的西部，必定会孕育更广阔的战略发展空间，在西部崛起中必然会催生一流的西部传播学科。与此同时，西安交通大学新闻与新媒体学院也是国内重点大学中创建最晚的新闻传播学院。在学科竞争日趋激烈的背景下，西安交大新闻与新媒体学院如何另辟蹊径，如何打造交大特色的世界一流新闻传播学科？靠最佳的选择。选择的背后是谋略，是智慧，更是独到的战略眼光。新闻与新媒体学院是全国新闻传播类学院中唯一有两个“新”的学院，也是全国较早定位于“新媒体”的学院。学院的生命力在于创新，在于独辟蹊径，在于出奇制胜，加快打造交大新闻传播的核心竞争力。

其一，找准战略性“做点”，提升服务国家重大战略需求的能力。当前，学术研究的热点很多，可以做的研究点很多，作为交大新闻传播学科，应该找到哪些战略性的“做点”？西安交大位于西部，就要扎根西部，把解决西部问题放在突出重要的位置，积极打造中国人文社科研究的西部方队。我国西部地区地域广阔、资源丰富、文化多元，又面临发展滞后、城乡二元结构等复杂格局，减贫问题、民族宗教问题、舆论引导与基层治理问题、发展传播学问题、西部形象问题、“一带一路”倡议传播问题等相互交织。如何破解传播与区域发展的这些重大战略问题，正是我校新闻传播学者施展特长、发挥作用的重要领域。近年来，新闻学院在民族突发事件及舆论引导、“一带一路”文化传播、互联网舆情治理等方面连续获得国家社科基金，说明我们的选择是正确的。扎根西部，积极破解西部地区面临的重大战略问题，借此发挥高校社科研究的智库作用，是我校新闻传播学科建设不可回避的重大议题。

第二，找准前沿“制高点”，增强新闻传播学术研究国际对话能力。改革开放以来，中国大陆新闻传播学术事业取得了巨大进展。最新统计显示，自2015年起中国大陆新闻传播学领域的年度中文论文数已突破5万篇大关，2017年度中文论文数预计为55249篇（其中，CSSCI收录新闻传播学中文论文8450篇），达历史最高水平。但是，中国大陆新闻传播学领域的国际论文发表产出显著滞后，2016年中国大陆学者共发表国际新闻传播学SSCI收录论文仅86篇（若仅统计大陆学术机构作为第一作者单位的产出，则只有70篇）。换言之，中国大陆新闻传播学领域的学术研究国际化尚在起步阶段，这对我校而言是一个重大机遇。新闻传播学是意识形态较为浓厚的学科，一些学者认为，该学科主要是中国“特有”的，只要有中文论文成果发表即可，不必要强调国际发表。但在“双一流”建设的背景下，新闻传播学科的国际影响力必将成为重要考量，该学科领域的国际发表必将越来越重要。因而，在“双一流”建设的要求下，新闻传播学者（特别是青年学者）不仅要撰写一流的中文论文，还要撰写一流的国际论文。近年来，新闻与新媒体学院的SSCI论文产出已经走上可持续的发展轨道，不仅连续多年持续发表高水平SSCI论文，而且连续3年出席国际传播学顶尖学术大会（国际传播学会年会大会）并宣读论文，在国际主流期刊和主流学术讲坛上发出了响亮的“交大声音”，为学校的“双一流”建设做出了应有的贡献。

第三，找准服务“发力点”，增强“讲好时代故事”的能力。新闻传播学是西安交大的新兴学科，新学科固然有底子薄的不足，但也有历史包袱少、发展空间大的优势。新闻传播学科的根本特点就是“新”，新就新在视角新、点子新、敢创新，能够敏锐捕捉国家重大战略需求，善于讲新闻故事。新闻传播学重在培养会讲新闻故事的新闻人，我们的使命就是要讲好“中国故事”，讲好“西部故事”，更要讲好“交大故事”。在国际上，新闻传播学术研究要走出国门，对外讲中国传播学的理论故事，在国际主流学术平台上发出更多中国声音；在国内，我们要扩大影响，增强服务行业、服务社会的能力，在国民经济主战场发出更多“交大声音”；在校内，我们要以“双一流”标准对照自身工作，自觉服务于学校学科建设大局，扎实做好科研工作，夯实课堂教学，让更多的学生喜爱新闻故事，让更多的老师认可“新闻的力量”。

第四，找准决策服务“切入点”，提升西安交大新闻传播学科影响力。人文社科研究不仅要有理论的深度，而且要有应用的广度，最大限度地学以致用，资政育人。特别是要结合专业领域，发挥服务社会、服务行业、服务学校的作用。当前的学术研究创新难度越来越大，最根本的还是要下硬功夫，坚持“两只眼睛做学术”：一方面，学术研究要坚持“三贴近”（贴近群众、贴近生活、贴近实际），学者要俯下身子，走下讲台，走进民间，深入调研，把科研论文写在黄土地上。另一方面，学术研究要坚持“三紧跟”（紧跟中央战略、紧跟国家需求、紧跟时代主题），注重从决策的需求、从管理的视角、从建设性的高度谋划科研，不断提升科研的高度。概言之，学术研究既要向下，把科研做在黄土地上，又要向上，把科研成果送到政府大院，把科研成果转化为决策依据。一年来，我们先后承接了国家民委、省发改委、西咸新区、西安高新区、宜宾发改委等政府的重大课题，不仅丰富了我们对当前政府需求的认识，也深入了相关基层群体，认识到科研对政府、对百姓的重要意义。

【战略传播与西部发展研究团队简介】

战略传播与西部发展研究团队成立于2017年1月，主要从事政治传播与舆论引导、传媒经营管理、文化创意产业、战略传播与区域发展规划、品牌传播的教学科研工作。团队先后主持国家社科基金、科技部国际合作项目等省部级课题十余项，发表SSCI国际论文及国内顶尖论文多篇。预计2017年主持科研项目合同经费达百万元，产出专业顶尖论文2篇，获得专业领域的重要奖励2项，多项指标为历史最好水平。

扬帆奋进正当时

宋忠孝

宋忠孝，西安交通大学教授、博士生导师，西安交通大学金属强度国家重点实验室主任助理，中国表面工程学会委员，中国材料研究学会青年工作委员会第七届理事会理事。主持国家自然基金2项，参与国家重点基础研究发展计划项目(973)2项、国家"863"项目1项、国家自然基金2项，国防重点基础研究发展计划项目（国防973）1项。主持多项产学研合作项目，在国际、国内期刊发表学术论文122余篇，SCI收录70多篇，获得授权发明专利18项。

* 本文刊载于2017年12月2日交大新闻网。

对西安交大以及每个交大人而言，这个秋天喜事连连。从入选"双一流"大学A类建设名单到中国西部科技创新港科创基地全面封顶，再到管晓宏、郭烈锦教授当选中国科学院院士，一条条消息"刷爆"了朋友圈，也给每位师生带来了崭新的感动与期盼。

西安交通大学自1956年迁校以来，扎根西部热土，服务国家发展。而今站在第三个甲子的起点上，借着"一带一路"的东风，依托中国西部科技创新港平台建设，我们正向着中国特色世界一流大学的目标迈进。面对这样千载难逢的机遇与挑战，交大人定将扬帆起航、乘风破浪！

潜心科研 掌好发展之舵

相信许多教师同我一样，不分工作日与休息日、不论寒暑，始终奋战在教学与科研的最前线。这样的生活在外人看来也许乏味枯燥，但我们乐在其中。虽然实验室面积有限，通过它能看到的世界却无限精彩。正是在这一方小天地中，一项项崭新成果被汗水灌溉成长，一位位优秀人才从西安交通大学启程，在各行各业为祖国发展贡献交大力量。随着岁月流转，我们深深体会到自身价值实现的充实感。

西安交通大学作为西部教育的排头兵，肩负着培养优秀人才、产出高精尖成果的重要任务。作为科研工作者，要勇立世界科技前沿，我们必须保持清醒，把握时代的脉搏。材料科学目前已成为电子信息、生命科学、冶金制造、能源利用、航空航天等领域发展的关键因素，各个领域对高性能材料的需求也日益迫切。在我们的科研进程中，精准考量社会的需求，市场的需求和国家的需求是与严谨的科研态度同等重要的课题，相信其他学科的研究亦是如此。只有确定正确的航向，我们的工作才能更好行驶在我校建设"双一流"的航程上。习近平总书记在十九大报告中再次强调，创新是引领发展的第一动力，是现代化经济体系的战略支撑。我们每个科研工作者都应瞄准世界科技发展的前沿，夯实基础，真正把"交大身影"镌刻在世界科技前沿。

激发潜能 扬起奋进之帆

在过去的教学过程中，我一直秉承着因地制宜、因材施教的原则。每位学生都是独一无二的，帮助他们找到自己的兴趣所在、长处所在是身为教师义不容辞的责任。对做研究有兴趣的学生，我帮助学生与行业领先者深入交流，给学生更大的发展空间。对实践感兴趣的同学，我引导学生重视实践锻炼，稳扎稳打，提升学生创新能力。了解每一位学生，尊重每一位学生，欣赏每一位学生，通过与学生进行各种形式的交流，我们不断调整科研的方向，更成为彼此真诚的朋友。对学生而言，只有在自己真正热爱的领域进行研究，才能充分激发他们的潜力。也只有这样，在交大的青春岁月才能成为学生科研事业良好的起点。

我们的金属材料强度国家重点实验室在材料领域一直走在我国，甚至世界材料领域的前列，发表在国际顶尖杂志上的高水平论文也得到了国际学界的一致认可。这样良好的平台，是每个学生平等而宝贵的机遇。在2019年9月份的中国"互联网+"大学生创新创业大赛上，材料学院推荐的"匠心云涂-现金涂层技术领导者""陶金之恋-陶瓷金属钎焊技术领跑者"两个项目摘得金奖。作为指导老师，我深感欣慰与自豪。

学生是学校的主体，学生综合素质是社会各界评价学校教学质量的根本标准。有人说，学生是学校的名片。我十分赞同这个说法。看着自己的学生们读研深造，出国求学，或是走向社会各行各业，成为西安交大的"代言人"，我内心溢满喜悦。学生实现个人的发展，学校才能发展。在我校建设"双一流"的进程中，学生的重要性不言而喻，他们是发展的重要动力。关注学生，给予他们正确的引导，能不断提高我们的科研能力，进而提高学校的综合竞争力。

立足实践 从实验室走向产业化

创新港科创基地的建成，将为我们的科研事业提供充足的实验空间及实践机遇。科研的最终目的是实践，只有将科研成果应用于实践之中，才能真正实现其价值。依托于西安交通大学材料科学与工程学院专家团队及金属材料强度国家重点实验室的研发平台，学生们成立了西安匠心云涂科技有限公司和西安陶金邦德科技有限公司，将科研成果产业化，应用在社会的方方面面。

近年来我们有许多与国内外知名企业合作的机会，但在合作中却面临难以产业化的问题。我就曾有这样的经历，一次，在成功为企业研发出目标产品后，企业方提出了先进行小批量生产以便测试的要求。可在当时的条件下，这是个不可能实现的任务。创新港科创基地的建成很好地解决了这个问题：我们将不再受限于有限的空间，拥有更先进、更完备、更强大的技术与设备支持，这些使得我们的科研成果产业化可行性大大提高，产业化进程不断加快。如果科学研究是虎，那科创基地就是强壮有力的双翅，猛虎添翼，攻坚克难，所向披靡。

相信在每一位交大人的不懈努力下，西安交通大学将向着世界一流大学的目标，向着更加美好的未来不断前行！

【金属材料强度国家重点实验室简介】

金属材料强度国家重点实验室依托西安交通大学，实验室前身是1963年高教部和国家科委批准成立的金属材料及强度研究室和1985年国家教委批准成立的金属材料强度部门开放实验室。金属材料强度国家重点实验室已在包括*Nature*在内的国际顶尖期刊上发表了数篇高水平论文。实验室面向国家在材料领域的重大战略需求，结合自己的优势和特色，围绕航空航天部件模具材料的表面改性、摩擦磨损、节能降耗与绿色环保，及战略性资源型金属材料加工等领域难题，针对模具表面辅助沉积强化、先进涂层的设计与制备、高性能CuCr触头材料、高强韧铸造耐磨材料、高性能复相碳化硅陶瓷材料和纳米掺杂高性能钼合金材料等关键技术开展系列攻关，突破了多项制约我国相关领域发展的技术瓶颈，取得了一系列核心自主知识产权，部分材料性能与技术指标达到国际领先水平。近年来，实验室在相关领域获得国家自然科学二等奖2项，国家技术发明二等奖5项及国家科技进步二等奖1项。这些重要进展，代表实验室在基础研究领域已达到国际一流水平。实验室秉持"开放、流动、联合、竞争"的建设方针，不断开拓新的研究领域，获得新的研究进展，始终致力于提升实验室的研究能力和影响力，引领材料力学行为研究。

坚持育人为本 续写百年传奇

高飞

高飞，毕业于武汉大学马克思主义学院思想政治教育专业，博士，现为西安交通大学马克思主义学院思想政治教育研究所讲师，研究方向为思想政治教育原理与方法，曾在《中国高校社会科学》《思想理论教育导刊》《思想教育研究》发表论文数篇。

* 本文刊载于2017年12月3日交大新闻网。

创新港建设是西安交通大学百余年办学进程中的大事，是在助力中华民族伟大复兴的中国梦背景下，西安交通大学的二次"西迁"，它对于助推西安交通大学"双一流"建设，进一步提升西安交通大学的影响力和引领力，实现西安交通大学内涵式、跨越式发展具有重要意义。在创新港的建设过程中，要抓住"人"这个关键因素，始终坚持立德树人、全程育人、以文化人、以学养人，只有这样，才能使西安交通大学在"双一流"建设过程中实现追赶超越，续写百年交大传奇。

坚持立德树人

立德树人是一个大学的立身之本，是衡量一个大学办学成功与否的重要参照。"大学之道，在明明德，在亲民，在止于至善"，中国古人在施教过程中非常重视秉持立德树人的育人理念，立德树人也成为中国教育文化的重要组成部分，习近平总书记在全国高校思想政治教育工作会议上强调要把立德树人作为高校育人工作的中心环节，这更加说明立德树人这一重要教育理念在西安交通大学"双一流"建设过程中的重要作用。

作为马克思主义工作者和马克思主义思想的传经布道者，马克思主义学院的老师要充分认识和深刻领会立德树人思想的时代价值，在教书育人过程中把培养什么样的人、如何培养人、为谁培养人这个根本性问题贯穿始终，努力提升自身的道德水平，以德立身、以德立学、以德施教，自觉把社会主义核心价值观融入教育教学之中，让习近平新时代中国特色社会主义思想进课堂、进教材、进头脑，自觉做学生成长成才的引路人，帮助交大学生树立正确的世界观、人生观、价值观，把他们的人生之扣系正、系牢。

坚持全程育人

创新港的使命是成为世界一流的科技研究中心、创新人才的培养中心、科技成果的转化中心，人才不仅是推动创新港和西安交通大学"双一流"建设的关键因素，培养人才更是创新港的重要任务。因此，创新港不仅要着眼于科研育人、教育育人，更要实现全程育人，全方位育人，牢固树立人才立港、人才兴港的人才观念。

这就对思想政治教育课老师提出了更高的要求。思想政治理论课老师不仅要利用好课堂教学这个主渠道育人，更要积极扩展第二课堂、第三课堂，把育人工作贯穿于创新港科研、转孵、服务的各个方面，让学生不仅能够学习科学理论知识，接触理论前沿，更能够在实践中检验自身学习到的理论知识，在服务社会、服务创新港的过程中实现自身思想塑造和升华、实践技能的锻炼与提升。同时，这也对其他学科的老师提出了更高的要求。创新港作为西安交通大学"双一流"建设的重要阵地，将成为学校培养高级人才的重要场所，这就要求理、工、医、经济、管理、文、法、哲、教育、艺术等各个学科的老师不仅要教书，不仅要做科研，更要把育人摆在极其重要的位置，不能在搞科学研究的同时，忽视育人工作，更不能割裂科研与育人的有机联系，牢固树立教书育人的责任意识，在创新港这片沃土上，实现全程育人、全方位育人。

坚持以文化人

文以载道，以文化人。创新港不仅是百年交大兴业立校、强校的场域，更是"精勤求学、敦笃励志、果毅力行、忠恕任事"的交大文化传承的场域。不仅要把创新港打造成"智慧学镇"，更要把创新港打造成人文之地，使创新港富有浓郁的人文气息，让交大文化、中国传统优秀文化、优秀的现代文化在创新港生根发芽，让思想交大早日成为现实，让交大学子在创新港上成为有思想、有情怀、懂生活、求善求美的新一代的人才。

创新港在助推西安交通大学建设"双一流"的过程中，要把传承交大精神、营造健康向上的校园文化摆在极其重要的位置，让"精勤求学、敦笃励志、果毅力行、忠恕任事"的交人精神在创新港得以弘扬，让"爱国主义、集体主义、英雄主义、乐观主义"的思想大旗飘扬在创新港的上空。坚持以文化人，还要不断增强交大学生的文化自信，建立健全以文化人的机制，加强统筹设计和规划，打造文化校园、文化港区，进一步强化交大悠久独特的校史、校园文化教育和传承，培育积极向上、健康的创新文化，让创新港名实相副，让创新文化引领创新港的文化建设，让创新意识成为交大师生的思想共识。

坚持以学养人

创新港的特色就是知识的创新，而知识本身的创造过程就是对知识产生的历史与实现的历时性梳理，以学养人则是在知识的理解、创造过程中涵养交大学子的精神气质，所以说创新港的建设以及“创新”的定位则与以学养人的价值目标相吻合。以学养人适应了当代交大学子成长、成才规律，把学术研究、教学、培养人才、师生之间精神互动与交往有机地串通起来，以学养人也就成为创新港助推交大“双一流”建设的题中之意。

坚持以学养人，对马克思主义学院的教师提出了更高的要求：一是思想政治理论课教师要增强自身的学术涵养，加深对马克思主义理论相关知识储备，增强理论知识解释的厚重感，提高以理服人的效果；二是要增强问题意识，善于发现新问题、提出新问题、研究新问题，并在发现、提出和研究新问题的过程中把自身的学术品质和马克思主义理论的知识魅力予以展现；三是加强自身修养，思想政治理论课教师不仅要注重对学生的精神世界的建构和心灵世界的涵养，也要注重自身的修养，把科学探索和学术研究与自身的修养结合起来，实现教育者学理、学术和学人的有机统一。

【思想政治教育研究所简介】

思想政治教育研究所现有专职教师12人，其中教授2人，副教授7人，讲师3人。教师中有博士生导师资格的2人，硕士生导师资格的5人。2010年，该课程教学团队被评为省级优秀教学团队。2014年，思想政治教育研究所荣获学院“优秀教学团队奖”。

目前，思想政治教育学科点有国务院学位委员会学科评议组成员1名，教育部社科委员会委员1名，教育部马克思主义理论建设工程专家1名，教育部思想政治理论课教学指导委员会分委员会委员1名，人力资源与社会保障部全国博士后管委会专家1名，中央文明办等六部委全国道德模范评选委员会委员1名，全国高校思想政治教育研究会理事、学术委员会委员1名，全国优秀社会科学普及专家1名，全国思想政治理论课教学能手1名，全国高校思想政治理论课影响力人物2名，省级教学名师1名，省级五五普法先进个人1名，省级思想政治教育研究创新先进个人1名，西安交通大学青年拔尖人才B类1名，多人参加学校和省级教学竞赛并获奖。

看得远、扎根深、重实践

王玥

王玥，西安交通大学法学院副教授，英国格拉斯哥大学博士，西安交通大学信息安全法律研究中心副主任，中国网络空间安全协会法律与政策专家委员会副秘书长。长期关注科技与法律的交叉领域，主要研究方向包括：网络与信息安全法律与政策，基因法律政策与伦理等。

* 本文刊载于2017年12月4日交大新闻网。

2017年9月，西安交大入选国家“双一流”建设A类高校名单，11月以“交大速度”建设的中国西部科技创新港就传来科创基地全面封顶的捷报。作为西安交大的一名青年教师，我感到非常振奋与鼓舞，又满怀希望与憧憬。结合我所在的学科和专业特点，谈谈自己对“双一流”与创新港建设的一点浅见。

看得远：以“三个面向”引领科学研究解决中国问题

我国具有独特的国情、社会结构与治理制度，并且持续处于高速发展变革当中。这都对国家和社会治理提出前所未有的挑战，催生一系列迫切的新的法律和制度的诉求。在越来越多的领域，值得我们直接借鉴学习的外国经验开始显得不合时宜。深入挖掘这些的领域与问题，使我们能够实现跨越式发展、做出领先世界水平研究，从而真正服务于创新驱动发展的国家战略。

以网络法领域为例，信息技术让我们的生活更加便利，人们的工作、学习、交流和互动已经不能离开计算机、智能终端、信息系统和网络提供的支持，这一社会形态被称之为网络社会。根据相关统计数据和媒体报道，我国网民规模已达7.51亿，互联网普及率达到54.3%；电子商务交易额约占全球电子商务零售市场的39.2%，是全球规模最大的网络零售市场；移动支付交易规模超过81万亿元，位居全球之首；2016年中国手机支付总额达到5.5万亿美元，是美国手机支付市场的50倍。从互联网产业发展来看，我国做了很多前沿的尝试、创造了很多新的、成功的商业模式。

然而，我们在享受科技发展红利的同时，我国也比其他国家更早的面临着更多的网络社会治理问题：骚扰电话和垃圾短信干扰着人们的生活安宁；网络攻击威胁着国家、社会和公民的人身和财产安全；DNS劫持、恶意软件攻击、木马病毒攻击、勒索软件、供应链渗透等非传统攻击行为，对网络基础设施的破坏程度与日俱增，而且伴随移动互联网、物联网、云计算、大数据等新技术的应用，必将产生无法预知的安全风险，由此导致国家安全、社会稳定和个人隐私遭受比以往任何时候都更为严峻的威胁。

我所在的西安交通大学信息安全法律研究中心，多年来一直致力于我国网络安全法律与政策的研究，依托国家社科基金重大项目——网络社会治理创新研究，力争用世界认可的研究方法，积极努力探索出的网络社会治理的中国方案、中国道路，并在我国全球领先的领域及企业经过充分的场景验证，希望相关研究成果能够为全球网络社会治理提供参考“良方”。

扎根深：“扎根中国大地”践行一流大学的社会责任

由于目前高校科研体制尚不完善，许多研究偏重于国家、社会公共利益和企业效益，真正与日常生活息息相关的应用研究推动颇为不易。

最近，读到牛津大学的一个数学研究机构的研究报告具有很好的启示意义，该报告通过对英国的包月手机用户的详细通话记录进行研究之后得出结论，普通民众可能每年在手机费用上多交200英镑，而整个英国的范围，三分之一的用户没有选择正确的合同，因为签了跟自己实际用量不相符的合同而每年多付了两百五十亿英镑。此外，他们也根据目前智能手机的广泛普及趋势给出自己的警告：不同层次的数据费用会导致消费者的进一步混乱。

此类利用专业知识分析日常生活，做跟普通民众生活息息相关的研究，大到如何让全年龄层次最广大的人民群众都能分享信息时代的红利，小到提出切实可行的避免遭受电信诈骗的方法，都是关系到人民群众的切实需要，能够在自己的专业的领域为最广大的人民群众做最贴心的奉献，也才能使研究深深扎根，践行“一流”大学的社会责任。

重实践：“双一流”人才培养要满足国家发展的诉求

企业是市场的主体和创新的原动力，其在经营发展过程中遇到各种问题，都来源于生产实践，是最迫切需要解决的问题。企业对人才的竞争力也最为敏感。在世界范围内，检验一流大学的指标中，最不可或缺的一条就是——毕业生的满意度。毕业生的满意度来源于多个方面：在校期间是否获得充分的学习和研究机会、能不能感受到自己是学校工作的重点和核心、习得的知识和能力是否能够为未来工作和生活打下坚实的基础、学成之后能否从母校的资源中获得有益的帮助。因此，将最大的诚意和用心倾注在人才培养工作上，面向企业的实际需要，打造学生的核心竞争力，对于“双一流”建设至关重要。

仍以网络信息领域为例，近年来，由于信息产业在经济发展中所占的比重逐步提高，网络与信息相关的法律政策也成为企业最常遇见的风险与障碍，如中兴、华为等企业在国外遭遇的不合理的审查等。因此，IT企业对于具有国内外信息安全法律政策领域研究积累、能够为国内企业国际化和国外企业开展在华业务提供专业法律与政策咨询、帮助企业扫除业务拓展中遭遇的法律与政策障碍的网络信息安全法律人才，都是新时代信息发展的迫切需求。这样的高端人才，除了要具备卓越的网络空间安全技术外，还需要具有全球网络空间安全战略思维、国际化的视野、敏锐的国家安全意识、精通国内外网络信息安全法律与政策的高端复合型人才。

我国目前网络空间安全法律人才的培养工作还不够完善，这将直接对于我国治理网络空间安全、确保国家安全、维护社会秩序，对促进产业发展、保护公民信息安全等方面构成严重障碍。因此，我们可以依托创新港建设，与网络与信息安全相关部委和国内外知名IT企业进行深度合作，共同制定高端人才培养计划，建立跨学科人才培养实践平台和学术交流平台。在跨学科学习的基础上，对所跨各学科都进行相应的实践课程，通过讨论会等方式让相关专业学生充分交流，既有利于拓宽知识面，也可以对信息安全的技术层面进行更深刻的理解，推动信息安全法律制度的完善。力争通过学术训练、企业实习、国际交流与实践、政府机构挂职实习等培养一批社会责任感强、品德优良、职业能力过硬，具有国际视野、关注中国问题，熟练掌握法学基础理论和法律专业知识，兼具国际化的视野、敏锐的国家安全意识、精通国内外网络信息安全法律与政策的高端复合型人才。

“双一流”和“中国西部科技创新港”建设，为西安交大发展提供了难得的时代机遇。在确保自身学科优势与特色的基础上，依托“双一流”和“中国西部科技创新港”建设的契机，奋勇而向前，必将使西安交大快速迈入建设中国特色世界一流大学的康庄大道。

【西安交通大学信息安全法律研究中心团队简介】

西安交通大学信息安全法律研究中心是集科研、教学、国际合作交流等于一身的校级研究机构，是我国最早成立的、目前唯一专门从事信息安全法学研究的学术机构。中心是学校“985工程”重点建设的学科领域，是“中国信息安全法律大会”“中国信息安全法律网”和“寰球信息安全法律资料检索平台”的主办单位及“中国云计算安全政策和法律工作组”常务机构。中心多年来聚焦网络信息安全法律与战略基础理论、国家网络与信息主权、个人权利与企业信息安全保障、网络安全立法、执法与司法、网络社会治理等重大问题，并在本领域重要期刊和学术出版机构发表中英文论文著作100余篇（部）。自2002年以来，中心的主要成员先后承担了包括国家社科基金重大项目在内的十余项国家级重点课题，先后起草多份相关领域立法专家建议稿，并有多项建议稿转化为官方正式文件，推动了国家信息安全领域的立法活动。中心由我国著名信息安全法律专家马民虎教授担任主任，并有一批来自学术界、司法界的知名人士、学者担任兼职研究人员。整体研究水平在我国信息安全法学领域居于领先地位，并在国际相关研究领域中享有较高的学术声誉。

凝心聚气，乘势而上
建设一流化工学科

杨贵东

杨贵东，副教授，博士生导师，化工学院院长助理，化学工程与技术研究院副院长，西安交通大学—牛津大学催化国际联合实验室主任。主要研究方向：催化与吸附新材料的制备与性能研究。

* 本文刊载于2017年12月7日交大新闻网。

金秋十月，喜事连连，十九大胜利闭幕，新思想引领新时代，新使命开启新征程。同时，学校入选国家一流大学A类建设高校，中国西部科技创新港全面封顶，西安交大的力量与速度有目共睹。这些大事、喜事，让每个交大人为之自豪。化工学科是学校战略必争学科，也是能源科学与技术学科群成员之一。在这么好的机遇下，全体教师人心振奋，鼓足干劲加油干，想为学校“双一流”建设添砖加瓦，做出一番成绩。

明确学科方向，提升服务国家重大需求和国民经济主战场的能力。

化工学科要想实现跨越式发展，及早进入世界一流学科行列，必须要明确学科发展方向，把有限的力量集中到解决国家战略需求的研究方向上，有力支撑行业进步和产业发展。西安交大地处祖国西部，有义务也有责任为西部服务，因此必须把解决西部问题放在首要位置。能源化工是我国西部，尤其是陕西省的支柱产业，陕西省能源化工的产值更是占到全省工业产值50%以上。近年来，化工学院根据学科发展趋势及特色，瞄准国际化学工程学科发展前沿，结合国家能源化工，特别是西部能源化工的优势资源和发展转型的重大需求，确立了化石与可再生能源的绿色转化、能源化工系统集成与排放控制、能源化工重大装备及安全可靠性技术三个主要学科研究方向。未来将通过持续性投入与建设，在上述学科方向上争取“大项目”、建设“大平台”、产出“大成果”，形成良性循环，解决制约能源化工行业可持续发展的瓶颈问题，服务经济社会发展“主战场”。

抢占未来发展制高点，开展一流的国际前沿科学研究。

一流的化工学科必须要有一流的化工基础研究能力，并在部分国际前沿研究方向产生国际影响力。具体要如何做？我认为，第一，抢占煤基功能碳材料制备与利用学科制高点。我国煤炭资源丰富，其中，陕西、新疆等西部地区的煤炭资源占我国煤炭可采储量的60%左右。煤炭的洁净高效和高附加值利用是备受关注的重大前沿性课题，事关我国煤化工行业革命性技术进步和未来发展。过去几十年间，国内煤化工行业励精图治，致力于从传统走向新型、从低效污染走向高效清洁，但仍然存在产业链延伸深度不够、产品附加值尚待进一步提高等突出的瓶颈性问题，急需在煤炭的精细化和高附加值深加工利用方面实现突破。化工学科须抓住这一机遇期，在煤炭的高值产品开发方向开展有组织的科学研究，进而在未来形成制高点。目前我校化工学科已在该方向有了很好的研究队伍，以领军学者邱介山教授为带头人的学术团队将围绕煤基功能碳材料的制备方法学及产品的高效利用开展系统和深入的研究工作，达到世界一流水平。第二，抢占化工过程集成优化学科制高点。该研究方向一直是化工学科的优势学科方向，在国际上具有较大影响力。化工学科将基于现有的在传递网络机理研究方面的优势，进一步探究化工过程多层次的集成机理，并在此基础上综合考虑化工过程流程结构、设备与系统效能的关系探究基于机理的过程智能建模方法，建立基于机理的化工过程整体行为集成优化和先进控制理论和方法体系，形成学科制高点，达到世界一流水平。第三，抢占新能源化工学科制高点。陕西可再生能源资源丰富，多次被列为国家太阳能及生物质能源开发利用的重点区域。将以太阳能和生物质能为代表的可再生能源利用与化工相结合，开展可再生能源向化学能、热能的高效转化，太阳能光催化还原二氧化碳、制氢及废弃物治理，以及生物能源的化工工艺与装备技术等方面的研究，对于降低传统能源依赖、改善生态环境具有重要意义。化工学科拥有大批化工领域的科研队伍，在催化剂的科学设计和定向制备、化学反应动力学及工艺的优化等方面具有研究优势，将为开展基于可逆化学反应储热的太阳能储存系统技术研究提供有力的支撑。结合已有的太阳能热利用优势和热化学研究优势，有望在新能源化工研究方面取得突破，达到世界一流水平。

积极引进与培养高水平人才，改善人才发展软环境，打造一流师资队伍。

队伍建设是“双一流”建设的重中之重。近年来，化工学院高度重视学科人才队伍建设，吸引与培养了包括长江学者、国家杰青等一批优秀人才。然而，如何管理与使用好这些人才，使他们发挥聪明才智，全身心投入化工一流学科的建设热潮中去，是我们必须要重视的课题。我认为，首先要爱护人才，使他们时时刻刻感受到有人关心他们，重视他们，能够帮助他们解决一些实实在在的困难。这样才能留住人才，使其快速融入化工学院大家庭里，专注化工学科建设。其次，要花大力气去培养人才。制定青年教师的培养政策和制度，通过定期开展活动加速青年教师快速成长。如建立学业导师制加强培养、给予经费配套、实验用房等支持；组织青年学者学术沙龙促进学科交叉；采取各种激励制度，如制定优秀青年学者支持计划、进行青年教师定期考评并奖励优秀者等，促进鼓励年轻人冒尖成才。第三，鼓励拔尖人才组建学术团队。在资源配置上支持学术团队建设，支持其承担国家及行业的重大项目和国际合作项目，凝聚队伍，形成整体合力，并带动中青年学术骨干迅速成长为国际化人才，力争建立一支在国际能源领域富有创新能力和挑战精神、结构合理的人才队伍与科技创新团队。第四，建设高效的公共测试平台，服务于人才。继续大力建设能源化工公共测试平台，不断提升实验技术人员操作技能水平，通过培养自主操作用户，力争实现24小时不间断运行，保障设备使用效益，充分发挥平台对学院科学研究和学科建设的强有力支撑作用，以及对社会的服务功能。

抓住发展机遇，深化运行体制机制改革。

学科的发展进步，离不开改革创新。近年来的发展实践证明，过去的一套运行体制机制已经明显不适应目前化工学科的高效运转需求。因此，化工学科必须以创新港内涵建设为契机，全面深化学院运行机制改革，通过优化政策激励制度，激发教师队伍活力，做到“弯道超车”。首先，在人事考核制度方面，建立以贡献为导向的考核评价和资源分配体系，考核结果直接与职称职级晋升、绩效和资源分配（物理空间、研究生招生名额和后配给经费使用等）及教师分类挂钩，调动教师和专职科研人员积极性。建立实质性科研团队，采用“倒逼”形式，逐级考核，考核结果以公示方式接受监督。对学院发展做出重大贡献人员，在职称职级晋升、考核评定、绩效和资源分配等方面给予特别奖励。其次，在科研管理方面，建立包括目标机制、科研激励机制、公平竞争机制、利益分配机制及评价反馈机制等以贡献为导向的绩效评估和资源配置运行机制。此外，鼓励科学技术及成果转化，使基础研究与科技开发转化良性互动起来，把转化成果情况纳入绩效评估指标体系。

现在，化工学院师生脚踏实地，不断细化落实“双一流”建设方案，丰富完善创新港建设内涵。化工人形成了一种默契，凝心聚气，乘势而上，要把过去若干年落下的“账”补回来！相信不远的未来，化工学科会是一块响亮的牌子，伫立在中国西部！

【工业催化研究所简介】

工业催化研究所成立于2015年1月。团队由国务院政府特殊津贴专家杨伯伦教授领衔，含副教授3人，讲师9人，核心成员90%以上具有海外/境外学习工作经历。作为陕西省能源化工过程强化重点实验室和西安交通大学-牛津大学催化国家联合实验室的重要组成部分，工业催化研究所目前开展了多个方向的研究工作，并已形成包括理论与计算催化、催化新材料设计以及催化反应工程等为主要方向的研究特色。近两年来，团队成员共发表高水平SCI论文50余篇，其中影响因子大于10的SCI论文11篇，大量研究成果在*Nat. Commun.*、*JACS*、*AFM*、*Nano Energy*、*ACS Nano*、*ACS Catalysis*等国际顶级期刊发表。工业催化研究所期望通过探索开发工业催化新材料及催化反应新机理，培养聚集一流科研人才，建设高水平的工业催化研究平台，产生具有重大原创性的科研成果。

明确个人发展方向
服务一流学科建设

许 领

许领，西安交通大学人居学院土木工程系，教授，博士生导师，青年拔尖人才计划入选者。2010年博士毕业于中国科学院研究生院，2016年由中国科学院地质与地球物理研究所调入我校人居环境与建筑工程学院工作。近年来以岩土力学、工程地质、水文地貌、土壤物理等相关学科为支撑，紧扣黄土地区实际工程问题，开展地质灾害机理与防控技术研究。目前，以第一作者在*Geotechnique*、*Canadian Geotechnical Journal*、*Engineering Geology*、*Landslides*、《岩土工程学报》等国内外专业期刊上发表论文20余篇，围绕黄土地质灾害与黄土地质力学，主持国家自然科学基金3项。

* 本文刊载于2017年12月9日交大新闻网。

西安交通大学入选国家一流大学A类建设高校名单，为学校发展提供强劲动力，正在火热建设中的中国西部科技创新港为学校发展提供了强大的平台保障。作为来校工作不久的交大人，我深受鼓舞，为自己是一名交大人深感自豪。同时，我也在不断地思考，作为一名交大人，如何在新的历史起点，做好本职工作，更好地服务西安交大一流学科建设？

我从事的研究方向为岩土工程，为土木工程专业下面的二级学科，亦是一门典型的应用学科，对区域经济建设方面具有重要的支撑作用。习近平总书记在十九大报告中所提到的农村人居环境建设、地质灾害防护、生态环境保护等都与岩土工程学科息息相关，也为我们的学科发展带来重大机遇。

结合个人研究方向，我从一名普通教职工角度出发，浅谈对如何明确个人发展目标，服务学校一流学科建设的几点思考：

以主动融入区域经济发展的意识，选择研究入口。“扎根西部，服务国家，世界一流”是我校的办学定位。我认为，首先要立足陕西，学科建设切实支撑区域经济社会发展。黄土高原是世界上水土流失最严重和生态环境最脆弱的地区之一。近年来，随着开塬造城等大规模工程建设纷纷上马，黄土高原获得了前所未有的发展机遇。然而，黄土特殊的生态环境和地质特性也使得当前人地关系不断恶化，人居环境建设面临着严峻挑战。以黄土地区平山造城工程为例，如此大规模的填挖方如果处置不当，必将诱发地质灾害，造成水土流失、生态退化等一系列人居环境问题，这些因为发展区域经济而引发的现实工程建设问题具有现实性研究价值与意义，研究成果也必将促使区域经济和社会发展！

以学科交叉“利剑”规划研究方向，争取原创突破。学科交叉有助于收获原创性成果，这是一流学科建设的根本支撑，有助于实现学科方向的“弯道超车”，抢占学科发展制高点。我校岩土工程学科方向并不是强势学科，同国内有关兄弟院校仍存在差距。我校作为工科强校，具有多个一流学科。这为我们开展学科交叉研究提供了有力保障。岩土工程作为一门应用学科，可以在岩土材料的改良、试验设备的研发、岩土勘察数据的检测和信号处理等方面和材料科学、工程力学、通信技术、机械制造、物理化学等相关学科实现深度交叉融合。例如，*Nature*杂志就针对当前实施的黄土高原平山造城等重大工程建设可能带来的人居环境问题，专门发表评论文章呼吁尽快实施多学科联合攻关研究，以应对工程建设给人地关系带来的各种新的挑战。

以个人目标服务总体设计的认识，建设一流科研团队。一流的学科建设，需要一流的科研团队支撑。打造一流的科研团队，反过来可以进一步促进取得创新性研究成果。建设中的中国西部科技创新港是我校深度融入国家发展大格局，实践国家创新驱动发展战略的具体体现。当前，创新港通过科技体制创新改革，实施"校、院、所"组织模式改革，进一步夯实基层科研组织建设，变"单兵作战"为"团队作战"，开展有组织的科学研究。一系列的重大科学问题的解决，都需要多学科攻关研究。作为一名教职工，我们应积极主动融入一流团队建设，只有团队作战，方能取得大成果、争取大项目、打造大平台，并进一步支撑人居学科发展，为我校人居环境学科早日跻身一流学科奠定坚实基础。

以只争朝夕时不我待的奋进精神，丰富"交大速度"内涵。目前，中国西部科技创新港正以"交大速度"全面推进，并且仍不断刷新新的"交大速度"，构筑着西安交大的美好未来。"交大速度"已成为西安交通大学的又一名片！作为一名教师，站在学校发展新的历史起点，为"交大速度"点赞的同时，要继续弘扬"胸怀大局，无私奉献，弘扬传统，艰苦创业"的西迁精神，用新时代的"交大速度"要求自己，以只争朝夕，时不我待的精神，踏实努力工作。作为一名岩土工程科技工作者，我们要努力为黄土地区重大工程建设和人居生态环境保护等提供源源不断的科技力量，用交大人的切实行动丰富"交大速度"的内涵，实现个人科学理想的同时，服务西安交通大学一流学科建设。

推进人才培养范式“源创新”

王 哲

王哲，毕业于西安交通大学马克思主义学院马克思主义理论专业，博士。现为马克思主义学院马克思主义原理研究所讲师。研究方向为马克思主义理论与话语研究，马克思主义文艺理论。

* 本文刊载于2017年12月10日交大新闻网。

大学精华之所在，不在楼宇亭台，在其教书育人。教书育人的关键之所在，不在闭门造车，在其开放创新。开放创新的标志，就是要在变与不变的矛盾运动中，不断调整优化，即要有枝叶处的修建，更要在其根底处多下工夫，以期开出新花。就是应紧扣时代背景与现实实践，遵循社会历史发展规律与教书育人的基本规律，对其当下需求加以回应，对其未来发展加以引领。创新港对于百年交大的而言，不是单纯物理空间的拓展，也不是既往交大成就的复制，而是悠久传统与厚重积淀所孕育出的新芽快速茁壮成长之温床，是新型人才培养范式落地实践的场所，是颠覆性、先锋性育人理念释放的场域，更是西安交大在最新的时空坐标体系中的最新位所确证，在多元化竞争形势中区隔“他者”的壁垒。

当前的社会中，产学研三者之间的关系出现了较为明显的错位与滑移，以致有人戏言道：企业越来越像学校，花大力气培养人才；大学越来越像研究所，精力主要都在搞科研；研究所越来越像企业，想尽办法求效益。这番表述虽然错落不少，但也多少反映出一部分当下的现实。就人才培养的角度来说，新时代中国特色社会主义建设所需要的人才，如何得到满足，就成了又一个值得深思的“供给侧结构性改革”课题。新的时空维度下，对于人才的需求是空前的，但是对于人才的质量要求更为关注。大到国家，小到企业，甚至包括高校自身，都难免在飞速发展中因人才供给而限制了想象，错失了机遇，不得不放慢诉求，放低追求，放下速度，甚至放弃了理想。

新的实践对人才的素质与能力提出了新的要求，提出了新的挑战：新兴领域不断出现，超越了传统的学科门类，带有突出的交叉特点，以学科、专业去划定认知疆域是否还能继续？社会领域变化发展日渐突出，书本与课堂的理论能否与时代变化保持同频？知识迭代速度明显加快，学会学习和学习知识之间两者孰重孰轻？创新驱动成为主流，创新人才的特点何在，如何能够培养？多元化的社会现状催生多元化的人才需求，差异化特点更具吸引力，传统的大班课与标准化培养方案如何调整？时空被大幅压缩的快速发展时代中，个体的自我定位如何构建？多元复杂的思想观念并存时，正确的思想观念如何树立……

当社会的“大语境”发生变化时，与之相对应的实践就需要纷纷改革自身的具体范式。十八大以来，我国经历了极不平凡的五年，在取得大量显著成绩的同时，也依然面临着许多亟待破解的命题。新时代中国特色社会主义就是各方实践推进的“大语境”，包括人才培养在内的范式为了与之保持相适应、相匹配，就不能故步自封、因循守旧，必须要以勇于自我否定的精神为前提，结合实际重建自身。与社会变革的趋势相对应，人才培养的旧有范式释放出了自身的几乎所有潜力，修修补补式的“流创新”已经无法再激发其更多的活力，必须要通过“破”“立”之间的辩证法来推行全面深化改革。改革程度越深越彻底，才能在最大程度上形成重构的基础认知域，吸纳各类新的思想要素，组织更具活力与新意的内部结构。在此基础上所构建的培养范式，对于当下和未来的意义就越加深远。

作为社会与高校、理论与实践、传统与未来的重要交汇点，在此所构建的新型人才培养范式必将呈现出如下几个特色：

开放。拆除围墙，一改传统大学“城中城”“象牙塔”的印象。围墙所隔绝的不只是高校与社会之间的互动，也在人的思想层面形成“疆域”的观念。前者不复存在，知识与实践、科研与产业、高校与社会、学生与非学生、国内与国外之间的交流互动成为常态，师生的思维观念都将因此而发生变化。

多元。差异化竞争中“长板”乃是亮点。开放协作、交流对话中所构建的实践体系，为不同方面的个性化人才提供了可能性。人才的培养要注意对“短板”的补足，但是更需要加强对于“长板”的培养。在多元化的时代背景中，每一个进入交大的新生，都具备着自身独特的素质，通过创新的人才培养模式，将在“有教无类”“因材施教”的过程中挖掘其自身的潜力，打造属于自己的独特竞争力。未来交大所培训的人才群体，将更具多样性与差异化。

务实。无论是当年的创校初心，还是此后的百年过往，交大一贯坚持以务实作为人才培养的必备素质。这种务实精神将在新的人才培养范式中得到进一步贯彻和落实，使之一方面得到继承，一方面也得到进一步的发展。新人才的务实精神，不仅在求真、求实和为学、为道，还在于更具现实精神，能够将科研创新与社会进步发展紧密相结合，能够以超过学科、学术的视野来看待自身的学习与工作，能够自觉将自身的使命与祖国、民族的大目标、大实践所结合。

引领。创新港承载着诸多创新实践。从教学的角度来讲，它不仅是交大的新型人才培养基地，也是全国，乃至全球的新型人才培养基地。这里的人才培养实践对于同行、同业有着重要的借鉴作用，在实践过程中所体现和贯彻的理念、范式、方法都具有重要的行业引领作用。这种在中国特色社会主义新时代建设过程中重建高质量人才培养范式的改革精神也同样具有重要的引领作用。

【马克思主义原理研究所简介】

西安交通大学马克思主义学院马克思主义原理研究所，成立于2005年7月。现有专职教师9人，其中教授2人，副教授3人，讲师4人，其中博士生导师2人，硕士生导师3人。具有高级职称教师的人数占团队总人数的55%；具有博士学位的教师7人，占团队总人数的78%。马克思主义原理研究所有马克思主义基本原理、政治经济学两个二级学科硕士点，一个二级学科博士点，承担着全校大面积思想政治理论课“马克思主义基本原理概论”的教学组织和管理工作。2000年以来，研究所完成多项省级、校级教改项目，编写多部教材，获得教学奖励十余项，2015年荣获陕西省“马克思主义基本原理概论”课程优秀教学团队称号；承担科研项目60余项，其中国家社科基金项目5项，教育部等省部级项目和各种横向课题50多项，累计科研经费达350多万，刘儒教授承担的“中国特色社会主义政治经济学生成逻辑和创新路径研究”课题获得2017年国家社科基金重点项目的资助；共发表学术论文近300篇，其中权威期刊和CSSCI期刊100多篇，出版学术专著十余部。在党的十八大和十九大召开以后，李永胜教授在《人民日报》《光明日报》、人民网等主流媒体持续发声，产生了广泛影响，多位教师承担了理论宣讲工作，均产生了良好的社会影响。

抓住时代机遇　不负历史责任 打造新的仪器科学与技术学科

汤晓君

汤晓君，西安交大电气工程学院测控系主任，教授，博士生导师，国家重大科学仪器设备开发专项项目首席工程师(项目技术总负责人)。汤晓君教授主要研究领域包括多源信息处理技术、光谱分析及其应用、电力设备运行状态监测、矿井瓦斯安全、探井气测录井、纳米传感器、智能控制等。主持科研项目20余项，其中包括国家重大科学仪器设备开发专项项目1项，国家重点研发计划课题1项。开发的"YQJK井口气远程测定仪"是目前国际上气测录井速度最快的仪器，已在长庆油田发现了多处其他录井仪器所未能发现的薄油气层，中国石油天然气集团公司以该仪器为蓝本制定了《红外光谱气体录井规范》企业标准；开发的"变压器油光谱智能在线监测分析校准系统"是目前国内唯一挂网运行的基于光谱法的油中气体在线分析仪；开发的煤矿灾害气体在线分析仪已在内蒙古平庄煤业集团应用，也是目前国际上唯一应用的基于傅里叶变换红外光谱分析的煤矿灾害气体分析仪。

* 本文刊载于2017年12月12日交大新闻网。

“双一流”建设是我国进一步推进高等教育改革与科技创新的重大举措，中国西部科技创新港是西安交通大学贯彻落实国家重大发展战略的重要举措。新时代中，学校迎来了崭新发展机遇。在新征程中，我们应抓住时代机遇，不负历史责任，为打造新的仪器科学与技术学科而努力，为建设更辉煌的西安交大贡献自己的一份力量。

一、筑巢引凤，培育新人

发展问题，在一定程度上是人才问题。目前，我们迎来了国家有政策、学校有平台的难得发展时机，我们必须打好一场人才攻坚战。近年来，我国在引进人才方面出台了许多计划，为我国的现代化建设培养了大批杰出人才。21世纪被称为信息时代，目前已步入大数据时代、人工智能时代。仪器科学与技术研究内容包括传感、信息处理与通信等方面的内容。传感器作为信息的获取部件，是数据与信息的来源，信息处理本身属于人工智能的一方面，在这一时代背景下，仪器科学与技术学科理应有大作为。

西安交大入选国家一流大学A类建设高校名单，创新港建设的快速推进，为学校吸引人才搭建了大舞台。全校师生正集思广益，努力推动创新港内涵建设，将这个大舞台建设得更辉煌。我们要充分利用国家人才计划的政策、信息时代的背景，为人才引进做最充分的准备，提供最贴心的服务，打好人才引进攻坚战，走好名师出高徒的第一步，引进名师。在人才引进上，慧眼识才，不拘一格，不但引进名师，更要引进明师。

大学，是培养人才的地方，不但要培养学生，也要培养年轻教师；不但要培养技术人才，也要培养管理人才；不但要培养专业型人才，还要培养混合型人才。在人才培养的路上，在“请进来”的同时，还要学会“送出去”。在引进名师的基础上，一方面要把学生培养成高徒，另一方面就是要把新教师培养成名师。

二、俯首办事，抬头看路

在进入新征程之时，不论是在人才引进，还是在新人培养方面，我们既要俯首办事，还要抬头看路。俯首办事，就是为了引进人才，当好"店小二"，甚至做"垫脚石"，就是为了培养人才，甘当人梯，甚至牺牲个人利益。抬头看路，就是要想清楚需要引进什么样的人，国家未来需要什么样的人，精准把握方向。

研究型大学，不但要培养人才，还要开展科学技术研究。科研不但要出成果，服务国家所需，还要反哺教学，为人才培养服务。为此，我们首先将在学校政策的框架范围内引进人才，在创新港的大平台上，建立先进传感技术、传感与仪器智能化技术等多个研究平台，为服务"三个面向"奠定人才与物质基础。在这个基础上，围绕"三个面向"开展科学技术研究，积极申报国家项目。有了科研平台、科研项目，即可开展细致的科学研究。在此过程中，我们需要注重"以老带小"，在科研平台建设、科学技术的发展过程中，培养创新型教师人才。进一步，还要在"三个面向"的框架下积极为地方、为国家献计献策，最终成为行业发展的开拓者、学科发展的引领者。

在提高科研水平的同时，还要将科研成果反馈于教学，培养好学生，提供能满足社会需要的人才。为此，一方面，我们要爱生如子，因材施教，最大限度发掘每个学生的潜能；另一方面，要在科研基础上，把握社会对人才的需求方向，积极调整教学内容与课程，并且撰写新版教材，在为本校本学科教学服务的同时，也为其他兄弟高校的同学科服务，发挥教学方面的学科引领者作用。

三、交相融合，相互促进

仪器是科学研究的工具，也是工程实施的工具，其涉及的技术除了最基础的数学、物理和化学以外，还涉及材料、机械、电气、电子、控制等多个领域，这就注定了仪器科学与技术学科是一个交叉性非常强的学科。仪器科学与技术学科不但在技术上和这些学科交叉，还在应用方面也交叉。这就要求我们在推进学科建设的时候，不但要注重本学科相同研究方向老师之间的相互促进，不同研究方向老师之间的融合，还要注重与其他学科的融合，学会借鉴其他学科的发展成果，学会从其他学科、其他科技领域、其他工程领域找技术需求、找应用背景，精诚合作，相互促进。

创新港的规划中，有诸多大研究平台，这些平台、实验室，没有明显的学科界限，其目标就是要促进学科之间的融合，这为仪器科学与技术学科的发展提供了一个良好的基础。学校入选国家一流大学A类建设高校名单，大数据、人工智能时代的时代背景，为我们提供了“天时”，创新港建设，为我们提供了“地利”，国家、陕西省、学校的人才引进与人才培养政策，为我们提供了“人和”。

在面对这“天时”“地利”“人和”俱全的机遇，我们唯有精诚团结、艰苦奋斗，抓住这一千载难逢的机遇，抢占学科发展制高点，把西安交通大学仪器科学与技术学科发展为行业的开拓者、学科发展的引领者，才能不负历史责任。

顺应科技发展趋势
学科交叉产学联动
实现社会科学研究弯道超车

赵玺

赵玺，西安交通大学管理学院“青年拔尖人才计划”特聘研究员，现任陕西省医疗健康大数据工程研究中心主任，大数据算法与技术国家工程实验室社会大数据研究中心主任，陕西省“三秦人才”，中国人工智能学会智能交互专委会委员，中国计算机学会计算机应用专委会委员。法国中央理工大学计算机科学博士，美国休斯敦大学计算机系研究助理教授。在数据分析相关领域发表SCI，EI学术文章50余篇。多篇论文被重新收录于*IEEE Biometrics compendium*。自2015年入职以来，先后主持了国家自然科学基金“大数据驱动的管理与决策研究”重大研究计划项目、青年项目，教育部-中国移动科研基金项目，陕西省发改委工程研究中心创新能力项目等十余项大数据相关科研项目，主持纵向课题入款600余万元。

* 本文刊载于2017年12月15日交大新闻网。

“双一流”建设是新时期我国高等教育发展的一项战略性工程。西安交通大学入选国家“双一流”建设，是令每个交大人兴奋与骄傲的大事，也激励着交大人努力提升自我、打造学术特色、提高人才培养质量、服务社会。战略定位高远的西部创新港，是学校进行“双一流”建设的抓手和平台，更是一块交大立足于引领国际创新的铭牌。西部创新港所体现的政府、学校、社会之间的新型关系，是对十九大加快建设创新型国家的强烈响应。

技术创新对世界文明发展产生深远的影响。指南针的发明促进了航海业，开创了地理大发现的时代，火药的应用改变了世界的格局，造纸、印刷术促进了文明的传承与传播。近几年来“云（计算）、大（数据）、（人工）智（能）、物（联网）、移（动互联网）、区（块链）”的高速发展，支撑了并行于物理世界的数字世界的诞生与成长。在数字世界中，“人、事、物”将会留下越来越丰富的数字痕迹，它包含着海量的个人、企业、行业、社会的细粒度信息；同时，个人和组织的思想、行为与决策也受到了来自数字世界的冲击与影响。数字世界的高速发展，是人类文明进入新阶段的标志，是科技发展不可逆的宏观趋势，它将在个人生活，企业运行，价值创造、社会管理等方面产生大量的机遇与挑战。

顺应技术发展形势，积极寻找特色研究机遇，实现我国社科研究的弯道超车。数字世界的发展虽然由电子、通讯、计算机、人工智能等技术引领，但就像物理世界一样，需要多学科的研究者共同去理解、分析、解决数字世界特有的、数字世界与物理世界边界上的现象、规律、问题。作为在欧美有近十年留学工作经历的青年学者，笔者体会到美英等发达国家虽然在“云、大、智、物、移、区”的研发上暂时保持领先，但我国在数字世界基础能力建设上正处于风口浪尖，大量资本的涌入使得我国数字世界多个方面的建设程度已经超越了发达国家。移动支付、共享单车、网上订餐、智慧小镇等泛“新四大发明”

的应用都是发达国家民众很少体验过的。领先于发达国家落地的数字世界，为我国社会科学研究者提供了人类文明史上崭新的研究对象。这些新的研究对象是国外学者难以直接接触到的，它为我国社会科学研究提供了宝贵的历史机遇。在这个时代浪潮中，社科工作者应该积极寻找具有特色的研究机会，实现我国社会科学研究的弯道超车。

产学联动、多学科协同，共筑世界标杆性的社科研究成果。2009年哈佛大学Lazer教授等15名社会科学家、物理学家与计算机学家在*Science*上发表论文提出计算社会学，随后大量的学者借助Facebook，Google等世界知名互联网企业平台做出了令人瞩目的研究成果。计算社会学的顶级研究需要社会科学家提出好的研究问题，需要物理统计学家对问题进行规律发现和认知，需要计算机学家对数据进行处理、分析，更重要的是，需要与拥有真实社会数据资源的组织进行产学联动。这样的协同联动要求我们深入思考如何创造一个良好的协同机制和平台，平衡研究者的短期学术收益与长期收益，实质性鼓励多学科学者合作，调动学者与社会组织合作的各方积极性，以最高效的方式孵化出具有世界标杆性的社科研究成果。

青年学者是学科建设强有力的新生力量。处在精力旺盛，思想活跃敏锐，接受新事物快的青年学者，较易在新领域做出探索发现。作为青年学者要珍惜自己的宝贵年华，要不惜付出，敢于探索，传承交大精神，奋发有为。青年学者不仅要尽快攀登学术高地，有条件的还应尽快构建研究协作网络，并在研究团队中率先垂范，提升科学思想、科学道德、团队精神，形成良好研究风气、风格。青年学者同时也希望学校进一步重视交叉学科的发展，营造环境氛围，建立合作体系，在物理空间，招生计划，激励评价，工作形象等多方面给予扶持和帮助，使年轻学者健康快速成为学科发展的骨干和领跑者。青年强则学科将强，青年强双一流和创新港建设将辉煌。

精准引领科技创新 加快推进成果转化

李 可

李可，博士生导师，第二附属医院科研实验中心主任，生物诊断治疗国家地方联合工程研究中心副主任。已发表SCI收录论文36篇，影响因子总计230分，被引631次，H因子20。先后主持国家自然科学基金4项，荣获学校首批青年拔尖人才计划（A类）、教育部“新世纪优秀人才支持计划”、教育部第13届“霍英东青年教师基金”、医学部首批国家级后备人才（菁英人才）等奖励和荣誉称号。

* 本文刊载于2017年12月18日交大新闻网。

甲子西迁，再谱新篇；八秩西行，烽火涅槃。2017年金秋，党的十九大胜利召开，提出了“新时代要有新气象，更要有新作为”的宣言，强调创新是引领发展的第一动力，是建设现代化经济体系的战略支撑。与此同时，西安交通大学医学院第二附属医院（西北医院）也迎来了建院八十周年的喜庆时刻，适逢学校进入世界一流大学建设序列，8个学科入选一流建设学科名单，标志着交大科研的发展踏进了新时代。

新时代伊始，交大二附院也正处于发展的机遇期和转型期，就科研工作而言，目前存在的主要问题是基础研究成果难以转化，临床应用有待改进。在加快建设创新型国家的时代背景下，创新驱动已经成为最重要的发展战略，由西安交大牵头建设的中国西部重镇——中国西部科技创新港提供了创新转化的平台，对于二附院的发展来说，可谓天时地利人和，是实现“弯道超车”的最佳时机，作为二附院的一名青年教师，在这里我想谈谈对于创新港和“双一流”建设的几点认识：

一、加快精准创新，抢占学科发展制高点

当前阶段，科学研究的发展日新月异，研究思路的创新尤其重要，如何紧跟研究前沿，找到创新点？以医学领域的研究为例，好的研究思路应该是建立在精准的基础上。加快精准发力，首先应遵从国家和学校的总体发展计划和方针。面向世界科技前沿、面向经济主战场、面向国家重大需求是国家科技创新的主攻方向。作为丝绸之路经济带的新起点，西安在“一带一路”建设中具有重要的战略地位，学校也以“扎根西部，服务国家，世界一流”为目标。因此，抢占学科发展制高点，应该紧扣国家和学校的发展战略，即面向国际医学前沿、面向丝绸之路经济带建设，面向西部人民的卫生健康事业选择、聚焦、凝练科研方向。其次要注重创新平台建设，创新港平台作为新样板、新模式、新典范，将为研究创新提供有力支撑。最后要瞄准学科交叉

点，二附院拥有生物诊断治疗国家地方联合工程研究中心、科研中心实验室等基础研究科室，在肝脾疾病、肿瘤诊治以及临床免疫学等相关领域已经取得了优异的成果，与创新港新能源、新材料、装备制造、信息技术、航空航天、大数据、环境保护等领域的交叉研究将会成为新的突破点和创新点，进一步实现占领学科发展制高点的目标。

二、加快精准合作，引领一流创新研究

团队合作是未来科学研究的新趋势，也是创新发展的基础。创新港通过科技体制创新改革，实施“校、院、所”组织模式改革，进一步夯实基层科研组织建设，变“单兵作战”为“团队作战”，开展有组织的科学研究，激发和提升科技自主创新能力。2017年初，由二附院李宗芳教授团队与一附院吕毅教授团队合作主导，在交大医学部和科研院支持下完成的“炎性损伤控制提高肝癌外科疗效理论创新及技术突破”项目喜获国家科技进步二等奖，这一成果的取得，正是二附院所秉承的“立足临床，瞄准前沿，团队协作，不断超越”的科研理念的最好体现。作为创新港创新团队的一员，二附院的精准医疗研究团队将与Med-X研究院、全球健康研究院、生物证据研究院、药物科学与技术研究院、转化医学研究院共同合作，形成多学科、大格局的研究体系，引领医学领域的最前沿研究。

三、加快精准建设，打造一流创新队伍

人才是创新的核心，创新的事业呼唤创新的人才。为此，二附院通过全力引进海内外优秀人才，目前已经形成了多个优势学科，在肝硬化门脉高压症及脾脏疾病的治疗、脊髓损伤嗅鞘细胞移植技术、微创巨结肠与漏斗胸诊治、大面积血管瘤畸形综合治疗、胃肠动力性疾病的诊治等已达国际先进水平；在关节、脊柱外科研究和手术、小儿外科手术、微创泌尿外科手术等领域达到国内领先水平；借助自主技术实力在西北首家开展的循环肿瘤细胞检测指导肿瘤患者治疗技术等始终保持着国内领先地位并不断创新。通过加快精准建设，优势学

科将继续保持领先地位，同时在较为薄弱的方向，继续大力引进人才，加快创新步伐，实现建设大型综合性研究型医院的目标。

四、加快精准转化，以“交大速度”推进创新成果临床应用

创新港建设历时240天，以“交大速度”开启各项目“同步启动、全面建设”模式，使之成为一个人才集聚的高地，一项深化改革的亮点，诠释了新时代的“交大速度”，也为二附院的发展开启了新的篇章。作为西北地区首家开展CAR-T治疗难治复发多发性骨髓瘤临床研究的医院，二附院在实现基础研究成果向临床转化的过程中已经迈出了关键的“一大步”。新时代要有新气象，二附院的科研团队将会抓住契机，以“交大速度”加快精准创新，加快推进基础研究向临床应用的转化，在创新港这块新的土地上书写新的“交大梦”“中国梦”。

【生物诊断治疗国家地方联合工程研究中心简介】

生物诊断治疗国家地方联合工程研究中心是目前西北地区唯一的国家级生物诊断治疗与转化医学工程研究中心，中心以李宗芳教授带领的教育部创新团队为核心技术力量，同时整合区域内从事生物治疗与转化医学研究的专业人才，形成了稳定的研发团队。主要围绕严重威胁我国人民健康的重大疾病如肿瘤、心血管疾病、自身免疫性疾病等，进行包括分子诊断、免疫治疗、干细胞治疗、基因治疗等在内的相关生物诊断治疗新技术、新方法的基础研发、转化及临床应用研究，建立从实验台到临床应用的转化通道和研发产业链，努力推进生物诊疗新技术新疗法的成果转化及产业化。中心现有工作人员50余人，其中高级职称26人，90%具有博士和硕士学位。目前已发表SCI文章76篇，中文文章200余篇。获得“985”项目、教育部项目、国家自然科学基金、陕西省基金等20个项目资金的资助。申请专利数十项，获陕西省政府科学技术奖2项。

潜心钻研，坚持创新，在智慧学镇续写前进篇章

张锦英

张锦英，副教授，博导，青年拔尖人才B类，仲英青年学者。2000年毕业于华中科技大学，获得材料学院焊接专业和管理学院财务管理双学位后保送清华大学攻读硕士学位，于2003年获得机械系激光加工专业硕士学位，并于2008年获得材料系量子信息处理专业博士学位，于2009年加入日本名古屋大学Shinohara教授课题组从事碳纳米材料的研究，于2013年1月回国加入西安交通大学电气学院从事纳米材料与可持续能源方面的研究，主要从事新型纳米材料的开发及应用基础研究，先后获得国家自然科学基金2项，陕西省自然科学基金1项，国家重点实验室基金1项，高校基本科研业务资金项目1项。在*Angew. Chem. Int. Ed.*，*Nano Lett.*，*Acs Nano*，*Nat. Commun.*，*Phys. Rev. Lett.*等权威杂志发表20多篇SCI文章。

2017年的秋季是交大的丰收季。除了入选“双一流”建设A类高校这一让人激动的收获外，创新港封顶更是让所有交大人精神为之一振。创新港是教育部和陕西省人民政府共同建设的国家级项目，是陕西省和西安交大落实“一带一路”、创新驱动及西部大开发三大国家战略的重要平台，它的定位为国家使命担当、全球科教高地、服务陕西引擎、创新驱动平台、智慧学镇示范。其定位和目标对我们中青年科研人员来说，无疑是一个非常广阔的平台。因为创新港的建设不仅是学校发展的重要机遇，也是我们中青年科研人员大展宏图的大好机会。

创新港的目标是“基于交叉、共享、开放的理念，将创新港建设成为世界一流的中国西部科技研究中心，创新人才的培养中心，科技成果的转换中心”。面对这一目标，作为一个中青年教师，我深深感受到一种紧迫的使命感和责任感，也对自己未来的工作有了更深的思考和规划。

潜心钻研，坚持创新，为学校发展贡献力量

我国目前已成为世界第二大经济体，科学研究发展也十分迅猛。近十年国际论文不管是在数量还是在引用次数上，都跃居第二，仅次于美国。西安交大作为工科强校，这十年间科技论文数量也不断攀升，SCI收录的科技论文2016年的数量位列全国高校第八。而随着创新港这一平台的建立和完善，我相信，我们学校的数据还会不断刷新和增长。作为材料领域的中青年科研人员，要不断向交大的前辈学习，潜心钻研，开创新方向，做独特性的研究，努力成为自己领域内的领军人物。

材料作为一门基础学科，是众多工程学科的基础之一。电气学院在创新港建设规划中，拟瞄准电工新材料和电气绝缘领域的前沿问题，融合材料学科，形成一系列新的增长点，解决若干重大民生问题。这一规划对于我这个材料方向的研究人员来说，是个大展身手的好时

机，但也面临着诸多挑战。因此，在以后的工作中，我会不断学习，汲取新知识，注重交叉，寻求合作，将现有的研究方向拓展到电气领域，为学院发展和学校发展贡献智慧。

循循善诱，激发潜能，为培养智慧人才不断前进

我的求学经历比较复杂。在华中科技大学读完本科后去了清华读硕士,毕业后去了牛津大学攻读博士学位,随后又在日本名古屋大学做博士后。不同阶段不同国家的学习让我感受到了中外在教书育人方面的差异,也体会到了作为师者身上的责任和使命。西安交大以建设世界一流大学为目标,那么在人才的培养上一定要有一流的水准。研究生导师对每个学生的学习和未来都有着重要的影响和指引，这就要求我要有严苛的使命感和责任感。每个学生都是不同的有机体,性格各异,擅长方向也不一样。因此，科学培养学生是必须和必要的，要勤于沟通，根据学生的特点和目标,制定不同的课题和培养方案,以保证每个人的潜能都能被激发,取得满意的成果。同时,创新港是个开放交叉的平台,将会有良好的校企合作和校际交流。因此，要鼓励学生多去交流和实践,让他们感受急需解决的科学问题和最前沿的科学理念,培养学生的解决问题的实际能力以及科技创新思维。此外,健全的人格和良好的道德素养也是一流人才的基础要求,只有做到言传身教,才是一个合格的导师，才能在培养拔尖人才的道路上走得更远。

着重实践，积极融合，为成果转换打基础、做贡献

作研究的本质都是为了解决实际问题，改变生活。因此，在创新港这个更加开放和容纳百川的平台上，作为科研人员，在瞄准学术前沿的同时，也要立足解决国家重大需求，关注社会发展中面临的实际问题。电气工程学院是学校历史最悠久的学院之一，师资力量雄厚，学科齐全，到今天已成为我国电气工程领域人才培养、研究创新、重大专项孵化的重要基地之一。身为这个团队里边的中青年科研人员，在今后的工作中应该努力开阔视野，注重实践，积极融合，广泛交流，

甘愿奉献，将自己的所学倾尽付出，为学院的成果转换和重大专项的解决打基础、做贡献，为创新港成为科技转换中心尽自己的全力。

【新型储能与能量转换纳米材料研究中心简介】

新型储能与能量转换纳米材料研究中心是依托西安交通大学电气工程学院电力设备电气绝缘国家重点实验室建设的一个面向未来能源和电力可持续发展的研究机构，中心围绕未来储能和能量转换科学技术发展的核心问题——材料开展研究，核心任务是通过基础研究发现和合成可用于储能和能量转换的纳米新材料，开发这些材料的生产和应用技术，推动这些技术的工业化进程。

以“双一流”为契机，着力提升马克思主义中国化研究学科建设质量

王永香

王永香，女，法学博士，博士后，西安交通大学马克思主义学院讲师，美国威斯康星大学麦迪逊分校访问学者。主持国家社会科学基金青年项目、中国博士后科学基金、陕西省社科基金等项目，出版著作1部，参与著作1部。发表学术论文20余篇，其中SCI期刊检索论文2篇，CSSCI期刊论文6篇。获得西安交通大学“优秀博士学位论文奖”、教育部博士生“学术新人奖”、西安交通大学“学术之星”称号，获评西安交通大学“优秀毕业生”。

“双一流”建设是中国高等教育振兴的重要举措，学校只有在“双一流”建设中抓住创新发展的时代机遇，注重学校建设的质量和特色，提升自身综合实力，才能在国际竞争中占据优势。

中国马克思主义研究所是学院的二级教学单位，从事马克思主义中国化的教学与研究。马克思主义中国化，就是马克思主义和中国具体实际相结合，让马克思主义具有中国的民族特点和民族形式，可以从三个方面理解马克思主义中国化核心命题的基本内涵：一是马克思主义基本原理在中国的运用和发展，二是中国实际的经验总结和理论升华，三是中国优秀传统文化精髓的集中展示和现代表达。马克思主义的中国化研究致力于让马克思主义展现出新鲜活泼的中国作风和中国气派。

一、严格遵循马克思主义中国化研究学科建设的基本原则

“马克思主义中国化研究”学科具有政治性、科学性、理论性、现实性等特征，因此，学科建设应遵循以下基本原则。第一，坚持政治性与学术性相结合。政治性是“马克思主义中国化研究”学科的鲜明底色，马克思主义及中国化的马克思主义是我们党的指导思想，是社会的主流意识形态；学术性是一个学科建设的有力支撑，缺乏学术底蕴的学科是没有生命力的。因此，要从多领域、多视角进行学术研究，进行自由的学术探讨，坚持研究无禁区，宣传和课堂讲授有纪律的原则。第二，坚持理论与实践相结合。一方面要着重研究马克思主义中国化的历史进程和基本规律，以及取得的重大理论成果，尤其要深入阐述和研究当代中国马克思主义的最新理论成果，也要关注现实，将理论研究与我国改革开放和社会主义现代化建设实践相结合，用马克思主义最新理论成果解释中国特色社会主义发展实践中的重大经济社会问题，在实践中不断丰富和发展马克思主义。第三，坚持问题导向。要用马克思主义基本原理来解决中国的现实问题，要依据时代条件和中国的国情，研究和解决中国社会主义现代化建设过程中出现的

重大问题。

西安交通大学马克思主义学院中国化马克思主义研究所在学术研究和教学工作中始终坚持政治性与学术性、理论和实践相结合，一方面努力学习、宣传和研究我们党所取得的最新理论成果，让十九大报告深入全面进课堂，同时发表一系列相关理论性学术论文，此外，在课题研究中注重调查研究，并将调研所获取的第一手资料用于课堂教学中。全校研究生公共课“中国特色社会主义理论与实践研究”采取专题式教学，以问题为导向，精心设计每个专题，以学术性研究为支撑，结合现实社会中的重大问题，取得良好的教学效果。

二、科学优化马克思主义中国化研究的课程设置和人才培养模式

马克思主义中国化研究学科建设的重点之一就是如何优化课程设置。要注意坚持几个原则：一是专业课要围绕马克思主义中国化和中国化的马克思主义开设；二是学科基础课应主要开设马克思主义基本原理、马克思主义发展史、中共党史等课程；三是适当选修政治学、历史学、中国传统文化等领域的课程。要让学科建设同课程建设更好地结合起来，使学科建设更好地服务于课程建设。总的来说，马克思主义中国化研究学科的课程设置，既要认真思考该学科的基本特色，又要正确区分不同层次的教育对象和任务，根本的还是要充分考虑到人才培养目标和要求。要培养政治素质好、思想品德优良、具有较好马克思主义理论知识的学生。

中国马克思主义研究所目前主要开设了本科生毛泽东思想和中国特色社会主义理论体系概论，政治学概论，当代世界经济政治与国际关系，西方文明史，国际政治学导论，西方政治思想史，当代中国国际路线与外交政策研究，硕士研究生中国特色社会主义理论与实践研究等课程，充分考虑了学科性质和学生培养目标的实现。

三、强力打造高水平的马克思主义中国化研究学科团队

为进一步促进马克思主义中国化研究教学科研，更需要在学科团队建设上下工夫。要围绕学校学科发展战略目标、学科建设规划，根据马克思主义理论中国研究的具体化内容，明确研究方向和发展目标。团队负责人要具有战略眼光和很强的协调能力，使整个团队和谐地运行、顺利地发展，做到各个研究方向之间既相互联系、互相支撑，又各有特色。构建适度的人员规模、培养结构合理的教师梯队，选拔真正热爱马克思主义中国化研究、且有研究专长的人担任教师。建立科学合理的考核、评价、激励政策，支持团队建设。

我校中国马克思主义研究所现在主要有三大团队，包括当代中国研究中心、国际问题研究中心和廉政研究中心。2000年以来，中国马克思主义研究所在教学、科研、社会服务等方面取得长足发展，承担教改项目十余项，撰写教材8本，获得教学奖励16项，承担科研项目90多项，发表学术论文近300篇，撰写学术专著60余本。今后，中国化马克思主义研究所将抓住历史机遇，不断提高团队实力，更好实现跨越式发展。

【中国化马克思主义研究所简介】

中国化马克思主义研究所重点负责本科生毛泽东思想和中国特色社会主义理论体系概论和研究生中国特色社会主义理论体系与实践研究的课程教学科研工作，负责马克思主义中国化、中共党史二级学科硕士点的建设，负责马克思主义中国化二级学科博士点的建设。

中国马克思主义研究所现有专职教师22人，其中教授7人，副教授7人，讲师8人。承担本科生毛泽东思想和中国特色社会主义理论体系概论，政治学概论，当代世界经济政治与国际关系，西方文明史，国际政治学导论，中国近现代政治思想史专题，当代中国国际路线与外交政策研究，硕士研究生中国特色社会主义理论与实践研究等课程。

以创新港为平台　构筑马克思主义理论学科发展“三实”新高地

杜晓燕

杜晓燕，西安交通大学马克思主义学院廉政研究所所长助理，副教授，法学博士。长期专注于廉政建设研究，主持国家社科基金“国家公务人员廉政建设研究”，发表相关学术论文20余篇。

2017年是一个特殊而重要的年份，对于学校而言，9月20日传来西安交大入选国家一流大学A类建设高校名单的好消息，11月20日又传来西部科技创新港159万平方米科创基地单体全面封顶的好消息，西安交大迎来重大历史发展机遇期；对于马克思主义学院而言，3月15日入选第二批全国重点马克思主义学院，11月1日正式成立习近平新时代中国特色社会主义思想研究中心，学院也驶入历史发展的快车道。作为这些重要历史时刻的见证者与参与者，我充满了自豪感与历史使命感。作为一名交大思政课教师，我也想结合自己的工作，谈谈对“双一流与创新港”建设和马克思主义理论学科发展的一些思考。

一、多学科协作交流，打造马克思主义理论“大学科”实验平台

马克思主义理论既是中国革命、建设、改革的根本指导思想，也是当代中国最大的显学，特别是马克思主义中国化的最新理论成果“习近平新时代中国特色社会主义思想”，内涵十分丰富，涵盖了经济、政治、法治、科技、文化、教育、民族、宗教、社会、生态文明、国家安全、国防和军队、祖国统一、外交、党的建设等各方面内容。要深刻理解和更好阐释马克思主义理论的最新成果，就必须打破马克思主义理论单一的学科界限与属性，开展多学科、多视角的交叉研究，如管理学、经济学、金融学、公共管理学、法学、社会学、哲学等很多学科在解决当代中国重大发展问题上都取得丰硕的成果，而这些成果极大地丰富了马克思主义的理论与视野。在马克思主义理论学科建设上，一方面应该淡化人文社科各学科间的界限，以“大学科”的视野，运用西安交大各种先进研究手段和实验平台，联手推进对新时代中国国家和社会发展中“人类命运共同体”“一带一路”“供给侧改革”“国企改革”等重大问题的研究；另一方面应该打破现在各学院物理空间布局上的界线，让不同研究中心在创新港共享办公空间，为不同学科间人员与研究成果的交流创造更多的平台与机会。

二、多团体协调合作，打造学生“大思政教育”实践平台

习近平总书记强调：“高校立身之本在于立德树人。只有培养出一流人才的高校，才能够成为世界一流大学。”高等教育的根本使命就是培养社会主义事业培养合格建设者和可靠接班人，在这方面马克思主义学科担负着重要的历史使命。要结合思政课的特点，通过合理设置社会实践主题，组织学生们对当代中国发展中的“养老”“看病”“就业”“精准扶贫”“反腐败”等热点问题进行调研，让学生们更清楚地了解中国国情、更主动地关心中国社会发展，增强自身的社会责任感与使命感。中国西部科技创新港是一个集“校区、社区、园区”三位一体的全新大学形态，在这种新形态下，可以通过学院、书院、团委、学生社团、社会团体、企业、政府等多渠道协调合作，使校内外各种资源为思政学习与实践服务，打造“大思政教育”实践平台。

三、多渠道协同发展，打造马克思主义“大人才”实创平台

“广开进贤之路，广纳天下英才”，这既是十八大以来我们党和国家的人才观，也是马克思主义理论学科发展要秉持的人才观。创新港的建设为吸引国内外优秀人才提供了一个良好的平台。我认为在马克思主义理论学科人才引进上，一方面要强调思政教师自身的政治素养、学术素养，另一方面还要突破已有的进人界限，加强两类人才的引进。一类是国际化高水平人才，在这方面可以适当放松学科属性要求，哲学、政治学、法学、经济学、历史学、人类学、环境学等各学科人才都可以对马克思主义开展不同学科视阈内的研究，另一类是社会精英化人才，在这方面可以适当放松学历要求，聘请相关党政领导干部、各行各业先进人物、社会道德模范等兼任马克思主义学院教师，广泛参与思政课教学、科研，打造一支马克思主义“大人才”队伍，促进马克思主义理论学科发展。

从2004年选择在西安交大攻读硕士研究生开始，我深深地感觉到

自己的命运与交大的发展紧密地联系在一起，交大兴我兴，交大荣我荣，我愿意在创新港这块交大发展的新高地上为建设马克思主义理论一流学科冲锋陷阵！

【西安交通大学廉政研究所简介】

西安交通大学廉政研究所于2005年4月成立，2005年成为中央五部委定点廉政研究机构，2007被确立为中央纪委理论中心4所全国高校联系点之一。廉政研究所长期致力于中国反腐倡廉建设研究，所长是李景平教授，已培养出博士研究生20余名，硕士研究生30多名。廉政研究所主要的研究方向为：党风廉政建设与反腐败研究，廉政理论与制度建设研究，国际反腐比较与借鉴研究，廉洁教育与文化建设研究。廉政研究所主持国家社科基金重点项目1项、国家社科一般及青年项目3项，出版学术专著十余本，发表相关学术论文300多篇，在国内外具有一定的学术影响力。

用历史智识为“创新港”与“双一流”建设保驾护航

裴广强

裴广强，毕业于中国人民大学清史研究所，历史学博士，现为西安交通大学马克思主义学院近现代历史研究所讲师，主要研究方向为中国近代政治史、社会经济史，曾在《“中研院”近史所集刊》《史学理论研究》《清史研究》《史学集刊》等刊物发表专题性研究论文多篇，其中多篇被《新华文摘》《人大复印资料》部分或全文转载。

2017年对于西安交大来说是一个不平凡的年份。这一年中，除了中国西部科技创新港正式开工，并以飞速势头加快建设之外，交大还成功入选了国家“双一流”A类高校建设大名单。这是挥别百廿校庆之后，交大取得的两项足以载入史册的重大成绩，对于学校自身，乃至中国高等教育事业而言，意义非凡。成绩与付出同在，机遇与责任共存，交大未来的建设和发展，离不开每一位交大人的拼搏和奋进。作为马克思主义学院近现代历史研究所的一名青年教师，从汲取历史智识的角度出发，我认为在“创新港”与“双一流”建设过程中理应实现以下三方面矛盾的协调统一。

艰苦奋斗与创新发展须保持统一

艰苦奋斗是中国共产党在建功立业过程中所保持的优良传统，永远不会过时，并会随着新时代的新发展而引申出新的含义。在革命年代，艰苦奋斗是我们党战胜各种艰难险阻的制胜法宝之一。80多年前，中国工农红军在极端险恶的条件下，离开南方革命根据地，进行战略大转移，长驱两万五千里，纵横十余省，越过了人迹罕至的雪山草地，克服了说不尽的艰难困苦，最后到达陕北革命根据地，取得了长征的胜利，为抗日战争和解放战争的最终成功保存了火种。在某种程度上可以说，长征的精神价值正在于对艰苦奋斗精神的弘扬和坚持。

在“创新港”与“双一流”的建设过程中，我们更应该发扬艰苦奋斗的精神。当然，这种艰苦奋斗并不是“两耳不闻窗外事”式的单纯埋头苦干，而是在及时了解各种动态信息，探索教育新模式、新理念、新形态基础上的新的精神操守。概言之，全校师生应该在艰苦奋斗中摸索创新，在创新中注入艰苦奋斗精神。唯有如此，才能够让交大在秉持“胸怀大局、无私奉献、弘扬传统、艰苦创业”西迁精神的同时，积极探索创新发展的新途径和新方式，实现各学科的大发展和学校总体实力的大提升，继续谱写交大“为世界之光”的荣耀篇章。

个体行动与世界潮流和国家战略须保持统一

从世界历史的发展趋势来看，决策层面的战略选择只有顺应历史的发展潮流，才能够获得新的发展良机。比如汉、唐、宋朝廷正是在面对当时西方对于中国商品迫切需求的情况下，才积极推动了陆上及海上“丝绸之路”的发展，谱写了悠悠千古传奇。“创新港”是教育部和陕西省人民政府共同建设的国家级项目，是由西安交通大学与西咸新区联合建设的智慧学镇，同时，“创新港”也是在借鉴世界先进国家先进办学经验基础上的大作为，符合世界高等教育发展的新趋势。当然，世界形势瞬息万变，因此也就要求“创新港”不应满足于现状，应该继续紧跟世界潮流，实现自我内涵的不断革新。

个体的行动还应该与国家的发展战略相契合，如此才能获得更强劲的生命力。比如在中国走向现代化的过程中，晚清和国民政府都曾在政策上大力支持学生赴海外留学，学习西方先进科技文化。这些留学生学成归国之后，贡献于各行各业之中，不但推动了中国的现代化过程，而且实现了自我的人生价值。从学校层面而言，“创新港”的规划建设虽源于个体行为，是交大谋求新发展的自创新平台，但也是契合国家发展战略的明智之举。中华人民共和国成立以来，国家长期支持西部地区的发展。从“老三线”建设到“西部大开发”，再到“一带一路”计划，陕西，尤其是西安，均为历次建设的重中之重。“创新港”在立足于西安，引领西部科教发展趋势的同时，应该深入挖掘西部的独特资源，做到“研”“学”并举，培育优势学科和战略智库，将自身的发展牢固地建立在国家战略基础之上。

发挥特长与补足短板须保持统一

不管是对个体还是对整体而言，只有发挥特长与补足短板同时进行，才能将自身的发展推向一个新的台阶。一所大学的建设同样如此。比如民国时期清华大学文科实力强劲，仅国学院便有著名的“四大导师”坐镇。1952年全国高校院系调整之时，将清华大学的很多文科强势专业划归北京大学，使得清华大学演变为一所相对纯粹的工科大学。近些年来，清华大学大力扶持人文社会科学的发展，成立文科建设处，先后推出"文科振兴计划""双高建设计划"等，旨在做到一流大学建设与一流文科建设相统一。可以预见，清华大学文科的再次崛起似成定局，学校的整体实力也会因此上升到一个新的层次。

从全国高等教育的布局现状来看，西安交大同样是一所以工科见长的综合性研究型大学，其中能动、机械、电信、电气等专业实力强劲，在中国大学教育版图中特色鲜明，独树一帜。相比而言，除管理学以外的其他文科专业发展态势明显落后，这种不对称的状况一度严重束缚了学校的发展前景。当前，"创新港"与"双一流"建设为交大人文社会科学的发展提供了一个历史性机遇，校—院—系应该就此点达成思想共识。文科各专业应该积极发挥主观能动性，根据自身情况制定合理的政策规划，及时把握良机，发展自我，并自信能够成为交大谋求新发展的助推器。如此这般，才能在推动交大走向"人文复兴"的前提下，实现更高层次的超越与发展。

【近现代历史研究所简介】

近现代历史研究所初创于2006年，目前共有教师9人，其中教授1人，副教授3人，讲师5人。主要负责全校本科生"中国近现代史纲要"课程和"中国近现代史基本问题"二级学科硕博点的建设工作。近年来，研究所以全面提升师资队伍整体素质为核心，以专业梯队建设为重点，以提高人才培养质量为发展目标，结合西安交通大学本科生培养模式，形成了以教材为准绳，以史实为依据，结合社会实践，全方位多层次开展课程教学的教学模式，推动了我校马克思主义理论课教学改革，并取得了优异的成绩。研究所教师先后参与多部马克思主义理论教材以及专业著作的编、著工作，累计发表论文70余篇，其中CSSCI来源期刊论文40余篇，并以主持人身份承担国家、省部级课题十余项。目前，研究所所正集中力量，大力推进对西北革命根据地史的研究工作，努力将我所建设成为该领域的研究重镇。

凝练学科方向，助力创新港与双一流建设

温 军

温军，西安交通大学经济与金融学院院长助理，教授、博导，长期从事微观金融、产业组织与技术创新问题研究，目前已在国内外著名刊物发表论文70余篇，主持多项国家和省部级基金的研究工作。

对于西安交通大学来说，2017年的秋天可谓是一个丰收的季节。从以“交大速度”和“交大质量”顺利封顶的中国西部创新港建设到入选国家一流大学和一流学科建设高校名单，无一不彰显着“交大力量”，吸引了三秦大地乃至全国各界的眼球。“双一流”建设是我国进一步推进高等教育改革与科技创新的重大举措，中国西部科技创新港是西安交通大学贯彻落实国家重大发展战略的重要举措。为助力创新港和双一流大学建设，经济学科要创新思路、聚集精锐队伍，围绕如何促进陕西经济发展、如何推动我国经济更加充分和平衡的发展、如何实现我国的“追赶超越”目标和化解社会主要矛盾贡献自己的智慧和力量。“双一流”经济学科要面向国家重大需求、国民经济主战场和国际学术前沿，围绕建立现代化的经济体系，凝练学科方向，提升学科竞争力。

目前，我国仍处于工业化中期向后期的过渡阶段，工业化的历史任务尚未完成，新兴技术快速涌现，未来战略性新兴产业的发展是促进我国实现技术突破，追赶超越发达国家的重要机遇。同时，顺应当前产业智能化、网络化、信息化发展趋势，经济学科建设必须紧密结合时代经济背景，重点致力于网络经济时代公司治理、新兴技术企业成长、战略产业演进与产业创新、人工智能与产业组织等方面的研究，形成特色化的转型经济环境下的我国“新产经”理论与创新发展理论体系。

随着经济金融业的改革和国家的产业升级，尤其在互联网背景下的金融市场的快速迭代成长，新金融服务业逐渐成为支撑各类新兴实业经济增长的重要引擎，将对传统金融进行熊彼特式的“创造性毁灭”，彻底颠覆其产业组织形式，极大地促进市场竞争和产业效率。因此，顺应互联网及信息化发展趋势，未来经济学科建设重点将在新金融市场治理、金融工程、金融科技、金融安全战略、互联网金融风险等方面。通过这些研究不断优化改进、扩展丰富现有的金融理论，形成新的研究突破点，引领国内外学术前沿，形成较高的国际影响力。

在“一带一路建设”的国家经济战略需求，区域生态及可持续发展要求的背景下，如何上升为贸易强国的诸多实践问题急需从基础理论上进行研究分析。尤其服务贸易已经成为企业及产业向高端价值链转型升级的重要方向。因此，以服务贸易为核心的宏观贸易战略及微观企业贸易战略的研究具有重要价值。在此背景下，未来国际贸易学科方向的研究必须重点结合在服务性贸易战略，围绕着“新贸易”理论与实践，形成新的研究突破点。

顺应时代潮流，坚持“三个面向”，经济学科建设应围绕“新产业、新金融、新贸易”等开展创新性研究，力争在“互联网、人工智能时代的新经济演化与发展”“新金融市场发展及治理”“一带一路背景下服务贸易与区域经济可持续发展”方向上抢占学科制高点，建设过硬队伍，坚持文化自信，助力创新港，推进一流大学建设，为陕西及国家相关部门的重大战略谏言建策，为陕西及中国的经济发展做出实质性重要贡献。

【陕西省创新驱动与产业升级研究中心简介】

陕西省创新驱动与产业升级研究中心，为省部级人文社科重点智库研究基地，中心立足中国实践，深入探讨和解决中国经济问题，主动服务社会科学决策，成果要报多次受到国家和省政府有关部门批示，受到社会各界的广泛好评。

争创“双一流”需要能支撑可持续发展的智库、机制和敢为人先的具体举措

刘进军

刘进军，教育部“长江学者”特聘教授，享受国务院政府特殊津贴专家，领导电气学院电力电子与新能源技术研究中心，2015年入选西安交通大学首批“领军学者”。从事电子化电能系统与电能质量控制方面的研究，现为国际电气及电子工程师学会（IEEE）电力电子学会副主席、学报副编辑，中国电源学会副理事长、英文学报主编，中国电工技术学会电力电子学会副理事长，中国电机工程学会直流输电与电力电子专业委员会委员，教育部电气类专业教学指导委员会副主任委员。获国家级和省级科学技术奖、教学成果奖等多项。2006年获得“中达学者”荣誉称号与奖励。2014年获得“全国优秀科技工作者”荣誉称号。获得电力电子领域首要国际期刊《IEEE电力电子学报》2016年最佳论文奖。

自从发现从东、南方向返回西安的飞机都要在创新港上空做一个大拐弯才在咸阳机场落地，我每次从这些方向出差飞返西安都要早早地预订飞机上靠右侧窗口的座位，就是为了多一次从空中亲眼目睹创新港建设工地全貌的机会。每一次看到这片宏大的建筑工地，都令我激动不已。西安交通大学入选国家一流大学A类建设高校名单，全校师生为之振奋，鼓足干劲争创一流。中国西部科技创新港，正是西安交通大学探索21世纪中国特色世界一流大学建设新形态的载体。作为一名在交大学习、工作了近30年的教师，我密切关注学校“双一流”和创新港建设的各项进展。

“双一流”是一个相对概念，也就是说这是与世界范围内的其他高校竞争而来的相对地位。那么，我们何以在竞争中取得领先地位？这是我们现在就必须认真思考和回答的问题。根据我个人在学校职能部门和电气学院领导岗位的多年实践和思考，以及在国内外高校学习和考察的经历，我对此有如下几点粗浅的想法，愿意抛砖引玉。

争创“双一流”需要建立高水平的智库，能够提供学校发展的科学规划、提出有力竞争战略战术和路线图、深入进行教育教学研究。这里提到的这些功能对学校的发展都是至关重要的，都是需要一大批有智慧、有学校和中层管理经验的专家组成学校智库，进行多次的头脑风暴、长时间反复深入的思考、研讨甚至争论才能高质量完成的。形成符合西安交大内外条件特点的、高质量的思想、规划和有力的战略战术举措，不能仅仅依靠被繁杂行政事务缠身的学校和职能部门领导，主要应该来自高水平智库内科学的研讨、思想火花的激励和交锋，更需要一批对学校办学理念和教育教学思想有深入思考的教师集体参与。

二，争创“双一流”需要可持续发展的机制，一旦确定发展目标以及规划路径和策略，就要坚持不懈，前赴后继，形成绵延不断的持续发展动力。避免朝令夕改，切忌反反复复。为形成可持续发展，我们在发展目标以及规划路径和策略的制定和研讨阶段就要发动尽可能多的教师和管理干部参与，确立发展规划与执行方案在学校的权威地位，然后进行大力的宣传贯彻，在全校上下凝聚共识，真正成为全体交大人的奋斗目标；为形成可持续发展，我们可能还需要建立校级和中层行政领导与学校智库的定期研讨机制，建立学校发展规划与执行方案的定期检讨和更新机制，建立核心部门主要领导和校级领导的后备机制，探索行政领导与学校智库的人员交流机制。

三，争创“双一流”既需要勤勤恳恳、任劳任怨的细致工作，更需要不断提出敢为人先的具体创新举措。我们交大人的传统作风是踏实肯干，迁校以来更是形成了“胸怀大局，无私奉献，弘扬传统，艰苦创业”的西迁精神。这些精神都要落实到解决学校发展战略和战术层面的具体问题，才能形成我们的核心竞争力，才能回答“我们凭什么就能追赶并领先”这个问题。在这件事情上，我们当不断提出敢为人先、不落窠臼的具体创新举措，才能确保我们逐步赶上世界一流高校，并且先人一步，占据有利的位置。四平八稳，按部就班，并非我们“追赶”和“超越”的奋斗目标。

“双一流”建设是一项宏伟的工程，需要几代人在认准的道路上持续地付出努力、不断创新，才有可能达到我们的奋斗目标。学校的建设如此，学院和学科的建设也同样如此。我所在的西安交大电气工程学科是我国最早的电气工程学科，过去多年保持了国内的领先地位，在最近的教育部学科评估和软科学科排名中都排在了第一的位置。但是，我们怎样确保今后几十年不但保持国内领先的地位，而且赶上国际一流的水平，引领国际相关学科领域的发展，同样是迫切需要我们思考和回答的问题。没有高水平的智库，没有可持续发展的机制，没有不断创新的具体举措，还像以前那样靠我们的已有基础和自然发展，要实现我们的学科发展目标可能性很小，恐怕连保持国内领先的地位都希望不大。因为我们没有世界一流的经济、社会发展水平，甚至与国内其他地方相比都不是一流的经济、社会发展环境。当然，学院和学科层面的智库、机制和创新举措与前面谈到的学校层面的围绕重点应该有所区别。在学院层面，重点还是要围绕学科研究方向和人才培养方向的规划与具体落实举措的创新。只有当我们有相当数量的学院和学科都跨入世界一流的行列，才能印证我们建设世界一流大学的成效。

“幸福都是奋斗出来的”。习近平总书记的这句话非常实在地总结了我们辉煌的过去，也指明了我们美好的未来。愿我们西安交大和各学院学科的奋斗把握准方向，持之以恒，勇于创新。

【电力电子与新能源技术研究中心简介】

电力电子与新能源技术研究中心现有教师16人，研究生100余人。其中长江学者特聘教授2名，中组部“青年千人”专家1名，教育部新世纪人才3名，教授7名。另聘有长江学者讲座教授1人，外籍授课兼职教授2人，外籍荣誉教授3人。团队无论科研还是教学在国内电力电子技术领域都位于前列，在国际上也形成了重要影响。团队近年来先后主持国家自然科学基金重点项目、国家科技支撑计划重点项目课题、“973”计划课题、“863”计划课题等国家级重点科研项目多项，获得国家科技进步二等奖2项，省部级科学技术奖多项。团队编写的《电力电子技术》教材已出版5版，累计发行180万册，被400多所高校采用，过去30多年来一直是中国发行量最大、应用最广的电力电子技术教材；团队2012年被评为国家级教学团队，开设的本科生课程“电力电子技术”首批入选国家级精品课程，首批入选国家精品资源共享课程；团队成员获得国家级和省部级教学成果奖多项。

抢抓机遇
加速建设一流临床医学学科

施秉银

施秉银，1983年毕业于北京医科大学，毕业后一直在西安交通大学第一附属医院从事临床、教学、科研工作。于2009年1月至2014年3月任西安交通大学第一附属医院教学副院长，2014年3月任西安交通大学第一附属医院院长。现为中国医师协会内分泌代谢分会副会长，中国研究型医院学会甲状腺专业委员会副主任委员，中华医学会内分泌学分会常委暨甲状腺专业学组副组长。*THYROID*、《中华内科杂志》《中华内分泌代谢杂志》等杂志编委。在国内首次成功制备出Graves甲亢动物模型，在国际上首次成功制备猕猴Graves病动物模型，并开创了诱导新生免疫耐受预防Graves病的新方法，已完成动物实验研究。于1998年获吴阶平医学研究奖，2005年获中国医师奖，2011-2012年度卫生部有突出贡献的中青年专家，2013年获全国五一劳动奖章，2014年陕西省教学名师。

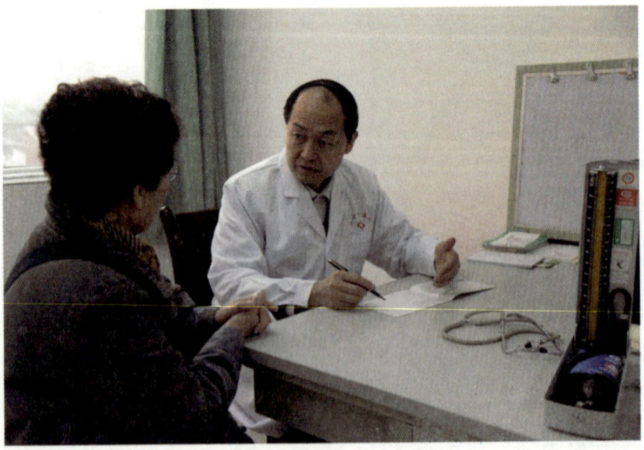

十九大报告提出“人民健康是民族昌盛和国家富强的重要标志”，这意味着“健康中国”从2016年的全国卫生与健康大会上的“优先发展战略地位”，已经成为党中央和各级政府为人民提供全方位全周期健康服务的理念。西安交通大学的临床医学自中华人民共和国成立后一直在保障西北地区人民生命健康、促进西部卫生事业发展方面发挥着重要作用；在奔向全民健康、实现中国梦的新的伟大征程中必将肩负起更重要的作用。西安交通大学主动融入国家战略，服务地方经济建设发展，协同多方资源打造西部“硅谷”——中国西部科技创新港。创新港不仅承载着交大人要在中国西部率先建成世界一流大学的梦想，也体现着交大人为实现“陕西梦”“中国梦”的主动作为和使命担当。创新港建设也为西安交通大学临床医学的快速发展和争创“双一流”提供了新的机遇和物理空间的保障。

第一附属医院自1956年建院后一直秉承“厚德、博爱、精医、卓越”的院训精神，不辱使命，以非凡业绩成就了一部创业发展、开拓前进的光荣历史。特别是近年来在学校的坚强领导下，医院主动承担社会责任，落实优质资源下沉，医院的医疗水平，特别对大病、急重危病人的救治能力大幅度提升。医院每年发表SCI论文500余篇，连续两年国家自然科学基金项目数位列校内第一，近年获两项国家科技进步奖。2017年荣获五一劳动奖状单位。2018年复旦版中国医院排行榜由原59位跃升至49位，跻身中国医院50强。

未来创新港中的医学版块将瞄准医学科学研究的世界一流和重大科学问题，催生一流的学术成果，培养一流的学术型医学人才，使之成为临床医学实现“世界一流”的主要学术贡献基地；并为重大疾病和重大健康问题的解决做出实质性贡献，在某些领域引领未来医学科学的发展。在发展学科、谋求自身发展的同时也努力承担起服务国家和社会战略需求的“世界一流”大学的责任。

科学研究水平是衡量一所教学研究型医院发展水平和自主创新

能力的重要标准之一，而良好的科研平台是实现这一目标的重要途径。科研平台的建设也有利于吸引、培养和聚集优秀的学术人才，为优秀学术团队的成长和交流提供支撑。因此在创新港医学版块建设中将优先考虑起点高、能充分开放共享、管理先进的高水平平台建设。基本的分子生物学、基因测序、数据分析、蛋白组学、流式细胞分析等都能在平台完成，为科学研究提供先进的技术支撑和高水平的科研服务，也使大型贵重仪器得以充分发挥作用，避免闲置和浪费。以全面提高科研能力、提供高水平的技术支撑为目标，实现科研资源优化配置；以资源共享为核心，多学科共建，建立科研资源高度开放共享的管理体制和运行机制。

医学学科的发展既需要具有高尚医德、精湛医术的名医，也需要一批基础与临床结合，医学与生命、材料、信息等学科共同参与的协同创新团队。实现“世界一流”也必须有一批有深厚基础研究背景的专职研究人员。第一附属医院已经有一批优秀的临床结合基础的研究人员和团队，近年高层次人才引进工作也取得了重大突破。创新港将为现有人才提供良好的研究平台，同时也将继续吸引国内外一流的科学家、领军人才和创新团队来一附院共同创业和发展，使创新港的医学版块成为未来承载实现“世界一流”使命的人才高地。

由于历史原因，三所附属医院发展的物理空间问题一直没有得到解决。创新港建设为附属医院的发展，特别是科学研究和转化研究提供了良好的物理空间。学校入选国家一流大学A类建设高校，西部创新港全面封顶创造的交大奇迹，都在鼓舞着交大医学人撸起袖子加油干。西安交通大学管理层对医学、特别是临床医学前所未有的关注和支持更是实现医学腾飞的可靠保障。我深信西安交通大学的临床医学必将在新的历史起点创造出令世界瞩目的奇迹。

【西安交通大学第一附属医院简介】

西安交通大学第一附属医院是集医疗、教学、科研、康复、预防保健为一体的国家卫计委委管大型综合性三级甲等医院，是全国首批暨陕西省首家三级甲等医院、全国首批“百佳医院”。实际开放床位2560张，2017年医院门急诊量265万人次，出院12.8万人次，手术操作7.4万例次，平均住院日7.92天。现有职工4500人，其中在岗高级职称专业技术人员559名。有双聘院士2名，国家“千人计划”学者2名，长江学者1名，青年长江学者1名，青年“千人计划学者”1人，“杰青”2名，“优青”1名，教育部创新团队1个，国家“百千万人才工程”第一、二层次入选者1名。博导109名，硕导251名。拥有教育部国家重点学科1个，国家临床重点建设专科14个，省级重点学科5个，省级优势学科7个。教育部重点实验室1个，国家地方联合工程研究中心1个，省级重点实验室2个，省临床医学研究中心5个、分中心4个。近五年中标各类科研课题857项，项目资助金额超过2.5亿元，国家自然科学基金240项，获国家科技进步奖2项。2017年发表SCI文章700篇，其中IF≥10分的8篇。目前在全国专科学会担任副主委及以上46人次，在省级学会担任副主委以上人员214人次。

精心布局创新港精准医疗研究院
助力西安交大医学迈向“双一流”

李宗芳

李宗芳，外科学教授、一级主任医师、博士生导师。“新世纪百千万人才工程”国家级人选，国家卫生计生突出贡献中青年专家，教育部“长江学者与创新团队发展计划”创新团队带头人，享受国务院政府特殊津贴专家，第五届“中国医师奖”获得者。现任西安交通大学第二附属医院院长兼肿瘤病院院长，生物诊断治疗国家地方联合工程研究中心暨陕西省生物治疗与转化医学工程研究中心主任，陕西省肝脾疾病临床医学研究中心主任。

建设世界一流大学和一流学科是党中央、国务院作出的重大战略决策，对于提升我国教育发展水平、增强国家核心竞争力，实现从高等教育大国到高等教育强国的历史性跨越具有十分重要的意义。习近平同志在十九大报告中强调要“加快一流大学和一流学科建设，实现高等教育内涵式发展”。2017年西安交通大学入选国家一流大学A类建设高校名单，意味着必须向着世界一流大学的行列昂首迈进，中国西部科技创新港科创基地是西安交大有史以来最为壮观的重大举措，不足一年的建设单体全面封顶，为西安交通大学在新时代实现跨越式发展的重要平台。西安交通大学医学学科近年来取得了显著的发展，一些已经达到全国领先水平，但医学学科的整体发展水平离一流学科还有一定差距。作为一流大学的重要组成部分，一所国家级大学附属医院，西安交通大学第二附属医院责无旁贷，我们应该紧紧围绕学校的战略目标，在“双一流”的建设工作中，明确规划和路径、注重内涵发展，助力西安交通大学医学学科尤其是临床医学专业的一流学科建设。

围绕国家全面小康的发展目标，做好医学学科发展战略规划

学科发展战略规划设计至关重要。十九大报告明确把“为人民群众提供全方位全周期健康服务”上升到国家战略高度。在博大精深、源远流长的中国五千年文明中，幸福与健康始终是每一个华夏儿女的向往。对于每一个个体而言，健康是幸福的前提和基础，确保人民健康是打造健康中国、国富民强的保障。十九大报告提出要重点建立和健全我国的医疗保障制度、现代医院管理制度、药品供应保障制度，同时还要“加强基层医疗卫生服务体系和全科医生队伍建设”，以确保中国特色的医疗卫生系统能够提供“优质高效的医疗卫生服务”。作为国家级大学的附属医院，我们应该紧紧围绕国家全面小康的发展目标，应当践行“四个意识”，勇于担当，有所作为。敢于面对挑战，把挑战转化为医学学科发展的机遇，转化为医院争创“双一流”的动

力和指南。要与时俱进，主动迎接和担负起属于自己的责任，合理调整人才培养目标，努力改进和提高现有医疗卫生体系、人才培养体系，有所为有所不为，做好医学学科发展战略规划，为早日实现中国梦而努力奋斗。

明确学科定位，加强内涵建设，争取医学学科一流话语权

在“双一流”的建设过程中，首先应该明确的是学校和学科的定位。目前西安交通大学医学学科虽然学科设置齐全，但学科整体实力偏弱。因此，如何定位学科发展方向成为塑造一流的基石任务。结合目前全国医学学科发展实际，医学学科更应做点面结合的“顶天立地”，不可盲目追求大而全。应有可以“顶天”的科研特色高地，又有立足地方的服务专长。做好承接顶尖知识和技术在地方的转化。因此作为西安交通大学附属医院，应该坚持服务地方卫生事业的深度价值导向，注重地方社会声誉的影响力，并形成区域医学联盟，扩宽影响范围。在“双一流”建设的过程中形成合力，制定符合自身发展规律的医学学科评价体系。引导医学院校的“双一流”建设。要高度重视领军型人才队伍、国际前沿学术思想的内涵建设，力争在数个医学学科的特定专业创一流，争夺一流话语权。例如，西安交通大学第二附属医院开展的CAR-T细胞治疗难治复发多发性骨髓瘤，是目前所有治疗中能达到最好疗效的方案，先后在美国肿瘤大会和欧洲血液年会上作报告，第十二届全国人大常委会陈竺副委员长的评价是“创造了世界奇迹，是中国血液学对世界的贡献”。这就是品牌效应，显著提升了西安交通大学在血液学科的一流话语权。

紧扣医学学科国际前沿，创建精准医学研究特色新高地。

当前医学发展已进入现代化的快车道，医学学科发展取得了日新月异的变化。传统医学学科发展越来越趋于同质化。在发展传统医学学科的同时，想要在传统医学学科取得领先已越来越困难，也很难在传统医学学科做出自己的新特色。因此，在未来的“双一流”建设过

程中，如何明确未来发展的特色具有重要的指导意义。尽管传统医学学科发展已经达到前所未有的高度，未来医学学科仍然有巨大的发展空间。2015年1月20日，奥巴马在国情咨文中，宣布美国要启动“精准医学计划”，说明精准医学成为未来医学学科发展的必争之地。精准医学主要是以科学技术为医学的基础，要求建立一个全新的诊疗体系。它的出发点是：“为更进一步治愈疾病，如癌症、心血管疾病、糖尿病及重大感染性疾病，获得我们所需的个性化信息来保持个人的健康，这就是目前的精准医学计划。生命科学的高度复杂性，注定了精准医学计划未来发展的巨大空间和无限挑战。这是整个医学学科发展的机遇，也是所有医学院校发展的机遇期。因此，明确发展精准医学，将为西安交通大学医学学科“双一流”建设提供强大助力。

建设世界一流精准医疗研究院，促进医学学科迈进“双一流”

中国西部科技创新港是国家“一带一路”建设的桥头堡，也是西安交通大学新时期发展的战略基地。创新港将汇聚全球的科学家，打造全球科教重镇，成为“一带一路”的创新源头、西部发展的智慧引擎。创新港科创基地规划建设理、工、医、社科四大方向23个研究院，精准医疗研究院是其中之一，这将是未来西安交通大学医学一流学科建设的重要基地。精准医疗研究院将以临床问题为导向，围绕恶性肿瘤、心脑血管疾病、自身免疫性疾病及重大传染病等重大疾病开展精准医学关键技术研发和临床转化。培养精准医学高端人才，提升相关临床学科的精准医学发展水平，为健康中国保驾护航。

团队建设和人才建设是一流学科建设的重中之重。精准医疗研究院规划建设“精准诊断技术研究所”“精准治疗技术研究所”“人工智能与远程医疗研究所”三大研究所和“生物样本与生物分析平台”“精准医学技术共享平台”“精准医学成果转化中级港”三大共享平台。精准医学研究院的目标是通过建立精准医学研究技术和资源共享平台，建设精准医学关键技术研发和转化的中继港，筑巢引凤，引进精准医学高层次人才，打造精准医学人才汇聚和培养基地，最终建设成为世界一流水平的精准医疗研究院，形成西安交通大学医学学科有国际影响力的品牌。精准医疗研究院将推进新型生物诊断治疗方案的临床试验研究和临床应用，加快精准诊断治疗在西北地区乃至全国的发展，并能为患者提供个性化、精准化的生物诊断治疗服务，同时创造巨大的社会效益和经济效益，努力将西安交通大学第二附属医院建设成具有影响力的区域医疗中心。

“双一流”建设对于高等院校发展而言，机遇与挑战并存，如何把握要点并将挑战转变成机遇是摆在每一大学人面前的重要课题，在“双一流”建设过程中，清晰明确的战略布局，坚定不移的执行力，特色鲜明的学科发展，稳定的人才队伍与团队建设将是我们做好双一流发展的要点。

【生物诊断治疗国家地方联合工程研究中心简介】

生物诊断治疗国家地方联合工程研究中心是国家发改委批准的国家级从事疾病生物诊断治疗与转化医学研究的研发基地，依托单位——西安交通大学第二附属医院。工程中心以李宗芳教授带领的教育部创新团队为核心技术力量，同时整合区域内从事生物治疗与转化医学研究的专业人才，中心现有工作人员60余人，其中高级职称30余人，90%具有博士或硕士学位。主要围绕严重威胁我国人民健康的重大疾病如肿瘤、心血管疾病、自身免疫性疾病等，进行包括分子诊断、免疫治疗、干细胞治疗、基因治疗等在内的相关生物诊断治疗新技术、新方法的基础研发、转化及临床应用研究，建立从实验台到临床应用的转化通道和研发产业链，努力推进生物诊疗新技术、新疗法的成果转化及产业化。目前已发表文章300余篇，其中SCI文章130篇。获国家级、省部级科研基金项目30余。申请专利数十项，获国家科技进步二等奖，陕西省科学技术一等奖、二等奖，陕西省高等教育教学成果一等奖等奖项10项。多项新技术、新疗法的临床开展已惠及众多百姓。